U0957348

河南文化和旅游融合发展典型案例选编

主编 王少华

郑州大学出版社

图书在版编目(CIP)数据

河南文化和旅游融合发展典型案例选编 / 王少华主编. — 郑州：郑州大学出版社，2021. 12

ISBN 978-7-5645-8292-0

Ⅰ. ①河… Ⅱ. ①王… Ⅲ. ①旅游文化 - 旅游业发展 - 研究 - 河南 Ⅳ. ①F592.761

中国版本图书馆 CIP 数据核字(2021)第 224995 号

河南文化和旅游融合发展典型案例选编

HE'NAN WENHUA HE LÜYOU RONGHE FAZHAN DIANXING ANLI XUANBIAN

策划编辑	王卫疆　胥丽光	封面设计	张伟妍
责任编辑	胥丽光	版式设计	曾耀东
责任校对	吴　静	责任监制	凌　青　李瑞卿

出版发行	郑州大学出版社	地　　址	郑州市大学路 40 号(450052)
出 版 人	孙保营	网　　址	http://www.zzup.cn
经　　销	全国新华书店	发行电话	0371-66966070
印　　刷	郑州印之星印务有限公司		
开　　本	787 mm×1 092 mm　1 / 16		
印　　张	12.25	字　　数	295 千字
版　　次	2021 年 12 月第 1 版	印　　次	2021 年 12 月第 1 次印刷

书　　号	ISBN 978-7-5645-8292-0	定　　价	68.00 元

本书如有印装质量问题，请与本社联系调换。

作者简介

王少华(1976. 4—),男,河南偃师人,理学博士,教授,硕士生导师,奥地利维也纳莫杜尔大学(Modul University Vienna)访问学者,国家文化和旅游部智库专家成员、河南省教育厅学术技术带头人、河南省高等学校青年骨干教师、郑州市学术技术带头人,河南省地理学会常务理事、河南省高等教育学会理事。现任郑州旅游职业学院党政办公室主任,兼任学院河南旅游研究院院长。主要从事旅游管理、旅游教育研究。曾主持国家旅游局万名英才项目、国家艺术科学规划项目、河南省哲学社会科学基金项目、河南省教学改革研究项目等10 余项国家级及省部级课题,发表学术论文30 余篇,出版学术专著2部,编著教材5 部。

本书编委会

主　编

王少华

副主编

闫君健　魏国剑　李亚男

编　委

邵　阳　张梦雨　宋　华

侯俊勇　袁　昊

内容简介

《河南文化和旅游融合发展典型案例选编》是在文化旅游融合的背景下构思、撰写的，全书以通俗易懂的语言，将与"文旅融合"相关的问题一一道来，同时精选河南省文化旅游融合典型案例进行深度剖析，旨在形成可复制可推广的经验，以期为更科学、更高效地推进我国文化旅游深度融合提供参考和经验借鉴。本书共分为两个部分，共二十章。第一章至第四章对文旅融合的背景与发展进行全景式透视，对文旅融合的理论进行系统梳理，对文旅融合的政策进行精准解读；第五章至第二十章从河南成功文旅产品中精选一系列具有代表性、示范性、针对性的文化旅游融合创新典型案例进行剖析，探索其经验教训，总结出观点模式。

本书既适合旅游高校"文化旅游"课程的学习，也适合旅游从业人员和管理干部的培训使用。对"文化旅游"和对河南文化旅游有兴趣的普通旅游者，阅读此书亦会有较多收获。

前言

文化是旅游的灵魂,旅游是文化的载体。为增强和彰显文化自信,统筹文化事业、文化产业发展和旅游资源开发,提高国家文化软实力和中华文化影响力,推动文化事业、文化产业和旅游融合发展,十三届全国人大一次会议表决通过了《关于国务院机构改革方案和决定》,将文化部、国家旅游局的职责整合,组建为文化和旅游部(简称文旅部)。这不仅代表着文化和旅游机构的融合,也标志着文旅融合成为旅游发展的新抓手。"宜融则融,能融尽融,以文促旅,以旅彰文"也成为国家开展和推行文旅融合的基本理念和方针。2021 年 6 月,文旅部发布《"十四五"文化和旅游发展规划》,更是明确了未来五年文旅发展的方向,提出到 2025 年,实现文化事业、文化产业和旅游业成为经济社会发展和综合国力竞争的强大动力和重要支撑。

自党的十八大以来,以习近平同志为核心的党中央高度重视文化和旅游工作。文化和旅游的高质量融合发展成为我国建设社会主义文化强国的重要抓手,也成为繁荣兴盛社会主义文化、助力实现中华民族伟大复兴中国梦的新动能。推动文化和旅游融合发展,不仅是文化和旅游的简单相加,也是充分发挥文化和旅游的各自优势,促成化学反应、形成发展动能,实现文化和旅游相互促进、相辅相成,提高发展质量和效益。伴随着国家政策支持、各级地方政府响应和文旅企业的共同努力,我国文化和旅游的融合发展不仅实现了体制机制的统一和发展规模的不断壮大,而且催生了满足消费者从观光到休闲度假需求的文旅新业态,如博物馆、艺术馆、美术馆等公共场馆的文旅与科技融合、古村古镇的民宿业态的创新以及夜游夜演新场景的营造等文旅产品。但在文旅融合发展过程中,仍然存在着理论上对文旅融合的关系和相关概念认识不清,实践中存在着文旅融合形式单一、文化旅游资源保护与开发利用失衡、文旅产品市场供给与旅游者需求错位以及文旅产品同质化严重等问题,特别是对于文化内涵向文旅资源的转化、从文旅资源实现文旅产品的转化,从文旅产品到文旅品牌的打造等缺乏系统的认知。

在文旅融合发展的大趋势下,基于文旅融合的理论和实践的发展现状,受国家文旅部和河南文旅厅的委托,本书通过对文旅相关文献的梳理、理论的阐述、问题的聚焦、文旅融合的路径和相关经典案例的研究,旨在让读者能够掌握文旅融合的基本理论,进而在文旅融合发展方面得到实践上的指导。

本书共分为两部分,共二十章。第一章至第四章,主要对文旅融合背景与发展现状、文旅融合理论基础、文旅融合政策解读、文旅融合的发展趋势进行阐述;第五章至第二十章，主要对目前河南省文旅融合发展较好的文旅企业的具体做法和实践经验进行阐述。全书由郑州旅游职业学院王少华提出写作思路、拟订框架结构并负责总体统稿和组织编写。在本书的编写过程中，由郑州旅游职业学院李亚男、邵阳、张梦雨协助统稿，并协助整理了部分资料。第一章由王少华撰写，主要介绍文旅融合的背景、发展现状及现存问题；第二章由李亚男撰写，主要介绍文旅融合发展的相关概念及理论基础；第三章由邵阳撰写，主要介绍我国文旅融合的政策特征、主要内容及“十四五”文旅融合发展规划的重点工作和发展指引；第四章由张梦雨撰写，主要介绍文旅融合的新认知和发展路径。第五章至第二十章，选取了河南省文旅融合实践上取得一定成效的景区、博物馆、研学基地、文旅小镇、民宿、文化创意园等不同种类的文旅目的地，详细介绍了其文旅融合的具体做法和成功经验，旨在从实践上为文旅融合的发展提供范例。其中，王少华撰写第五章至第十一章，李亚男撰写了第十二章至第十四章，邵阳撰写第十五章至第十七章，张梦丽撰写了第十八章至第二十章。

此外，特别感谢国家文化和旅游部、河南省文化和旅游厅各级领导的信任，也感谢河南省文化和旅游厅人才中心、郑州旅游职业学院相关老师在本书编写过程中提供的支持和帮助；本书的编写引用了大量国内外学者的相关研究成果，在此表示深深的谢意。同时也感谢河南省优秀文旅企业在百忙之中提供文旅融合发展的素材、做法和具体经验，这也体现了我省文旅企业的社会责任感和担当精神，在此一并表示感谢。本书能够顺利出版，也要感谢郑州大学出版社众多老师辛苦地付出，在此表示感谢！由于水平有限，书中难免存在不足，望广大读者批评指正，编者不胜感激！

目录

第一章
文旅融合背景与发展现状

导读

诗和远方的牵手
——文化和旅游部正式挂牌

2018年3月,第十三届全国人民代表大会第一次会议批准了《国务院机构改革方案》,方案中明确提出组建文化和旅游部,指出文化和旅游部的主要职责是贯彻落实党的宣传文化工作方针政策,研究拟订文化和旅游工作政策措施,统筹规划文化事业、文化产业、旅游业发展,深入实施文化惠民工程,组织实施文化资源普查、挖掘和保护工作,维护各类文化市场包括旅游市场秩序,加强对外文化交流,推动中华文化走出去等。

文化和旅游部的组建标志着国家从战略思维层面来统筹文化和旅游的融合发展,是国家促进文旅有机融合发展的顶层设计,对我国的文化事业、文化产业和旅游业的发展都有着重大的意义。

首先,文化和旅游部的成立,有利于文化旅游资源的统筹管理。文化和旅游部的成立,通过统筹规划文化事业、文化产业、旅游业,消除了部门之间难以有效沟通的问题,可以更加便利地使文化和旅游在政府管理层面下有机合作,通过制定统一的政策,对文化旅游资源进行统筹管理,有利于提高文化旅游资源的利用效率和资源的保护,有利于为文旅产业发展营造良好的政策环境。

其次,文化和旅游部的成立,有利于用旅游的方式激活文化、传播文化。我国文化的事业属性一直很强,在管理运营过程中一直存在诸如经营模式单一、对市场反应不灵敏等问题,因此很难开发出令大众满意的文化产品,很难满足大众对美好生活的文化需求。而旅游产业具有较高的市场敏感度,了解市场需求,积累了市场化运作的经验,因此两部门重组后,有利于文化产业借助旅游对市场的敏感度开发具有吸引力的产品,借助旅游消费平台不断提升自己的竞争力,从而激活文化,更好地发挥文化对大众的吸引力。

最后,文化和旅游部的成立,有助于提升旅游的文化内涵和旅游品质。在我国旅游业发展初期,走马观花式的旅游能够满足大众的旅游需求,但是随着消费水平的提高,人们对旅游的品质也提出了更高的要求,对精神文化层面的旅游产品需求日益旺盛,因此旅游业必须要借助文化的力量,开发更多文化内涵丰富的旅游产品。文化和旅游部的成立可以为旅游的发展注入更多的文化。

血液，提升旅游文化内涵，大大丰富旅游产品的种类，助推旅游业的转型升级。

本章速览

文化和旅游部的机构改革，实现了文化和旅游融合在体制协调上的融合。作为国民经济的重要支柱产业，文化和旅游的融合是庞大而系统的过程，要充分认识到体制统一对于文旅深度融合的重要意义。在此背景下，本章对文旅融合的相关背景、文旅融合的发展现状、现存问题进行阐述，希望读者通过本章的学习对文旅融合全面的了解。

第一节 文旅融合的发展背景

旅游产业的发展一方面是依靠“老天爷”恩赐的自然资源，另一方面是依靠“老祖宗”遗留下来的文化资源。文化作为旅游发展的要素属性，逐渐全面深入融合到旅游发展之中。只有用先进文化浇注旅游文明，用先进文化引领人文活动，先进文化成为旅游之魂。把文化资源作为文旅融合的内容，将文化资源优势转化为旅游消费，促进文化的可消费。文化成为旅游提质升级的关键，旅游作为文化价值的外显载体，文化与旅游的融合是我国未来文旅产业发展的必然趋势。

一、新时期旅游转型的现实需要

“诗与远方终于在一起了”，这标志着文化和旅游进入了融合发展的新时代。作为人民美好生活需要的文化和旅游产业，二者融合的深度价值也逐渐彰显出来。存在于历史文物、书本、地方风俗、饮食习惯、节庆活动、非物质文化遗产中的文化将实现活化发展，通过文旅融合过程中对文化资源的吸纳，通过现代科技和艺术手段转化为演艺活动、参与式体验，使游客体验到活态文化，发挥文化在素质教化、文化传承、文明交流中的影响力。

1. 满足人民对美好生活向往的有力抓手

马斯洛的需求层次理论把人的需求分为五个层次，指出人们的需求是逐步提升的，当一种需求得到满足以后，人们的需求便会向高一层次发展。随着我国经济的发展，人们对生活品质的要求也在不断提升，消费需求升级。对于旅游而言，以前观光式的旅游方式已经不能满足人们日益增长的消费需求。党的十九大对我国目前的主要矛盾做出了精准的判断，中国特色社会主义进入新时代，我国社会主要矛盾已经转化为人民日益增长的美好生活需要和不平衡不充分的发展之间的矛盾。为解决这一矛盾，要抓住不平衡这个结构问题作为矛盾的主要方面，优化结构，优化供给。对于旅游而言，就要求不断优化旅游结构，优化旅游产品的供给，提供更多文化内涵丰富的旅游产品，以满足人们对美好旅游生活的愿望,顺应美好生活升级的需要。文旅融合这一理念的提出,对于优化旅游结构和旅游产品的供给,解决我国社会面临的主要矛盾,满足人们对美好生活的愿望具有重要的意义。

2. 促进中华优秀传统文化保护传承和弘扬的重要途径

文化是一个民族国家赖以生存发展的重要根基,是区别于其他民族和国家的重要标志,是一个民族的灵魂,对于民族凝聚力、向心力和民族精神起着重要的作用。习近平总书记在十九大报告中提出:要坚定文化自信,推动社会主义文化繁荣兴盛,没有高度的文化自信,没有文化的繁荣兴盛,就没有中华民族伟大复兴。文化在国家综合国力竞争中的作用越来越突出,因此文化保护和传承变得至关重要。

旅游是文化传承与输出的重要途径。旅游本身就是一种文化交流活动,旅游活动可以使游客了解当地特色风俗和传统文化,也对文化的保护和传承起到了重要作用。优秀传统文化对外传播的途径有很多种,比如早年的孔子学院,孔子学院的教化性较强,而旅游可以通过一种轻松的、寓教于乐的方式,对游客产生潜移默化的影响,更容易传播中华文化,推动社会主义文化建设,建设社会主义文化强国。

3. 带动文化产业和旅游产业转型升级的有效措施

旅游产业作为一个综合性、融合性很强的产业,随着人们精神追求的多元化和个性化,旅游的各个要素环节——食、住、行、游、购、娱,都与文化有关联。

通过文化和旅游的融合,运用旅游业的市场观念和产业思维来发展文化事业,对文化赋能,有利于解决文化事业内生动力不足的问题,促进文化产业的转型升级。随着消费水平的提高,人们对旅游产品的品质也提出了更高的要求。而在目前的旅游市场上,观光旅游产品仍占据主导地位,缺乏富有文化内涵的体验性高端旅游产品,不能满足游客需求,旅游产业转型升级迫在眉睫。

两大产业的融合发展,可以赋予旅游产品更多的文化内涵,同时可以为旅游者创造更多的文化潮流和时尚新品,促进旅游产业的转型升级。

二、旅游者消费升级的诉求

文化与旅游密不可分,从“读万卷书,行万里路”的历史传统,到“身体和灵魂总有一个要在路上”的现代追求,特别是中国新一代主流旅游消费群体的崛起,以“80 后”为主体的新中产崛起,“90 后”“00 后”新一代青年消费主体的崛起,他们不再满足于到此一游的观光性旅游形式,以往“排浪式到此一游”的消费模式也逐步向“多样化深入体验”消费模式转化。他们更喜欢个性化、多样化的旅游选择,他们在旅游过程中的精神需求、心灵需求、体验需求、真实性需求不断提升,旅游内容的文化性、知识性需求提升。

1. 旅游者的价值需求发生变化

在品质化和中高端化成为新时代旅游消费的突出特征的条件下,促进文旅融合,建构高质量的文化旅游产品和服务体系,是应对新时代我国整体消费结构转变的必然要求。

随着人们消费需求的升级,旅游者更加重视旅游消费的价值和品质。旅游正在从“观光旅游”向“观光+休闲+度假+养生+美食”等的复合型旅游快速转变,从原来拉练式的走马观花，逐步到下马赏花，甚至还会在某个好地方进行深度的生活体验。年轻一代的酷爽嗨萌、圣地巡游、为爱打 call、深度体验、网红效应，老年银发群体的品质康养、社群诉求，6 亿女性消费群体的时尚品质、家庭重心、研学需求，这些都需要重点关注。

文旅融合顺应时代发展潮流，迎合时代消费需求，必将在中国经济高质量发展、改革创新以及美好生活的转型升级过程中发挥不可估量的作用。

2. 旅游者的体验需求发生变化

旅游产品的生命值在于游客不再只是旁观者，而是参与者、亲历者甚至是产品的决定者，旅游者更加注重旅游体验的沉浸式和场景化，能深度参与其中，充分互动、融入表演、节事活动、生产劳作等旅游体验的多个环节中，形成参与即获得，获得可分享，分享心存念想的体验趋势。

以场景渗透，还原历史和生活场景使文化、记忆活态化，力求实现产品内容化，内容场景化。喜欢深度文化体验，当地生活文化体验已经成为旅游消费中的重要组成部分。

在文旅融合过程中，旅游产业链将得到延长，如将影视、IP、知识产权等做成旅游产业链前端，既能提高附加价值，又能增加旅游项目衍生品开发的可能性，提高消费水平。随着观光游向体验游转变，文化的融入增强了旅游产品的体验性，让游客不再局限于单纯的景观游览，既延长体验和消费时间，又有助于满足旅游者注重旅游体验价值的需求。

比如 2021 年 9 月 20 日刚开业的北京环球影城，作为全球知名的主题乐园，也融入大量中国文化元素。北京环球影城的小黄人乐园不仅是全球最大的小黄人乐园，而且乐园中的小黄人集市售卖的小黄人十二生肖系列的中国专属的电影主题纪念品，灵感就来自中国的十二生肖文化。纪念品包括小黄人十二生肖的 T 恤、背包等多种品类，还有小件纪念品，如钥匙链、冰箱贴等。今年是牛年，北京环球影城推出了牛年特别款的冰箱贴。未来，北京环球影城会根据每一年生肖的变化，推出该系列的特别产品。

3. “后浪”入场，关注年轻化市场主流消费群体的诉求

根据腾讯 2020 年 8 月发布的《2019 年 Z 世代消费力白皮书》显示，2. 56 亿 Z 世代（1995—2000 年出生的人，又称网络世代）正成为新一代消费担当，他们更需要盲盒类惊喜、高颜值网红、社群化 IP 和精致穷体验。小而美文旅产品仍然火爆，泛文旅产品层出不穷，“+文旅”跨界消费场景叠加成主流。泛文旅产品热潮一浪更比一浪高，“后浪”加速入场，踩准时代节拍才能赢得未来。

此外，“后浪”们的游客旅游行为表现出周边游、碎片化的特征。他们更崇尚自由、个性化的行程。同时网络社交平台的流行也深深影响了“00 后”的旅游行为，拍下图片、视频发到网上，随时记录、分享旅游过程。

比如剧本杀作为一种新兴的娱乐方式，最早在综艺节目《明星大侦探》的热播下为中国消费者所熟知。近两年，围绕剧本杀主题的《我是谜》《百变大侦探》等线上游戏 APP 也受到欢迎。以推理为核心，加以还原、演绎的游戏模式，让剧本杀为年轻人提供了一种全新的娱乐体验和社交氛围。据美团发布的《2021 实体剧本杀考费洞察报告》，根据 2020—2021 年平台数据及市场调研推算，预估 2021 年中国实体剧本杀市场规模将达 154. 2 亿元，消费者规模有望达 941 万。而伴随着这一游戏在年轻消费群体中的普及，剧本杀这种休闲娱乐活动也与旅游产生了关系，2021 年暑假，敦煌首创了“剧本杀+旅游+

文化"的融合产品。以敦煌文化为背景,房车作为连接景点的工具,通过进入月牙泉、莫高窟、玉门关等著名景点寻找线索,以整个景区为实景展开沉浸式实景搜证。随车窗外敦煌大漠景色变化,推动情节发展,走走停停的娱乐方式,体力和脑力都能得到更好的释放。

三、文化与旅游相互促进发展的内在驱动

墨子云:"食必常饱,然后求美;衣必常暖,然后求丽;居必常安,然后求乐。"人在满足了生存的基本需求之后,随着收入的增长,必然追求精神层面的享受。人们对旅游享受的追求表面上看是经济发展驱动的结果,但深层次看还是人精神满足的需要,人们选择出游的目的主要是追求精神享受。

习近平总书记也指出,旅游集物质消费与精神享受于一体,旅游与文化密不可分。习近平总书记强调,旅游业发展与精神文明建设密切相关,相辅相成、互相促进,旅游经济发展要与文化事业发展、思想道德建设、精神文明建设相结合。要促进旅游、文化产业联动发展,发挥历史文化底蕴和旅游资源优势。

1. 文化对旅游的促进作用

人文资源作为发展旅游的基础。我们常说的旅游要讲特色、创精品,很重要的方面就是要注重对文化内涵的整合和利用。用文化提升旅游的品位,要以优秀人文资源为主干,把历史文化与现代文明融入旅游经济发展中,要用好历史文化遗产,精心打造出更多体现文化内涵、人文精神的特色旅游产品。

2. 旅游对文化的促进作用

发展旅游,不仅能够满足人民群众不断增长的物质文化需求,而且对弘扬我国优秀传统文化,增强中华民族的凝聚力,都具有十分重要的意义。旅游业发展能够直接带动交通运输、酒店餐饮、商品贸易和文化娱乐的市场繁荣。要充分发挥旅游在传播文化、培育社会主义核心价值观方面的重要作用,坚持物质文明和精神文明并重的方针,把旅游行业建成精神文明的窗口,使旅游成为宣传中华文明和现代化建设成就的窗口,成为传播科学知识和先进文化的重要阵地。

3. 文化旅游化与旅游文化化的必然要求

对于旅游者来说,旅游是离开常住地到旅游目的地求新、求知、求乐的一种社会活动,在旅游活动中,人们时刻都在触摸文化脉搏、感知文化神韵、汲取文化营养。因此,旅游的实质是体验文化、寻找文化差异,旅游发展的深层动力是人们对精神文化满足的需求。

文化旅游化和旅游文化化成为当今文化和旅游关系的真实写照,作为幸福行业之首的旅游业,在满足人们精神文化需求上的价值也日益凸显,如何使游客在旅游的整体过程中感受文明力量,获得更大程度的精神满足,刺激游客的消费欲望和提升游客在旅游消费过程中的获得感是当前旅游业发展的重点。

第二节 文旅融合发展现状

目前,我国文化和旅游融合发展经历了"单向相加、各唱各戏"的文旅结合发展阶段,现处于"双向相加、同台唱戏"的文旅磨合发展阶段,正在谋划"十四五"规划即将跨入"合二为一,同台唱戏"文旅深度融合发展阶段。遵循文化发展规律、旅游发展规律和文化与旅游融合发展规律,按照"宜融则融、能融尽融、以文促旅、以旅彰文"的原则,坚持以开放合作促融合创新,逐步模糊文旅产业边界,从有界到无界的渐进发展过程;通过单向相加、双向相加、甚至多向相加,不断引进新发展要素,扩大产业发展空间,坚持相加与相融并举,以加促融,最终从相加阶段迈向相融阶段,实现融为一体、合二为一、共生共荣的文旅深度融合发展的渐进过程。

一、全国文旅融合发展现状

2019 年被称为我国文旅融合的元年,在国家政策支持、市场需求促进、文旅产品供给的多重驱动下,我国文旅融合取得了一定的成果。

1. 文旅产业成为国民经济的战略性支柱产业和现代服务业

据中国旅游研究院(文化和旅游部数据中心)2020 年 3 月 10 日发布的《2019 年旅游市场基本情况》显示,2019 年我国国内旅游人数 60.06 亿人次,同比增长 8.4%;实现旅游总收入 6.63 万亿元,同比增长 11%。旅游业对 GDP 的综合贡献为 10.94 万亿元,占 GDP 总量的 11.05%。旅游直接和间接就业 7987 万人,占全国就业总人口的 10.31%。文旅产业已成为国民经济的战略性支柱产业、现代服务业的龙头产业、与人民群众息息相关的幸福产业。

中国旅游研究院院长戴斌表示:广大城乡居民逐渐适应疫情防控常态化,从早期的恐慌情绪中镇静下来,调整工作和生活的节奏,以平常心进行平常的休闲活动和旅游消费。都市休闲游、郊区度假游、亲子游和研学游等需求以自助、自驾、自由行的形式呈现强势复苏的势头。

此外,从产业发展周期来看,文旅行业已经进入成长期向成熟期过渡阶段。在此阶段,行业规模增速快,需求高速增长,技术、类型尚未定型,从业企业数量迅速增多,市场集中度开始逐渐提高,开始孕育代表性企业。因此,现阶段是文旅行业发展的黄金时期。

2. 优秀传统文化成为构建文旅体验场景的重要资源基础

文化旅游产品在旅游过程中通过景观、服务、设施等方面形成的整体上的地域文化体验,以地域文化的整体环境和具体的文化景观及渗透在设施、服务中的文化审美情趣来吸引旅游者。据央视文旅融合调查发现,"文化、文物、传统村落、文物遗迹及博物馆、非遗等展馆"和"节庆会展旅游成为公众最熟悉的文化旅游产品类型。比如故宫博物院举办的"紫禁城上元之夜"赏灯活动引起了人们的高度关注,活动的预约票在刚放出时就被抢光。对故宫夜场活动的极大热情透露出了人们对于故宫传统文化的喜爱,也展现了公众对这种传统与现代相结合的创新形式具有浓厚兴趣。

3. 大型文旅集团成为发展文旅融合的主要支撑

以大型文旅企业集团为主体，以资本和创意为驱动，文旅融合的品牌化效应逐步放大。大型文旅企业集团已拥有较强的市场占有度和品牌效应，在文旅融合新时代将更有作为。在大型互联网企业和 OTA 领域，腾讯从“泛娱乐”到“新文创”，将打造更多具有广泛影响力的中国文化符号；在文旅演艺领域，“印象”“又见”“千古情”等知名旅游演艺品牌不断加快布局，并向着大集团化方向发展；在主题公园领域，华侨城、华强方特、大连海昌、广州长隆等不断向二、三线城市渗透，迪士尼、环球影城等世界一流主题公园纷纷进驻中国，新一轮的主题公园热正在到来。

4. 经济发达的一线城市文旅融合发展状况较好

文化和旅游的融合发展，离不开经济社会发展的支撑。从当前我国的新型城镇化战略来看，以京津冀、长三角、粤港澳大湾区、成渝和长江中游城市群为代表的 5 大城市群，以及以北上广深为代表的 9 大国家中心城市，将成为文化和旅游发展的高地，也是未来国家文旅融合发展的先行区和示范区。在这方面，北京走出了以故宫文创、798 艺术区为代表的文旅创意化发展模式，上海走出了以迪士尼、国际艺术节为代表的文旅国际化发展模式，广州、深圳走出了以华侨城、长隆为代表的文旅科技化发展模式，江浙地区走出了以灵山大佛、乌镇为代表的文旅精品化发展模式，成渝地区走出了以宽窄巷子、春熙路为代表的文旅生活化发展模式。未来，这些地区的文旅发展优势将进一步彰显。

5. 制定文化和旅游发展规划成为各级政府的重要工作

各级政府加强重视和积极谋划文旅融合发展问题，并把开展文旅工作写入“文化和旅游厅 2020 年工作要点”和“十四五”文化和旅游融合发展规划中。如，2019 年 12 月 29 日，江苏省文化和旅游厅召开文旅融合工作会，谋划 2020 年重点工作和“十四五”发展，围绕推进文旅高质量发展，强调要强化融合意识，把牢“融”的方向，把握“融”的规律，拓展“融”的路径。2020 年 1 月 17 日，四川省文化和旅游工作会议提出，要着力推动文化旅游真融合、深融合。浙江、河北、湖北、湖南、内蒙古等多个省自治区也陆续在“十四五”文旅规划中在顶层设计和具体实践方面不断探索、持续创新。

二、河南省文旅融合发展现状

河南作为文化资源强省，据河南省文化和旅游厅调查数据显示，截至 2021 年，河南全省现有不可移动文物 65519 处，数量位居全国第二。在“文化引领、产业融合、生态优先、开放合作、创新驱动”的文旅融合发展战略指引下，推动文化旅游大省向文化旅游强省转变。提出到 2025 年，把我省打造成为全球探寻体验华夏历史文明的重要窗口、全球华人寻根拜祖圣地、具有国际影响力的旅游目的地、国家文化产业和旅游产业融合发展示范区。

1. 探索了诸多文旅融合发展的典型模式

充分利用河南的文化资源优势，河南省博物院、安阳中国文字博物馆、洛阳二里头夏都遗址博物馆等博物馆，探索出了“地下文物、考古发掘、展示利用”的新模式，比如河南省博物院通过“文物+文创盲盒”的形式，拉近了地下文物与旅游者之间的距离，创新了以静态文物资源为依托的博物馆文旅体验的新思路。“清明上河园”景区通过 IP 打造国内知名的民俗文化主题景区，“云台山”通过音乐节点亮夜经济、新晋网红城市“洛阳”通过资源全面整合和新媒体营销等成为文旅融合发展的新典范，也是河南在文旅融合实践上取得的经典案例，值得总结和推广。

2. 拓展了“文物活化、文化再现”的文旅发展新体验

河南既有历史悠久的古都文化、孕育中华文明的黄河文化及厚重的中原文化等文化内涵，拥有洛阳龙门石窟、安阳殷墟、登封“天地之中”历史建筑群、丝绸之路河南段、大运河河南段等世界文化遗产及以妇好鸮尊为代表的国宝级文物资源。类型丰富的文化和文物资源，为河南探索“文物活化、文化再现”提供了丰富的资源基础。

2021 年 4 月龙门石窟依托窟壁上精美雕刻却被损坏不完整的帝后礼佛图，通过真人实景演绎再现了帝后礼佛的壮观场景，是传统文物从地下走上地面、由静态变为动态的尝试。

2021 年 6 月开门迎客的“只有河南 · 戏剧幻城”，依托“中原文化+独特建筑景观+沉浸式艺术”的融合，打造的全景式全沉浸戏剧主题公园。

3. 初步形成了独具特色的老家河南文旅品牌

在资源开发上，形成了叫响海外的“功夫”品牌，少林功夫、太极功夫已成为中国功夫的代表。以少林寺、鹅坡武院为代表的少林武术产业，郑州少林国际武术节、少林武术大会、《禅宗少林 · 音乐大典》等，均成为中国功夫链条上的知名品牌。新郑黄帝故里拜祖大典，以及每年春天依托人文始祖、姓氏寻根、固始寻根等形成的中原拜祖季。“老家河南”已成为海内外华人寻根问祖的知名品牌，是河南文旅融合最重要的名片。

特别是 2021 年 3 月启动的“三座城、三百里、三千年”大型文旅活动，既实现了郑、汴、洛三座城文化上的延续性，也实现了地理空间上的连接性。以郑、汴、洛“三点一线”整合发展，即是河南打造古都文化核心体验圈的有力抓手，也是顺应大力发展“黄河文化”，打造黄河文化旅游体验新标杆的重要措施，进而树立“沿黄”文旅新品牌。

4. 乡村旅游成为文旅融合发展的主要阵地

河南省文化和旅游厅将 2020 年作为乡村旅游发展年，以文化扶贫“三千行动”、旅游扶贫“十百千万工程”为抓手，大力发展乡村旅游，培育示范县、特色村、示范户，以及休闲农业经营主体，形成以乡村旅游示范县、特色生态旅游示范镇、乡村旅游特色村为主体的乡村旅游产品，打造乡村文旅要素齐全、规模庞大的文旅产业新格局。

（1）紧抓新业态培育，民宿之花在贫困山区美丽绽放。紧抓新业态培育，促乡村旅游提质升级，把“小”民宿做成“大”产业。一处民宿，成了一个旅游目的地。组织中国旅游协会民宿客栈与精品酒店分会、台湾民宿协会、田园东方、驴妈妈、贵里、栖墅、山水隐庐等品牌创始人、投资商、运营专家等 96 人次，走进卢氏、嵩县、栾川、西峡、鲁山、淅川、修武等 7 个县，培训县乡村干部 3200 人次，成功签约 2.3 亿元。截至 2020 年，已建成修武县云上院子、栾川县仟那观山、嵩县秋花塘、林州市听山水舍等精品民宿 100 余所。带动乡村旅游住宿业提质升级，更促进了基础设施的主客共享，城里人、乡村人的主客交流。

（2）紧抓产业融合，构建文旅扶贫大格局。突破条块限制，促进产业融合、全域发展、城乡贯通，提高综合带动能力。坚持“文化为魂，旅游为体”，充分发挥河南文化源远流长、底蕴深厚的优势。重点发掘传承大别山红色文化、焦裕禄精神、红旗渠精神、愚公移山精神、南水北调精神等，积极促进文旅与乡村融合。围绕乡村振兴战略，通过规划设计、标准规范，打造了陕州地坑院、神垕钧瓷小镇、华谊电影小镇、靳家岭红叶小镇等 34

个特色小镇，卢氏豫西百草园、淅川丹江大观苑等20家休闲观光园区，创建乡村旅游特色村150个。

(3)制订行动计划，明确路线图。通过开展“文艺院团千戏送千村扶贫行动”，输送精神食粮，优先关注贫困县、村文艺演出需求；开展“文化工作者千人进千村扶贫行动”，推动人才下沉，选派千名文化人才深入贫困村开展文化帮扶工作；实施《河南省旅游扶贫三年行动计划(2018—2020年)》，打造培育十个旅游扶贫示范县、百个乡村旅游特色村，千家旅游扶贫示范户，直接带动万名贫困人口脱贫。

第三节 文旅融合的发展特征

文化产业作为现代服务业的重要门类，既是高附加值的朝阳产业，又是低消耗的绿色产业。旅游是综合性产业，是第三产业的重要组成部分，是拉动经济发展的重要动力。文化产业和旅游产业的融合发展过程中，呈现出以下特征。

一、多领域、多业态跨界融合

文旅融合是构建“文旅+”即促进文旅产业与其他产业渗透融合的多元跨界工程(图1-1)。把文旅作为统筹产业发展的联动器，通过跨越产业寻找吸引、围绕主题叠加要素、利用场域延展功能手段，促进与其他产业渗透融合，构建“文旅+其他元素”多元融合的新生活方式和体验场景的过程，包括发展“文旅+交通”“文旅+休闲度假”“文旅+研学”“文旅+购物”“文旅+新型养老”“文旅+健康养生”等新产品、新业态。

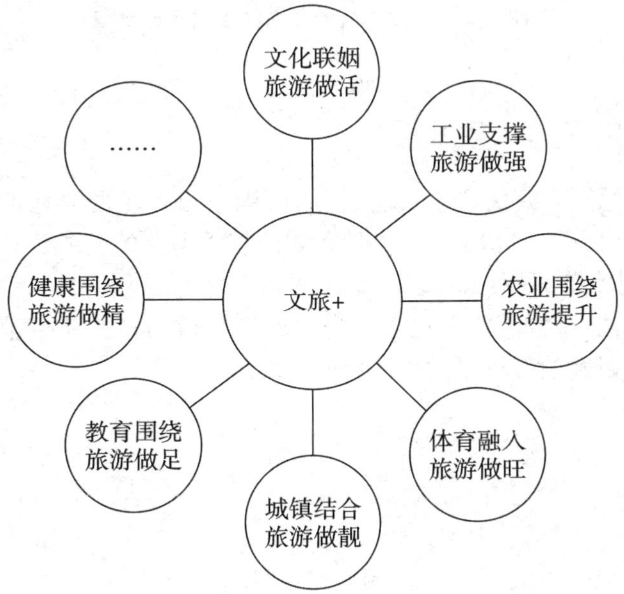

图1-1　“文旅+”多业态融合

二、多主体、全方位互联互通

文旅融合是一个系统工程,需要旅游者与政府和企业共同参与到文化产业和旅游产业的发展中,从而推动文化产业和旅游产业的理念、职能、产业、市场、服务和交流实现融合(图1-2)。在文旅融合过程中,政府扮演引导者、监管者、服务者的角色,重点要解决好“促进什么”“怎么促进”两个核心问题,主要解决职能融合、市场融合、服务融合和交流融合;企业是文旅产品和服务的供给者、文旅融合的市场主体,要重点聚焦“生产什么”“怎么生产”两个核心问题,主要处理好理念融合和产业融合;从旅游者角度看文旅融合的路径,要围绕“消费什么”“怎么消费”两个核心问题展开。

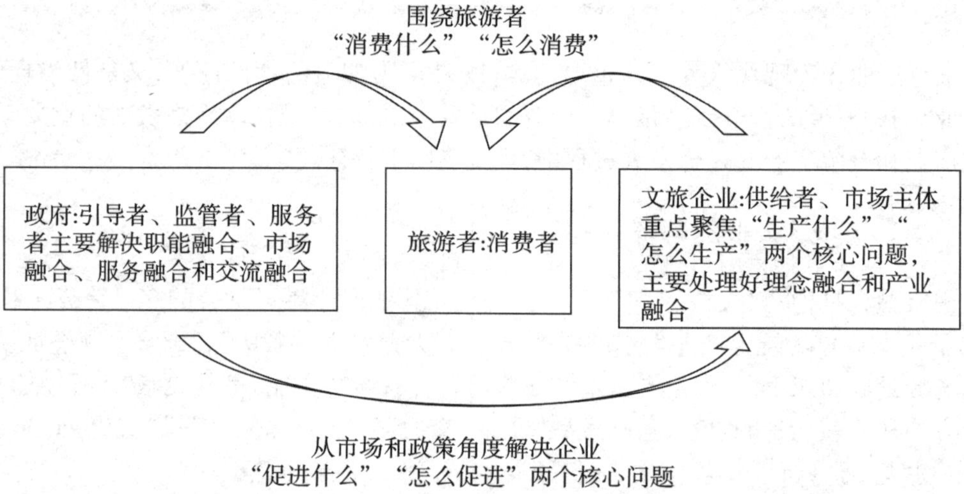

图1-2 文旅融合的多主体互联互通模型

三、创意化、美学化主客共享

“景观之上是生活”“万丈红尘最温暖”。区别于以往旅游异地性的特征,能够同时服务于当地居民的文化消费和服务于外地游客的旅游消费的文旅消费场景成为主流(图1-3)。特别是以博物馆、图书馆、文化馆、艺术馆、文创园等具备主客共享的公共文化空间和演艺、动漫、戏曲、杂技等富有场景表现力的产业成为打造旅游消费场景的创意化、消费场景的美学化以及消费场景的生活化的主要载体。

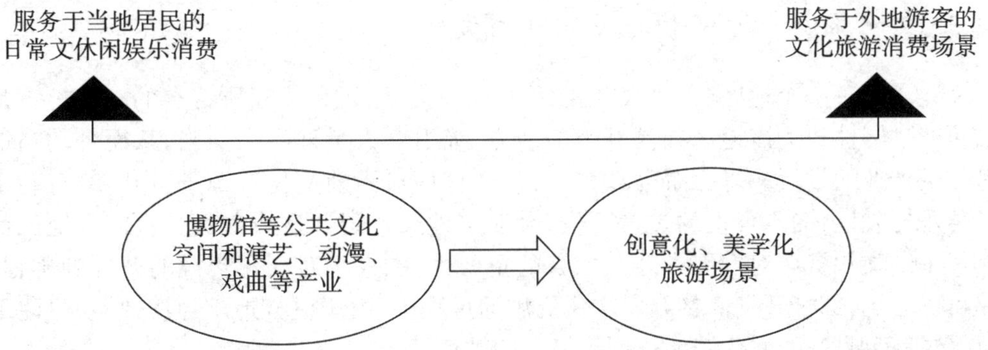

图 1–3　创意化、美学化主客共享场景塑造模式

第四节 文旅融合的发展困境

从 2019 文旅融合元年起，在文化产业与旅游产业融合发展的必然趋势下，文旅融合在实践上取得了较大发展。在文化和旅游融合发展备受关注和文化旅游高速增长的同时，各地在文化和旅游融合的思想观念上，仍然存在“重旅轻文”“重文轻旅”“合而不融”和“融而不实”等误区，从而在实践上出现了文化旅游项目重复投资建设、产业链条单一、文化意识不强，文化旅游产品同质化严重，缺乏体验感、产品国际竞争力弱等问题，也困扰着文化和旅游融合发展。

一、文化产业化程度低

文化在我国一直被当成是一种事业而不是一种产业，虽然近年来我国对文化产业的改革不断深入，许多文化事业改企转制，一些国有企业引进社会资本，但仍然是国有资本绝对控股，容易出现政企不分、政企难分的现象。文化产品和文化资源的市场化程度低，有些诸如博物馆、纪念馆类的文化产品，由于没有对其进行产品和产业化开发，它们本身很有价值的文化资源不能满足当前的市场需求，对大众的吸引力不强，致使文物只能静静地“躺在”文化场馆里，很难发挥应有的价值，造成文化资源的极大浪费。

二、文化资源挖掘不足

由于缺乏对文旅融合相关概念的理解以及文旅融合发展时间较短带来的实践经验不足，一方面导致缺乏对文化资源的梳理和分析，出现对当地文化脉络不清楚，存在简单机械把文化与旅游叠加在一起；另一方面，由于旅游产业各自为政，文化资源拥有者各自为政，“吃、住、行、游、购、娱”各行各业各自为政，导致文化资源与旅游产业链碎片化，整体市场碎片化，导致文旅融合领域单一。

三、文化旅游资源保护与开发利用失衡

文化承载着一个地区、一个民族的历史，是一个地区和民族所特有的东西。正是这种文化的独特性成为该地区独具魅力的地方，吸引着大量外界人前来，从而带动当地旅游和相关产业的发展。以旅游为载体，科学合理地对当地文化资源进行开发，有利于文化的传承与发展，而不合理的过度开发，会对当地文化资源造成破坏。目前各地区都意识到了本地文化资源对发展本地区旅游的重要性，加大了对文化资源的开发利用程度。但是可以看到，部分开发商在开发文化资源的过程中，由于过分追求经济效益，只注重利用，而忽视了保护，使文化资源遭到了极大的破坏。

四、文旅产品供给与旅游者需求错位

从需求端来看，旅游群体因处各个年龄层而呈现出不同的消费需求，催生出各类不同细分市场。以Z世代（指1995—2000年出生的人，又称网络世代）为代表的年轻化旅游客群，他们更需要高颜值网红、小而美的文旅产品，其他业态“+文旅”的跨界消费场景叠加成主流，长沙本土的“超级文和友”就成为年轻一代的旅游打卡地。“85后”青年群体引领出境游、自助游消费需求，催生非标住宿领域发展；“70后、80后”中年群体偏好高频短程消费体验，在线周边自助游需求旺盛；老年群体注重慢节奏、深体验，邮轮游、医疗游市场前景广阔。

从供给端来看，我国旅游产业供给端存在供需错配，一方面是借助老祖宗遗存的文化类旅游产品或者老天爷赋予的自然类旅游产品，仍停留在文化或者自然观光的发展阶段，无法满足旅游者的休闲度假需求。另一方面就是景区忽略不同细分市场的多元化需求，缺乏个性化、多元化的旅游产品。

五、文旅品牌认可度不高

一些依托传统文化资源发展旅游产业的地区，商业化程度大于旅游体验的创意化，为了追求短期的利益，出现了随意篡改、任意滥用历史文化来满足产品的商业炒作和获利需要的现象，这种一味追求商业利益而破坏历史文化原本价值的行为，也破坏了文化的传承性，更缺乏对文旅项目以特色文化为引领的利益体验内容，甚至一味照搬和模仿所谓其他“网红打卡地”的旅游体验内容，进而导致文化产品的同质化现象非常严重，游客旅游体验差，进而导致项目失败。

我国许多地区的旅游产业，缺乏有品位、有活力、有级别的产品和品牌。文化和品牌较为响亮的仅是一些著名城市的著名景区，文旅产品存在地域供给不平衡的问题，许多旅游地依然没有能够拿出手的与当地文化氛围相结合的优秀产品和品牌，文化资源和旅游产业融合的附加性服务亟待充分发展。

例如白鹿原这个IP，无论是小说还是改编的影视作品都非常火，但与此同时，关于白鹿原的一系列同质文旅产品在扎堆产生，例如白鹿原的影视基地、白鹿原民俗村、白露仓景区等，游客游览后会发现，内容大同小异，没有新鲜感。

六、缺乏文旅融合复合型人才

文旅产业涉及面极广，多元融合创新和统筹难度极大，没有多行业工作经验和多学科知识结构的人很难脱颖而出，目前主要缺乏以下几类人才。一是熟知文旅产业特征并懂得融合之道的管理人才。二是缺乏懂文化和旅游产业特点及市场需求的创意策划人才。三是缺乏有实战经验和实操能力的规划团队。四是缺乏懂得商业模式创新、业态创新、金融创新、科技创新及资本运作与文旅联动的专业人才。五是缺乏项目管理人员和服务人员。

第二章
文旅融合理论基础

导读

文旅融合的理论构建成为旅游学界的关注热点

理论不是毫无作用的纸上谈兵，而是对行业核心问题的基本阐释，让一切回归至思考的原点。

2019 中国旅游科学年会暨第二届全国旅游管理博士后学术论坛在北京正式启动。该届科学年会以“文化和旅游融合背景下的旅游理论建构与学科建设”为主题。时任文旅部部长雒树刚指出：伴随着改革开放的进程，我国旅游业从无到有，从小到大，已发展成为国民经济和社会发展的重要组成部分。旅游理论研究也在不断深化，专家学者们紧紧围绕中央有关决策部署和旅游业发展实践，在基础理论研究、学科建设、资政建言和舆论研讨等方面做了大量工作，形成一大批具有前瞻性、针对性的学术成果，为我国旅游业发展提供了有力支撑。中国旅游科学年会的举办，为学者们交流研究成果，推进理论创新搭建了平台。

北京巅峰智业创始人刘锋博士在会上表示，文化让旅游不再浅薄，旅游让文化不再高冷。文旅融合意义重大，目前融合的进展也很好，但是对于文旅融合到底“融什么？怎么融？谁来融？”还缺乏具体的指引，而指引的依据就需要有理论支撑。

本章速览

文旅融合的旅游理论如何构建？旅游学科有哪些理论？2018 年，谢彦君老师在《旅游研究方法》中认为，理论也就是一种知识体系，可以简单表述为由诸多自洽的命题所构成的一个知识体系。本章通过结合文旅融合过程中会面临的一些问题，比如文旅融合的泛化问题、狭隘化问题，还有融合过程中利益冲突以及文化过度商业化如何解决等问题，选取了相关理论来阐释。

第一节 文旅融合相关概念辨析

2020 年 9 月 22 日，习近平总书记在教育文化卫生体育领域专家代表座谈会上强调：“文化产业和旅游产业密不可分，要坚持以文塑旅、以旅彰文，推动文化和旅游融合发展，让人们在领略自然之美中感悟文化之美、陶冶心灵之美。”坚持文化和旅游的融合发展，要明确以下文旅融合的几个概念基础。

一、文化和旅游的关系

我国关于文化和旅游关系的理论研究最早可以追溯到 1986 年，经济学家于光远指出，旅游活动具有文化属性，“旅游业是带有很强文化性的经济事业，也是带有很强经济性的文化事业。”

进入 20 世纪 90 年代，中国旅游文化学会成立，并于 1991 年、1994 年两次组织召开全国性主题研讨会，多角度论述了文化与旅游的基本关系，初步界定了“旅游文化”概念的内涵与外延，而且明确指出：“旅游是产业、是经济，但更要看到，旅游是文化，是社会主义精神文明建设的组成部分……形态各异的文化体现，才是旅游业的灵魂。”

近 20 多年来，从文化视角研究旅游的成果数量一直在稳定增长，使得“文化旅游”和“旅游文化”研究成为旅游学的重要分支领域，更具意义的是其推进了“文化旅游”与“旅游文化”的分野——文化旅游特指出于文化动机、指向文化吸引物的旅游活动类型，可与自然旅游并举；旅游文化属于文化的范畴，是因旅游活动而产生和为旅游活动所整合的文化，既反映旅游现象发生的社会文化机理，更强调旅游系统对社会文化系统的影响。

从文化和旅游的发展实践来看，文化是旅游最好的资源，旅游是文化最大的市场。文化是旅游产业发展的重要资源。丰富多彩的文化资源是人类社会活动所创造的、为社会所普遍享用的，具有强烈的大众性，为广大游客的参与提供了可能，为旅游发展提供了丰富的文化型旅游资源。

综上，对旅游而言，就是要把现有的文化旅游资源转化为旅游者可消费的旅游市场产品，满足人民群众物质层面的享受需求和精神层面的发展需求。对于文化而言，文化是人的创造物，它的存在体现在所创造的物质产品和精神产品中。文化旅游活动既是旅游者感知和体验旅游文化资源的过程，也是旅游者通过审美创造开发旅游文化资源的过程。文化使旅游具备了身份标签的意义，文化也因此具备了旅游吸引物的属性。

二、文旅资源的含义及类型

资源是发展的基础条件。推动文旅融合发展，要先清楚文旅融合发展的资源基础——文旅资源的概念和内容。摸清文化产业和旅游产业的共用资产，做好各类资源的梳理、整合与提炼应用，建立促进文化和旅游消费的长效机制，顺应居民消费升级趋势，积极培育网络消费、定制消费、体验消费、智能消费、时尚消费等消费新热点，让文旅发展有支撑。

基于文化资源和旅游资源的定义，把非物质文化遗产、手工艺（陶艺、金属、刺绣、制漆等）、表演艺术（戏曲、歌舞、话剧、音乐、杂技、马戏、木偶等）、民族艺术、节庆、文学、美术、动漫以及游戏等传统意义上的文化资源与世界遗产、历史建筑（含文物保护单位）、遗址遗迹、工业遗产、名镇名村、老字号、文化产业园区、文化产业示范基地、A级旅游景区、风景名胜区、自然保护区、城市公园、旅行社、旅游星级酒店以及民宿等广义上的文旅资源进行梳理和重构。

文化旅游资源指的是能够满足旅游者愉悦体验的、可供旅游开发的文化资源及物质实体。根据文旅资源的属性不同，进而将文旅旅游资源分为城市记忆型文旅资源、城市休闲型文旅资源、产业存量型文旅资源/场馆型文旅资源、传统文化艺术类文旅资源（表2-1）。

表2-1　文旅资源基本类型

文旅资源类型	主要内容
记忆型文旅资源	老字号、老街区、老旧厂房、文化遗址、名人故居、古村落等
休闲型文旅资源	城市公园、城市休闲街区等
产业存量型文旅资源	博物馆、文化馆、图书馆、美术馆等
传统文化艺术型文旅资源	非遗文化、手工艺、民风习俗等

三、文旅产品的类型

随着文旅融合的逐步加强，其融合过程中出现了不少文旅融合新产品，其中具有典型代表性的文旅融合产品可分为文旅目的地、文旅小镇、文旅产业园区、文旅综合体、文化旅游景区/度假区、历史文化旅游度假区、文旅实景演出等7种类型（表2-2）。

表2-2　文旅产品的主要形式

文旅产品基本类型	发展定位	发展思路
文旅目的地	城市行政区的文旅化提升	依托文化旅游资源的挖掘和空间的重构形成的文化旅游引导的区域综合开发模式
文旅小镇	“文化旅游+”带动的新型城镇化	以文化旅游融合为思路，以文化基因和文化元素提炼为核心，以创意和再生设计为手段，对属地特色的自然、人文、产业等资源进行一体化整合后，以系统化的特色文化标识为指向而构建的文化、生态、生活、产业有机融合的生态型空间体系

续表 2-2

文旅产品基本类型	发展定位	发展思路
文旅产业园区	创意带动的泛文旅产业聚集	在文化/文创产业园区的基础上，基于文化生产和消费活动而出现的，以文化创意聚集为特征，以旅游导入为特色形成的集文化和旅游为一体的产业园区
文旅综合体	主客共享的文旅休闲新业态	基于一定的旅游资源与土地基础，以文化为指引，以旅游休闲为导向进行土地综合开发而形成的，整体服务品质较高的文化和旅游休闲聚集区
文化旅游景区/度假区	文化旅游化与旅游文化化的核心载体	依托地域风情、人文历史、古物古建、遗址遗迹、名人、宗教等文化元素开发建设而成的能够满足旅游需求、承担文化传播和经济发展使命的景区，开发形式包括但不限于文化主题公园（比如以中原文化+独特建筑景观+沉浸式艺术+全景式全沉浸戏剧主题公园《只有河南 · 戏剧幻城》等）、红色旅游景区、文化遗产景区、历史遗址景区、影视文化基地等
历史文化旅游度假区	度假需求导向下的文旅融合开发	依托人文景观、古城镇、大型演艺、主题乐园、影视基地、博物馆群落等文化旅游核心吸引物，以休闲体验需求为导向，围绕度假酒店、旅居地产等住宿设施，通过旅游资源的整合、文化资源的重构及服务设施的完善，形成的覆盖多元文化消费结构、满足全要素旅游需求的区域文化旅游系统结构
文旅实景演出	文化+科技+旅游的跨界融合	依托一定的在地文化空间（比如山水自然开放景观或者艺术馆等场馆空间），挖掘地方文化内涵，通过创造性的思维并跨界融合科技元素打造的沉浸式互动体验消费场景，主要包括山水实景演艺“印象”系列、全景行进式互动演艺“《又见平遥》”，融合文化+创意+科技的舞台演艺“《唐宫夜宴》”

四、文旅产业的含义

根据国家统计局关于印发《文化及相关产业分类（2018）》，文化产业主要包括新闻信息服务、内容创作生产、创意设计服务、文化传播渠道、文化投资运营和文化娱乐休闲服务等文化核心产业，也包括为实现文化产品的生产活动所需的文化辅助生产和中介服务、文化装备生产和文化消费终端生产（包括制造和销售）等文化相关产业。

根据国家统计局关于印发《国家旅游及相关产业统计分类（2018）》，旅游产业既包括直接为游客提供出行、住宿、餐饮、游览、购物、娱乐等服务活动的旅游核心产业；也包括为游客出行提供旅游辅助服务和政府旅游管理服务等活动的旅游相关产业。

文化旅游产业可以理解为文化产业和旅游产业的融合体，主要是由人文旅游资源所开发出来的具有旅游性质的产业，是为满足人们的文化旅游消费需求而产生的一部分旅游产业（图 2-1）。

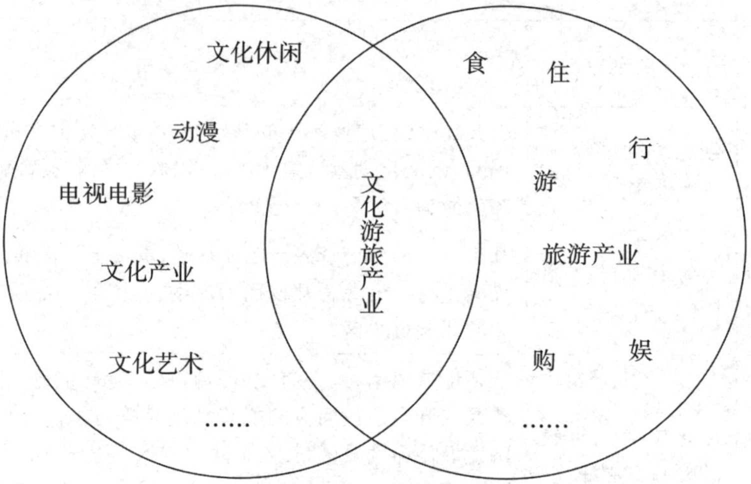

图 2-1　文旅产业概念辨析图

第二节 文旅融合的内涵

文旅融合是指文化、旅游产业及相关要素之间相互渗透、交叉汇合重组，逐步突破原有的产业边界或要素领域，彼此交融而形成新的共生体的现象与过程。

文旅融合是建立在文化与旅游差异基础上的，也是建立在二者之间的一些资源、属性、功能、服务及其对象等交集上（图 2-2）。

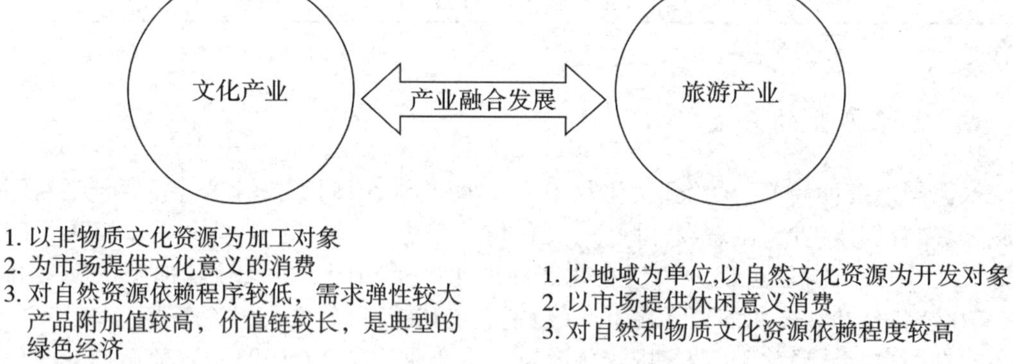

图 2-2　文旅产业融合示意图

一、文旅融合是一种理念和口号

文旅融合并不是一个旅游概念，它强调的是在旅游发展的新时期，文化和旅游共生共享发展的一种理念，即充分发挥文化资源优势，通过挖掘内涵、突出特色，以增量盘活存量，提升旅游发展层次。充分发挥旅游资源禀赋，强化差异发展、特色多元拓展增量，增强文化支撑力。

二、文旅融合是一种要素整合和产业升级

以十二大旅游发展要素“食住行游购娱、商养学闲情奇”为架构，支持开发集文化创意、度假休闲、康体养生等主题于一体的文化旅游线路和项目，形成文旅消费新动能。实现旅游全要素和文化的融合，是产业优势资源的整合和效益的再提升，是打破产业的原有界限，通过跨界获得更大的发展空间，为产业发展提供持续动能，在突破产业原有的发展瓶颈中创造新的发展模式，实现产业的提升。

三、文旅融合是一种价值导向

文旅融合是一种价值导向，主要表现在两个方面。一方面体现在旅游自身除了为游客提供旅游过程中的愉悦之外，还表现在旅游作为精神产品，其价值导向是不言而喻的。另一方面，以遗产为代表的优秀传统文化，在教化育人的同时其知识产权所带来的无形价值与品牌效应，使文化在导引人们的过程中，实现了自身的价值创新。

四、文旅融合是一种生活方式

随着时代的发展和社会的进步，旅游成为文化生活中的一部分，甚至成为人们文化生活中不可或缺的部分，成为人们体验文化、培育观念的重要途径。人们在“文化三馆”（美术馆、图书馆、博物馆）中不仅是学习文化，更多的是体验文化，文化休闲已然成为一种生活方式。

五、文旅融合是一种体系建设

文旅融合的体系建设不但包含了传统的美术馆、图书馆、博物馆的公共文化服务体系建设，也包含了对红色文化和先进文化资源的开发所形成的体系建设，以及国家考古遗址公园、国家文化公园、国家森林公园、国家地质公园等公共体系建设。这些更加完善地为群众提供有效服务的公共文化产品，大多是以旅游的形式来提供的。

第三节
文旅融合相关理论基础

理念融合为先导：要从思想深处、从根子上打牢文化和旅游融合发展的基础，推动文化和旅游深融合、真融合。文旅融合顺应时代背景，文化让旅游不浅薄，旅游让文化不高冷，文旅融合让文化更接地气，更有旅游味，让旅游更有内涵，更有文化感。

目前在文化和旅游融合的理论界，较盛行的是“文化洋葱说”和“文化冰山说”。

文化洋葱说(图2-3)认为:文化像洋葱一样具有层次之分,由浅入深。可分为表层文化、中层文化和核心文化。表层为物质文化,涉及文化物理要素和物质层面,包括生产工具、生活用具以及其他各种物质产品;中层是行为文化,涉及文化的行为要素和行为方式,包括行为规范、风俗习惯、生活制度等;核心是精神文化或观念文化,涉及文化的心理要素和精神层面,包括思维方式、思想观点、价值取向、审美情趣、道德操守等。

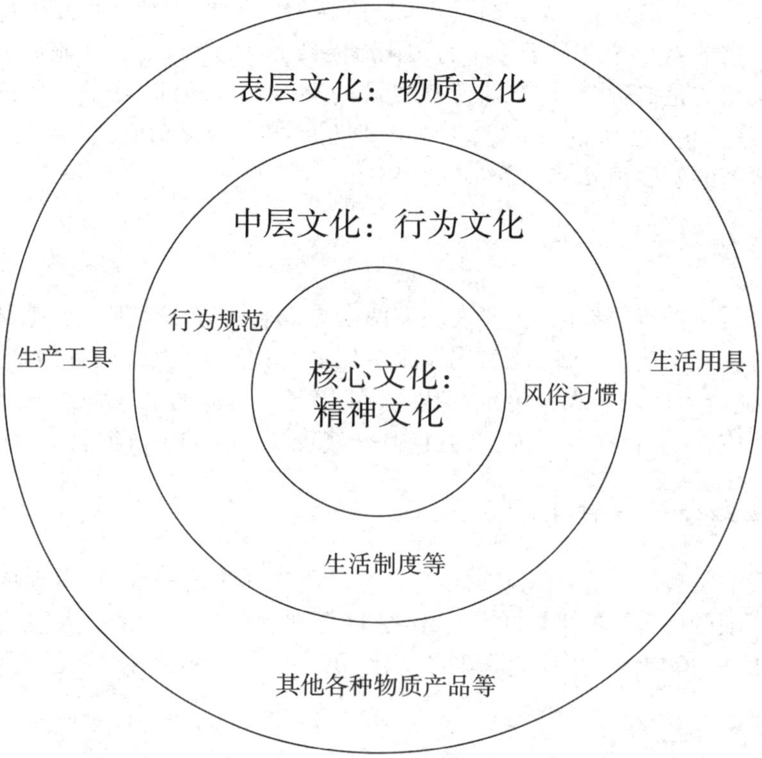

图2-3 “文化洋葱说”

“文化冰山说”认为:文化由两部分组成,显性部分为浮在冰山之上的可见部分,指人类在认识和改造自然的过程中所创造的物质文化实体;隐性部分为藏在水下的不可见部分,是指人类塑造其内在精神意识的行为模式(如思维方式、思想风貌、心理状态、道德情操、审美、信仰、法律制度、社会风俗等),水下隐藏的冰山比浮出水面的冰山体积要大很多。

在“文化洋葱说”和“文化冰山说”盛行的影响下,要对文旅融合的理论基础进行全面而系统的认识和理解,从而在理论上对文旅融合的实践进行指导。

一、产业融合理论

产业融合是由产业合并演变而来。产业融合有三种路径:重组融合、渗透融合和延伸融合。产业融合是一种动态的融合过程,它可以是全部融合也可以是部分融合。不同产业间或者相似产业间互相渗透的一种融合形式。由于技术进步和放松管制,使得产业界线相对模糊,产业之间的交流与沟通、相互协作趋于频繁,从而为融合提供有利的条件。

产业融合随着信息技术与高科技不断发展而衍生出来的产物。早在20世纪70年代就有人提出,到20世纪80年代,专家学者们对产业融合的研究变得更多,最主要是描述与分析产业融合的现象,对理论的分析还没形成。日本学者植草益(2001)所著作的《信息通讯业的产业融合》认为:信息技术通信领域的行业交叉形成了新的产业形式,推动创新和产业融合。信息技术的不断进步推动产业进一步融合发展,而这种融合,正在从信息技术产业向社会各个领域各个层面扩展。不仅如此,社会的进步、人类需求的发展、政策导向等多种因素同样在推动着这种融合,产业之间出现重合与交叉。面对新时期的发展,旅游产业迎来了新的变化,文化旅游势头猛进占据了一席之地。从本质上来说,文化产业和旅游产业是密不可分的,这种联系在二者的发展过程中逐渐显现。产业融合推动二者不断发展,同时,这种发展也必将推动这两个产业在更高层次上进行融合。文化产业与旅游产业,二者在本质上存在着天然的联系,并且已经由相互独立,各自发展演进到你中有我,我中有你的阶段。产业融合,更是极大地促进了文化产业和旅游产业的融合,而他们之间相互促进,相互推动,终将走向融合的高级阶段。

二、旅游系统论

系统是由相互联系、相互作用的许多要素结合而成的具有特定功能的统一体。系统论认为,系统要素间存在物质、能量、信息等的流动。系统思想要求对系统做全面的分析,从整体去把握系统,整体观点是系统思想的精髓。旅游系统是系统理论在旅游领域的运用,旅游活动本身就是一个由不同子系统构成的巨系统,旅游系统的构建强调综合、整体、系统地考虑旅游发展过程中经济、社会、资源、环境等多方面的相互关系和协调发展。按照旅游系统内部各要素功能和特点,旅游系统可以分为供给子系统、需求子系统、中介子系统和支持子系统四部分,各子系统互相依赖,共同组成了旅游系统有机整体。因而,旅游系统理论研究是旅游研究的顶层设计和基础,有助于构建全面、科学的旅游研究体系。

三、旅游体验理论

美国著名未来学家阿尔文·托夫勒(Alvin Toffler)在1970年著述的《未来的冲击》一书中最早阐述了"体验"这一经济术语,提出未来的经济形态将由制造经济和服务经济向体验经济发展。

旅游体验的概念最早是由国外学者布尔斯汀(Boorstin)在1964年提出的。旅游体验(tourist experience)是指旅游者在旅游活动过程中实现旅游需求的满意过程,这种满意是旅游者通过对旅游目的、旅游景观、旅游产品和旅游服务设施的欣赏和使用得以实现的。国内学者谢彦君认为,旅游体验是旅游者在旅游过程中,通过与当下情境相融合所获得的一种身心一体的舒畅感受。旅游体验是通过旅游者在旅游过程中的欣赏、交往、模仿以及消费等活动方式实现的一个过程。随着体验经济时代的到来,旅游者通过离开惯常生活环境到达异地参与旅游活动去获取独特的旅游经历,旅游目的地通过旅游者提供优质的旅游产品和旅游服务为旅游者创造一个难忘的旅行体验。旅游体验强调的是一种当下的心理过程。

四、场景理论

场景理论是芝加哥社会学派近年来提出的从文化、消费、空间整合的角度来解释后工业化时期的经济社会文化现象的理论范式。在场景理论视域下,场景是一种由消费、体验、符号、价值观与生活方式等文化意涵组成的文化空间;场景包括以下几个要素:一是特定的社区范围,二是显著的实体建筑,三是特定的人群,四是特色活动。这些要素综合在一起形成了场景象征意义的表达;场景不仅蕴含了功能,也传递着文化和价值观,形成抽象的符号感和信息传递给不同的人群,并在无形中影响着个体的消费心理和行为。

基于场景理论的视角,文化和旅游融合本身便塑造了一个体验场景。在这样的场景中,物质文化和非物质文化共同营造出一种空间的符号性表达,无形中传达了一种文化价值理念,并不断激发和促进游客的体验和消费行为。因此,促进文化和旅游融合发展的关键是促进文化展现从博物馆化、舞台化向场景化转化升级,打造文化空间,提升文化场景体验。

第三章
文旅融合政策解读

导读

我国文旅融合的发展历程

从邓小平同志的"黄山谈话"开始,他鼓励挖掘地方文化吸引外国游客,其实质是把历史文化传统转化成旅游吸引物。江泽民同志提出要充分利用山西悠久的历史和"地上文物宝库"这一得天独厚的资源,大力发展旅游业,其实质是把物质和非物质文化遗产变成旅游资源。习近平同志在《在文艺工作座谈会上的讲话》中指出"人民对包括文艺作品在内的文化作品的质量、品位、风格等的要求也更高了,文学、戏剧、电影、电视、音乐、舞蹈、美术、摄影、书法、曲艺、杂技以及民间文艺、群众文艺等各领域都要跟上时代发展、把握人民需求",强调要系统梳理传统文化资源,将文化资源进行有吸引力的文化展示,让文物、遗产和文学都活起来,其实质是强调相关产业的手段和技术对文化艺术的创造性利用,这一思想对文化和旅游发展具有指导意义。

在政府文件中,虽然早前很多文件都体现了加强文化和旅游融合的相关表述,但直接提出加强文化和旅游融合的文件是原文化部和原国家旅游局2009年联合发布的《关于促进文化与旅游结合发展的指导意见》,该文件明确指出要加强"文化和旅游相互融合",并将文旅融合的实施路径总结为"文化旅游活动(节庆)品牌""旅游演艺产品""非遗产品化""文化旅游工艺品"等形式,其实质是传统文化面向旅游者的再生产与再创造。随后中央在2011年(十七届六中全会发布《中共中央关于深化文化体制改革推动社会主义文化大发展大繁荣若干重大问题的决定》、2014年国务院发布《关于促进旅游业改革发展的若干意见》、2016年,国务院发布《"十三五"旅游业发展规划的通知(国办发〔2016〕70号)》;2018年3月,国务院办公厅印发《关于促进全域旅游发展的指导意见(国办发〔2018〕15号)》的相关文件中,指出文旅融合的具体措施是"科学利用传统村落、文物遗迹及博物馆、纪念馆、美术馆、艺术馆、世界文化遗产、非物质文化遗产展示馆等文化场所开展文化、文物旅游,推动剧场、演艺、游乐、动漫等产业与旅游业融合开展文化体验旅游",其中所隐含的文化和旅游融合是指加强文化面向旅游者的展示。2018年4月,国务院明确地将新组建的文化和旅游部职能定位为"增强和彰显文化自信""提高国家文化软实力和中华文化影响力";同时,文化和旅游部部长雒树刚关于文化和旅游融合的系列讲话中也明确指出

“文化和旅游融合发展背景下，要用文化提升旅游的品质内涵，用旅游彰显文化自信”，更具体地来说，需要“旅游集团落实好供给侧结构性改革战略部署，用好文化创意、科技创新和社会投资等新动能……讲好中国故事，提升中国服务。”可见，政府文件表述的文旅融合是将物质与非物质文化变成一种旅游资源，要通过不同的技术手段和商业模式把文化展示出来，从而实现增强文化自信和传播中华文化的目标。

本章速览

从2009年政府文件对文旅融合的官方首次确认，到2021年6月国家文化和旅游部发布的《“十四五”文化和旅游融合发展规划》，中国文旅融合的政策已经经历了从概念融合、产业融合、机制融合到全方位深度融合的发展阶段。本章通过对国家关于文旅融合政策的阶段性特征、文旅融合政策的作用以及相关专项旅游政策的解读，让读者通过了解文旅政策的演化特征，厘清文旅融合发展的规律。

第一节 我国文旅融合政策的阶段性特征

自2009年8月31日，中国第一份有关文旅融合的政策《文化部、国家旅游局关于促进文化与旅游结合发展的指导意见》颁布，截至目前止，国内累计发布过170余份涉及“文化旅游”“文旅产业”“文化产业”“旅游产业”“文旅融合”相关的政策。

一、探索期——以明确文旅融合的内涵为主

2009年，中国首份文旅政策《文化部、国家旅游局关于促进文化与旅游结合发展的指导意见》颁布出台。该政策指出“文化是旅游的灵魂，旅游是文化的重要载体”，其明确了文化旅游融合发展的必要性。2010—2011年，为更好地推进文旅产业融合发展，相关部门相继出台各项政策，如《文化部、中国农业银行关于加强全面战略合作的通知（文产函〔2010〕1818号）》《国家旅游局关于进一步加快发展旅游业促进社会主义文化大发展大繁荣的指导意见（旅发〔2011〕61号）》等。2012年颁布的文旅政策内容集中在对文旅产业的发展与规划，政策明确了在“十二五”期间中国文旅产业发展的目标。如《文化部“十二五”时期文化产业倍增计划（文产发〔2012〕7号）》《文化部“十二五”时期文化改革发展规划（文政法发〔2012〕13号）》等。

综上，在探索期中国文旅政策的内容主要集中在明确文旅融合的内涵及推动文旅产业融合发展上。

二、推动期——集中在文旅产业提质升级和高质量发展

在推动期（2013.01—2016.12），国家开始大力引导文旅产业的建设，文旅政策颁布

机构从文化部、国家旅游局扩展到国务院层面。2013—2014 年，各部门从文化产业或旅游业的产业视角出发，就如何提升旅游业、文化产业高质量发展颁布出台相关政策。如《旅游质量发展纲要（2013—2020 年）》《关于推进文化创意和设计服务与相关产业融合发展的若干意见（国发〔2014〕10 号）》及《关于促进旅游业改革发展的若干意见（国发〔2014〕31 号）》。2015 年颁布的文旅政策多集中于对文旅市场的监督管理，如《国家旅游局关于打击旅游活动中欺骗、强制购物行为的意见（旅发〔2015〕217 号）》《文化部 公安部关于进一步加强游戏游艺场所监管促进行业健康发展的通知（文市发〔2015〕16 号）》等。以上政策的颁布，为文旅产业的健康发展提供支撑与保障。

2016 年，国务院发布的《“十三五”旅游业发展规划（国发〔2016〕70 号）》明确提出对中国旅游业提质升级高质量发展的新要求。推动期的文旅政策集中在文旅产业提质升级和高质量发展。此外，对文旅市场的规范与监督管理较为重视。

三、提升期——文旅政策涉及产业融合发展的多个层面

2018 年 4 月，随着国家机构改革方案的提出，中国文旅部正式成立。文旅部的挂牌成立进一步推动文旅融合发展。同年，国务院发布《关于促进全域旅游发展的指导意见（国办发〔2018〕15 号）》，将全域旅游作为文旅产业未来发展的重点。2019 年，文旅部颁布《关于实施旅游服务质量提升计划的指导意见（文旅市场发〔2019〕12 号）》《关于促进旅游演艺发展的指导意见（文旅政法发〔2019〕29 号）》《文化和旅游规划管理办法文旅政法发〔2019〕60 号）》等政策，分别从文化金融、文化消费、人才培养、资源建设、产业监督管理等方面对文旅产业健康发展给予支撑保障。综上，提升期国家对文旅产业融合的认识逐渐成熟，文旅政策涉及产业融合发展的各个层面，为中国文旅融合提供了良好的发展环境与条件。

第二节 我国文旅融合政策主要涉及内容

文旅融合，规划先行，为推进文化和旅游规划工作科学化、规范化、制度化，充分发挥规划在文化和旅游发展中的重要作用，2020 年 5 月 7 日，文化和旅游部制定《文化和旅游规划管理办法》，从总则、立项，编制、衔接，论证、报批，发布、实施，责任等方面对文化和旅游规划体系进行统一，对规划管理进行完善，以提高规划质量。本节将对我国近五年的文旅融合的政策进行梳理，从政策和发展规划的角度了解文旅融合的意义。

一、发挥文化产业和旅游产业融合发展对地区经济的带动作用

为了发挥文旅产业融合对当地经济的促进作用，国家分别从国民经济发展规划及文化扶贫实施方案等方面提供政策扶持，推动地方经济发展。促进地方经济发展的文旅融合政策（表 3-1）。

表 3-1 促进地方经济发展的文旅融合政策一览表

政策名称	政策内容
2016 年十二届全国人大四次会议颁布《中华人民共和国国民经济和社会发展第十三个五年规划纲要（2016—2020 年）》	把深入实施西部大开发战略放在优先位置，更好地发挥“一带一路”建设对西部大开发的带动作用。加快内外联通通道和区域性枢纽建设，进一步提高基础设施水平，明显改善落后边远地区对外通行条件。大力发展绿色农产品加工、文化旅游等特色优势产业
2017 年文化部颁布《“十三五”时期文化扶贫工作实施方案》	充分挖掘革命老区红色文化内涵，利用革命历史文物资源优势，发挥其在红色旅游中的重要作用，推动当地经济社会文化持续健康发展，带动贫困地区稳步脱贫

二、推动文化和旅游产业的数字化、科技化

随着文化、旅游与科技的深入融合，文旅产业逐渐向数字化、科技化发展。国家文旅部和国家科技教育司分别颁布相关政策，通过“培育数字文化产业新型业态”构建“数字文化产业生态”推动文旅产业的数字化与科技化。推动数字化、科技化旅游发展的文旅融合政策（表 3-2）

表 3-2 推动数字化、科技化旅游发展的文旅融合政策一览表

政策名称	政策内容
2020 年文化和旅游部印发《文化和旅游部关于推动数字文化产业高质量发展的意见》	“培育数字文化产业新型业态”构建“数字文化产业生态”，从产业链创新应用、完善创新服务、融入区域发展战略、优化市场环境、深化国际合作等方面，提出数字文化产业生态体系建设路径 发挥数字文化消费作为新消费的引领作用，以优质数字文化产品引领青年文化消费，引导创作满足年轻用户多样化、个性化需求的产品与服务，增强青年民族自豪感和文化自信心
2021 年科技教育司发布《“十四五”文化和旅游科技创新规划（文旅科教发〔2021〕39 号）》	围绕深入推进社会文明促进和提升工程、构建和完善新时代艺术创作体系、文化遗产保护传承利用体系、现代公共文化服务体系、现代文化产业体系、现代旅游业体系、现代文化和旅游市场体系、对外文化交流和旅游推广体系，支持和鼓励文化和旅游行业聚焦重点领域，开展理论研究、技术研发、装备研制和应用示范，推动科技成为文化和旅游发展的新动能

三、文化产业和旅游产业融合促进乡村旅游提质升级

推动乡村旅游发展建设，进而促进居民文旅消费升级，对建设美丽乡村、实施乡村振兴战略具有非常重要的意义。国务院办公厅和国家文旅部相继出台促进乡村旅游提质升级的专项政策性文件（表 3-3），深入挖掘乡村文化内涵，开发建设形式多样、特色鲜

明、个性突出的乡村旅游产品,注重发挥旅游业在各地推进乡村振兴工作实践中的巨大作用,要各地大力发展民宿产业,促进文旅产业融合。

表 3-3 乡村旅游文旅融合政策一览表

政策名称	政策内容
2015 年国务院办公厅颁布《关于进一步促进旅游投资和消费的若干意见》	深入挖掘乡村文化内涵,开发建设形式多样、特色鲜明、个性突出的乡村旅游产品,举办具有地方特色的节庆活动。注重保护民族村落、古村古镇,建设一批具有历史、地域、民族特点的特色景观旅游村镇,让游客看得见山水、记得住乡愁、留得住乡情
2021 年文化和旅游部发布旅游行业标准《旅游民宿基本要求与评价(LB/T 065—2019)》	注重发挥旅游业在各地推进乡村振兴工作实践中的巨大作用,要各地大力发展民宿产业,把旅游民宿作为乡村各类资源动起来、活起来,带动兴村富民、促进乡村文化嬗变、助推乡村振兴的重要抓手

四、发展旅游文创,提升旅游产品品质

从天坛、岳阳楼、樱花、九层楼等景点标志性造型的雪糕、棒棒糖,到各地博物院推出的考古盲盒,四大才子 IP、故宫 IP,在年轻人成为旅游消费主力的当下,旅游文创成为提升旅游产品品质的重要举措。提升旅游产品文化内涵文旅融合政策(表 3-4)。

表 3-4 提升旅游产品文化内涵文旅融合政策一览表

政策名称	政策内容
2015 年《国务院办公厅颁布关于进一步促进旅游投资和消费的若干意见》	丰富提升特色旅游商品,鼓励市场主体开发富有特色的旅游纪念品,丰富旅游商品类型,增强对游客的吸引力。加大对老字号商品、民族旅游商品的宣传推广力度。加快实施中国旅游商品品牌提升工程,推出中国特色旅游商品系列
2017 年文化部发布《"十三五"时期文化产业发展规划》	提升文化旅游产品开发和服务设计水平,促进发展参与式、体验式等新型业态
2018 年国务院办公厅颁布《关于促进全域旅游发展的指导意见》	提升旅游产品品质。深入挖掘历史文化、地域特色文化、民族民俗文化、传统农耕文化等,实施中国传统工艺振兴计划,提升传统工艺产品品质和旅游产品文化含量

五、发展文化演艺旅游,推动旅游实景演出发展

为推动旅游实景演出发展,促进文化演艺旅游发展,国家通过推广"景区+游乐""景区+剧场""景区+演艺"等景区娱乐模式,鼓励文化创意、演艺、工艺美术、非物质文化遗产等与旅游资源整合,开发具有地域特色和民族风情的旅游演艺精品和旅游商品等政策

(表3-5),推动文化演艺旅游的文旅融合。

表3-5　推动文化演艺旅游的文旅融合政策一览表

政策名称	政策内容
2016年国务院办公厅发布《"十三五"旅游业发展规划》	发展文化演艺旅游,推动旅游实景演出发展,打造传统节庆旅游品牌。推广"景区+游乐""+剧场""+演艺"等景区娱乐模式
2017年文化部发布《"十三五"时期文化产业发展规划》	鼓励文化创意、演艺、工艺美术、非物质文化遗产等与旅游资源整合,开发具有地域特色和民族风情的旅游演艺精品和旅游商品
2018年国务院办公厅颁布《关于促进全域旅游发展的指导意见》	推动剧场、演艺、游乐、动漫等产业与旅游业融合,开展文化体验旅游

六、积极推动以非物质文化与旅游的融合发展

只有非物质文化融入现代旅游者的旅游消费之中,通过重组非物质文化资源,运用创意产业思维整合非物质文化,使非遗产品既有现代感又有本土文化特色,重新焕发出生命力。国家相继出台相关政策推动非物质文化文旅融合(表3-6)。

表3-6　非物质文化与旅游融合发展政策一览表

政策名称	政策内容
2018年国务院办公厅颁布《关于促进全域旅游发展的指导意见》	科学利用文物遗迹及博物馆、纪念馆、美术馆、艺术馆、世界文化遗产、非物质文化遗产展示馆等文化场所开展文物旅游
2021年8月国务院办公厅印发《关于进一步加强非物质文化遗产保护工作的意见》	推动非物质文化遗产与旅游融合发展、高质量发展。支持非物质文化遗产有机融入景区、度假区,建设非物质文化遗产特色景区

第三节
"十四五"文化和旅游融合发展规划概述

2021年7月,文化和旅游部编制印发了《"十四五"文化和旅游发展规划》(以下简称《规划》),对于文化事业、文化产业和旅游业的未来发展明晰了发展目标和发展方向,通过对该政策的梳理,体现在以下几个重点方面的内容。

一、发展目标

1. 总体目标

到 2025 年,我国社会主义文化强国建设取得重大进展。文化事业、文化产业和旅游业高质量发展的体制机制更加完善,治理效能显著提升,人民精神文化生活日益丰富,中华文化影响力进一步提升,中华民族凝聚力进一步增强,文化铸魂、文化赋能和旅游为民、旅游带动作用全面凸显,文化事业、文化产业和旅游业成为经济社会发展和综合国力竞争的强大动力和重要支撑。社会文明促进和提升工程成效显著,社会主义核心价值观深入人心,中华优秀传统文化、革命文化、社会主义先进文化广为弘扬,国民素质和社会文明程度不断提高。

2. 具体目标

(1)新时代艺术创作体系建立健全,社会主义文艺繁荣发展,推出一批讴歌新时代、反映新成就、代表国家文化形象的优秀舞台艺术作品和美术作品。

(2)文化遗产保护传承利用体系不断完善,文物、非物质文化遗产和古籍实现系统性保护,文化遗产传承利用水平不断提高,全国重点文物保护单位“四有”工作完成率达到 100%,建设 30 个国家级文化生态保护区和 20 个国家级非物质文化遗产馆。

(3)公共文化服务体系更加健全,基本公共文化服务标准化、均等化水平显著提高,服务效能进一步提升,全国各类文化设施数量(公共图书馆、文化馆站、美术馆、博物馆、艺术演出场所)达到 7.7 万,文化设施年服务人次达到 48 亿。

(4)文化产业体系更加健全,文化产业结构布局不断优化,文化及相关产业增加值占 GDP 比重不断提高,文化产业对国民经济增长的支撑和带动作用得到充分发挥。

(5)旅游业体系更加健全,旅游业对国民经济综合贡献度不断提高,大众旅游深入发展,旅游及相关产业增加值占 GDP 比重不断提高,国内旅游和入境旅游人次稳步增长,出境旅游健康规范发展。

(6)文化和旅游市场体系日益完备,文化和旅游市场繁荣有序,市场在文化和旅游资源配置中的作用得到更好发挥,市场监管能力不断提升。

(7)对外和对中国港澳台地区文化交流和旅游推广体系更加成熟,中华文化走出去步伐加快,培育形成一批文化交流和旅游推广品牌项目,海外中国文化中心总数达到 55 个。

3. 远景目标

展望 2035 年,建成社会主义文化强国,国民素质和社会文明程度达到新高度,国家文化软实力显著增强。文化事业更加繁荣,文化产业和旅游业的整体实力和竞争力大幅提升,优秀文艺作品、优秀文化产品和优质旅游产品充分满足人民群众美好生活需要,文化和旅游发展为实现人的全面发展、全体人民共同富裕提供坚强有力保障。

二、全域旅游继续推行

关于全域旅游如何发展的问题,一直以来在旅游学界、旅游管理部门、旅游规划界中形成了热议。

本次《规划》明确提出——“聚焦旅游目的地建设，创新全域旅游协调发展机制，提升全域旅游示范区发展质量”。作为具体推进路径，《规划》也明确认可了“国家全域旅游示范区建设”的方向。

2019年、2020年已经分别公示了第一批、第二批国家全域旅游示范区名单，2021年应该也会适时推进第三批创建工作、验收认定工作。在“十四五”期间，是否会通过一两个城市的“摘牌”，真正体现所谓“动态管理”以实现倒逼警示作用，是值得观察的。

三、推进完善休闲和带薪休假制度

《“十四五”文化和旅游发展规划》指出，要推进完善国民休闲和带薪休假制度，创新打造一批“小而美”的城市书房、文化驿站，完善低票价、剧场开放日等举措，鼓励各地举办消费季、消费月，鼓励支持青年主播和博主开展对外文化推广。与此同时，规划还提出，要深入推进大众旅游，增加旅游惠民措施，推动完善国民休闲和带薪休假等制度，引导各地制定实施门票优惠补贴等政策。规划提出，将推出更多定制化旅游产品、旅游线路，开发体验性强、互动性强的旅游项目，增加旅游惠民措施，加大旅游公共服务力度。

四、城乡协调融合发展成为文旅融合发展的重要工作

把城乡文化建设同新型城镇化战略有机衔接起来，以城带乡、以文化人，不断提高城乡居民的文化获得感。把县域作为城乡融合发展的重要切入点，强化县城综合服务能力。推进城乡公共文化服务一体建设，实现城乡基本公共服务全覆盖，推动公共文化设施和旅游公共服务融合发展。建设宜居、绿色、人文城市，使城市成为人民高品质生活的空间。发挥中心城市和城市群的辐射带动作用，促进大中小城市和小城镇文化和旅游联动发展。加强新型城镇化进程中的文化遗产保护，保留传统风貌，延续历史文脉。打造城乡文化品牌，提升城乡文化品位，在城市更新、社区建设、美丽乡村建设中充分预留文化和旅游空间。

以文旅业视角来看，乡村成为城市文旅消费的外延空间与承接转化载体，具体到（短时）休闲度假，除了城市的一些文旅综合体项目更新供给外，乡村扮演了重要的产品新供给角色，由过去提供单一的农产品向融合一、二、三产业发展的乡村文化旅游产品转变。

五、推进博物馆、纪念馆建设

在《“十四五”文化和旅游发展规划》中指出：培育一批世界一流博物馆，建设一批国家级特色博物馆和行业博物馆，实施卓越博物馆发展计划、中小博物馆帮扶计划。支持一批博物馆、纪念馆新建、扩建、功能提升。推进博物馆立法研究，推进故宫保护条例、古籍保护条例等项目研究。

坚持把保护放在首位，推进文化遗产资源调查和系统性保护，在保护中发展、在发展中保护，发挥文化遗产在传承中华文化、铸牢中华民族共同体意识方面的重要作用，使文化遗产保护成果更多惠及人民群众。

实施中华文明探源等工程,加强体现中国文化基因的非遗项目保护,开展黄河文化、长江文化研究,实证中华文明发展脉络,铸牢中华民族共同体意识。研究好、解读好、阐释好中华文化,树立和突出各民族共享的中华文化符号和中华民族形象,用好用足文化、文物、旅游资源,梳理精神谱系,延续历史文脉,弘扬时代价值。

博物馆代表着历史文化资源的聚合与存续,也可以说是历史文脉的实物载体,在文化展示、教育等方面,具有不可替代的价值,博物馆的多寡、资源厚薄等,一定程度上代表着一区域、一国的文化保护、文化自信的不同程度。博物馆是文化自信、民族自信的核心物之一。

同时,文旅新消费下,新客群、新内容、新体验与新技术的相互作用,使得博物馆具备更多的市场价值,在保护与开发平衡中,文博产业化趋势更明显,也还有不小待发掘空间。

六、大力发展智慧旅游,推进景区预约、错峰、限量常态化

《"十四五"文化和旅游发展规划》指出,要积极发展智慧旅游,加强旅游信息基础设施建设,深化"互联网+旅游",加快推进以数字化、网络化、智能化为特征的智慧旅游发展。规划强调,要加强智慧旅游相关标准建设,打造一批智慧旅游目的地,培育一批智慧旅游创新企业和示范项目。推进预约、错峰、限量常态化,建设景区监测设施和大数据平台。以提升便利度和改善服务体验为导向,推动智慧旅游公共服务模式创新。培育云旅游、云直播,发展线上数字化体验产品。鼓励定制、体验、智能、互动等消费新模式发展,打造沉浸式旅游体验新场景。

七、建设黄河文化旅游带,打造一批标志性文化旅游项目

《"十四五"文化和旅游发展规划》指出,要保护传承弘扬黄河文化,实施黄河文化遗产系统保护工程,打造具有国际影响力的黄河文化旅游带。规划表示,要建设黄河文化遗产廊道:以黄河干流的流经县区为主要范围,以人类起源、文明历程、生产生活、水利遗产、水陆交通、艺术荟萃、民族融合、人文景观、革命传统等主题为主要内容,多层次呈现黄河文化遗产资源的丰富内涵,加强安阳殷墟、汉长安城、隋唐洛阳城和重要石窟寺等遗址保护。此外,规划强调,要加强沿黄地区旅游基础设施和旅游公共服务设施建设,以黄河流域部分县(市、区)为重点,打造一批具有标志性的文化旅游项目。

八、鼓励金融机构开发适合文旅企业特点的金融产品和服务

《"十四五"文化和旅游发展规划》指出,完善投融资服务,深化文化、旅游与金融合作,鼓励金融机构开发适合文化和旅游企业特点的金融产品和服务。规划强调,扩大文化和旅游企业直接融资规模,支持符合条件的文化和旅游企业上市融资、再融资和并购重组,支持企业扩大债券融资。引导各类产业基金投资文化产业和旅游产业。推广文化和旅游领域政府和社会资本合作(PPP)模式。完善文化和旅游企业信用体系,健全市场化融资担保机制。推动文化和旅游基础设施纳入不动产投资信托基金(REITs)试点范围。

第四节 国家发展文旅融合的重要举措

为积极推动文化和旅游融合发展，促进各级地方因地制宜、改革创新、特色发展，积极培育壮大文化和旅游消费新业态新模式，全面提升文化和旅游消费质量和水平，推动文化产业和旅游产业高质量发展。国家通过一系列政策支持文旅融合的创新发展，旨在形成文旅融合发展的示范效应。

一、国家全域旅游示范区创建

为贯彻落实《"十三五"旅游业发展规划》《国务院办公厅关于促进全域旅游发展的指导意见》、关于创建国家全域旅游示范区的有关要求，文化和旅游部依据《国家全域旅游示范区验收、认定和管理实施办法（试行）》《国家全域旅游示范区验收标准（试行）》（表 3-7），按照满分 1200 分，开展国家全域旅游示范区验收认定工作。

表 3-7 国家级全域旅游示范区创建标准

评价类别	评价内容及分值	评价指标
基本项目（1000 分）	体制机制（90 分）	领导体制、协调机制、综合管理机制、统计制度、行业自律机制
	政策保障（140 分）	产业定位、规划编制、多规融合、土地保障政策、旅游人才
	公共服务（230 分）	外部交通、公路服务区、旅游集散中心、内部交通、停车场、旅游交通服务、旅游标识系统、游客服务中心、旅游厕所、智慧旅游
	供给体系（240 分）	旅游吸引物、旅游餐饮、旅游住宿、旅游娱乐、旅游购物、融合产业
	秩序与安全（140 分）	服务质量、市场管理、投诉处理、文明旅游旅游志愿者服务、安全制度、风险管控、旅游救援
	资源与环境（100 分）	资源环境质量、城乡建设水平、全域环境整治、社会环境优化
	品牌影响（60 分）	营销保障、品牌战略、营销机制、营销方式、营销成效

续表 3-7

评价类别	评价内容及分值	评价指标
创新示范项目（200 分）	体制机制创新（50 分）	领导机制创新、协调机制创新、市场机制创新、旅游配套机制创新、旅游综合管理体制改革创新、旅游治理能力创新等
	政策措施创新（30 分）	全域旅游政策举措创新、财政金融支持政策创新、旅游投融资举措创新、旅游土地供给举措创新
	业态融合创新（30 分）	旅游发展模式创新、融合业态创新、旅游经营模式创新
	公共服务创新（40 分）	旅游交通建设创新、旅游交通服务方式创新、旅游咨询服务创新、“厕所革命”创新、环境卫生整治创新
	科技与服务创新（20 分）	智慧服务创新、非标准化旅游服务创新
	环境保护创新（8 分）	旅游环境保护创新
	扶贫富民创新（12 分）	旅游扶贫富民方式创新、旅游创业就业方式创新
	营销推广创新（10 分）	创新营销方式
扣分事项（100 分）	不予通过（一票否决项）	1. 近三年发生重大旅游安全生产责任事故的 2. 近三年发生重大旅游投诉、旅游负面舆情、旅游市场失信等市场秩序问题的 3. 近三年发生重大生态环境破坏事件的 4. “厕所革命”不达标
	扣分项	1. 近三年发生旅游安全生产责任事故，处理不及时，造成不良影响的，扣 35 分 2. 近三年发生旅游投诉、旅游负面舆情、旅游市场失信等市场秩序问题，处理不及时，造成不良影响的，扣 30 分 3. 近三年发生生态环境破坏事件，处理不及时，造成不良影响的，扣 35 分

自 2018 年先后确定了两批国家级全域旅游示范区名单（附录 1），首批 71 家，第二批 97 家。据《“十四五”文化和旅游发展规划》，国家将继续推动第三批国家全域旅游示范区的创建工作。

二、国家文化和旅游消费示范城市、消费试点城市创建

根据 2019 年国务院办公厅关于进一步激发文化和旅游消费潜力的意见，推进消费试点示范。总结推广引导城乡居民扩大文化消费试点工作的经验模式，新确定一批国家文化和旅游消费试点城市（以下简称试点城市）。

在试点城市基础上，择优确定国家文化和旅游消费示范城市（以下简称示范城市）并动态考核。推动试点城市、示范城市建设国际消费中心城市。鼓励建设集合文创商店、特色书店、小剧场、文化娱乐场所等多种业态的消费集聚地。

到 2022 年，建设 30 个示范城市、100 个试点城市，示范城市居民人均文化娱乐支出占消费支出比例超过 6%，旅游收入增速保持两位数以上增长，进一步发挥示范引领作用。

2020 年 12 月，文化和旅游部、国家发展改革委、财政部关于公布《第一批国家文化和旅游消费示范、试点城市名单的通知》（附录 2）。

三、开展第一批国家级夜间文化和旅游消费集聚区

2021 年 7 月，文化和旅游部办公厅《关于开展第一批国家级夜间文化和旅游消费集聚区建设工作的通知》，指出依托各地现有发展情况良好、文化和旅游业态集聚度高、夜间消费市场活跃的街区（含艺术街区、剧场、博物馆、美术馆、文化娱乐场所集聚地等）、文体商旅综合体、旅游景区、省级及以上文化产业示范园区、商业区域等，分批次遴选、建设 200 家以上符合文化和旅游发展方向、文化内涵丰富、地域特色突出、文化和旅游消费规模较大、消费质量和水平较高、具有典型示范和引领带动作用的国家级夜间文化和旅游消费集聚区。评选标准如下。

1. 四至范围明确

有明确四至范围（东西南北边界清楚），街区、旅游景区、省级及以上文化产业示范园区、商业区域的占地面积应不超过 3 平方千米，文体商旅综合体商业面积应不低于 1 万平方米。

2. 业态集聚度高

文化和旅游业态集聚，产品和服务供给丰富，夜间文化和旅游消费人次及消费规模较大。街区、文体商旅综合体、省级及以上文化产业示范园区、商业区域内夜间营业商户中的文化类商户数量或营业面积应占比不低于 40%；旅游景区提供夜间游览服务的天数较多，夜间营业的文化娱乐设施项目数量或游览面积应占比不低于 40%。

3. 公共服务完善

夜间社会治安、照明、卫生、交通、移动通信情况良好；夜间出行便利度较高，有基本满足消费者夜间出行需求的公共交通服务；区域范围内及周边区域合理设立基本满足消费者夜间停车需求的停车位。

4. 品牌知名度较高

区域内夜间文化和旅游消费活动形式多样、内容丰富，形成集聚效应、品牌效应，在本地居民及外地游客中具有较高的知名度和较强的吸引力。街区、文体商旅综合体、省级及以上文化产业示范园区商业区域内文化类商户营业收入较高；旅游景区经营状况较好，年旅游人次、年营业收入及盈利水平较高。

5. 市场秩序规范良好

文化和旅游市场秩序良好，消费环境诚信守法、文明有序、健康绿色，消费者夜间消费维权便利。近 3 年（营业不足 3 年的自营业之日起）区域范围内文化和旅游企业、项目和设施在内容安全、生产安全、食品安全、生态环境等方面没有出现较大违法违规问题。

6. 政策环境良好

所在地级市、副省级市或直辖市市辖区（县）重视发展夜间文化和旅游经济，合理规划文化和旅游消费场所设施空间布局，推进包容审慎监管，营造良好营商环境，引导市场主体创新夜间文化和旅游消费业态；对申报对象予以重点扶持，制定实施资金奖补等优惠政策。

第四章
文旅融合的发展趋势

导读

"历史+艺术+创意+科技"的完美融合
——从《唐宫夜宴》看文旅融合新趋势

"文化是旅游的灵魂,旅游是文化的载体",这是文化和旅游界对二者相互关系的共识。然而,现实与梦想之间往往有不小的差距。在旅游项目开发中,文化和旅游"两张皮"现象异常严重,导致强加入的文化内容冰冷空洞、旅游体验千篇一律。

《唐宫夜宴》由2020年郑州歌舞剧院在第十二届中国舞蹈荷花奖中的参赛作品《唐俑》改编而来,整体上风格诙谐幽默又不失文化底蕴,希望能给大家更多欢乐,鼓鼓劲儿,传递欢乐和温暖。上线播出10天,视频超20亿播放量,微博主话题阅读量4.9亿次。

当悠扬的音乐声响起,一群少女莲步轻移,秀逸舞动,婀娜定格,小姐姐们俏皮、可爱,好像从古画里走出来一样,背景从仕女画到泼墨山水再到舞台上平地起宫墙,还出现了妇好鸮尊、莲鹤方壶、贾湖骨笛、捣练图、簪花仕女图、备骑出行图、千里江山图等七大国宝,就像唐朝少女的博物馆奇妙夜之旅,华美如一场梦境。

节目中参加夜宴的宫女们如同在古画中穿行,她们时而嬉笑打闹时而梳妆打扮,当场景切换到正式的宫廷表演时,宫女们的舞姿又不失大气恢宏,盛唐时期的文化风貌尽情展现。堪为一次"历史+艺术+创意+科技"的完美融合和饕餮盛宴,对于文旅融合是一个很好的借鉴。

本章速览

《唐宫夜宴》根植于厚重的中原历史文化,是历史文化、精品艺术和现代科技的完美结合。亦真亦幻,穿越古今,《唐宫夜宴》为让传统文化'活'起来提供了一个很好的范例。本章通过对文旅融合的新趋势和具体的融合路径进行阐述,希望读者通过本章的阅读对文旅融合的实践有所裨益。

第一节 文旅融合新认知

挖掘文化内涵,突出文旅特色,引导文旅融合特色化发展,打造特色鲜明的文旅新产品和新业态。创新文旅融合发展机制、产品、业态、模式和路径,以创新推动文旅产业融合发展。坚持走文旅高质量融合发展之路,提升文旅品质、品位和品牌。要树立对文旅融合的新认知。

一、以文促旅,提升旅游产品的文化内涵

实现文旅深度融合,需要通过现代化手段,将更多文化遗产、文化资源、文化要素转化为深受旅游者喜爱的旅游产品。

旅游业是一种资源依托型产业,是建立在或实或虚的旅游"资源"基础之上。创意化挖掘民族文化旅游资源,既包括对遗失于现实生活,具有旅游开发价值资源的抢救、整理与呈现,也包括对已经开发利用的民族文化资源做更深层文化价值的探索、研究以及创造性整合,达到优化旅游资源组合的目的。在挖掘整理的基础上突出民族味、亲切度,筛选出核心文化价值,侧重于借助可视文化载体全方位的展示、侧重于其互动性价值的充分发挥、侧重于旅游者心境体验的满足,重要的是围绕核心价值开发出层次性、系列化和高品位的文化旅游产品,重塑民族文化旅游产品和产业品牌形象。

文化旅游者更注重文化体验,这就要求旅游目的地将历史文化、民俗文化等集体文化记忆转化为场景、故事、体验项目等,引发游客的文化共鸣,促使"门票经济"向"体验经济"转变。通过旅游产业化、市场化手段,丰富文化产品和服务的供给类型和供给方式。文化是灵魂,能丰富旅游内涵、促进旅游发展;以旅游为载体,能彰显文化魅力、促进文化繁荣。

二、以旅彰文,助力文化传承与创新

文旅融合给了人们重新发现、关注、领会优秀传统文化的机会,为传统文化的弘扬提供了很好的载体和渠道。在我国历史悠久、物产丰富的大地上,诞生了具有不同民族特色、民间文化特色的历史文化,在旅游业的带动下,这些文化走向更多人的视野。通过旅游业的蓬勃发展,让文化不再只是悬挂式的符号,而是人们共同感知、共同参与创造的知识与活动。

旅游作为文化的载体,让文化变得更接地气,为文化产业的发展带来动力。随着更多优质文化资源转为优质旅游资源,多样化的文化逐渐走向大众,走向世界。比如文化节庆也同样是文化旅游的重要内容,地域文化、民族文化、宗教文化等以节庆活动的形式,让游客在参与体验中理解旅游目的地的文化。可以采用情境体验、动漫形象、创意理念、游戏玩法、影视场景、个性创意商品、生态建筑景观及丰富演艺将静态的文化资源活化起来,以呈献给旅游者完美的深度文化体验。

三、文旅融合，催生文旅体验新业态

深挖传统文化资源，大力创新优秀传统文化的表达方式，创造文化旅游的新模式，打造出一系列令广大游客喜闻乐见的旅游产品，引领带动地方旅游业不断发展升级，催生文化与旅游融合衍生出多种产品业态，进一步激发了传统文化的活力。比如让生生不息的非物质文化遗产项目变成旅游工艺品，农副土特产品变成旅游商品，乡村山居成民宿，传统民俗变成旅游新体验……

同时，随着数字化技术的进步，互联网、虚拟现实、增强现实等技术的广泛应用为文化旅游的发展带来了新活力。数字科技与古老文物有机结合，涌现出数字敦煌、数字故宫等一批精品之作，游客可以通过观赏多媒体文化节目、体验虚拟漫游、与文物交互互动；各地不少博物馆、文化景点，纷纷通过沉浸式体验技术的应用，让观众能够“身临其境”地体验“活”的历史。

第二节
文旅融合创新路径探索

文旅融合已成为必然趋势，文化和旅游产业融合可以促进遗产的保护和利用、加快事业型公共文化产品的旅游化转型、促进经济发展和就业、实现经济增长、推进旅游多样化发展和增强文化理解力，能够切实满足人民美好生活需要，提高国家文化软实力和中华文化影响力。

同样，文化与旅游的融合也必然会面对多种挑战和障碍，如利益相关者的目标差异、各级政府之间的协调困难、确保旅游收入流入文化产业、利益相关者之间的文化差异、新技术在文旅项目中的应用、促进文化和旅游利益相关者的接触、建立强大的文旅产业品牌，等等，这就需要构建合理有效的模式、路径、手段，来保证文旅融合的顺利推进。

一、IP 打造促进文旅产业生态融合

IP 为“知识产权”，是 intellectual property 的英文缩写，其原意为“知识（财产）所有权”或者“智慧（财产）所有权”，也称为“智力成果权”。通俗理解就是具有变现价值的商标、图形、符号、专利、版权，甚至是具有号召力的名人、故事等。IP 可以理解为“知识”和“权利”两部分，离开了知识，IP 没法变现；没有产权保护，IP 也不可持续。从商业和资本的角度，其内涵已经有了无限的外延，IP 已被引申为“可供多维度开发的文化产业产品”。从消费者的角度，IP 代表着某一类标签、符号、文化现象，可以引起兴趣、追捧意愿，可能转化为消费行为，带来变现价值。

1. IP 变现价值的认知度、影响力及创新性

（1）认知度是纵向的，即名气的强度，如是不是有死忠粉，是不是具有历史。再如三国的故事，不仅有故事，还有广泛的受众。

(2)影响力是横向的,即"迁延"到各种载体的能力。影视、小说、游戏、评书、广告等各种展现方式的特点不同,从故事向具体形式的转化是变现过程中很容易出现阻碍的地方,要看能不能顺利实施,能不能轻易达到变现的效果。

(3)创新性是满足公众文化需要的能力。例如迪士尼满足了人们寻求欢乐的欲望,蜘蛛侠满足了人们的英雄梦,科技创新带来了变现效率的提升。

一个成功的IP,通过角色塑造、故事孵化、价值共鸣,可以有效输出内容、产品,刺激消费和带来产业价值。创新文旅融合IP体系,建设旅游目的地IP创新体系,通过IP植入和构建,延伸旅游目的地IP价值。

2. 挖掘在地文化,提炼IP形象

提炼IP形象,首先要进行在地文化解构,要充分了解在地文化的内涵,挖掘出在地文化内核,使其在产生情感共鸣的同时可娱乐化,最终形成具备独特性、延展性、传播性的IP原生故事。

每一个超级IP都需要构建自身的符号体系,才容易被记忆和传播。例如熊本熊的黑红颜色、标志性腮红、招牌动作、呆萌贱的人格等都是IP符号体系,也就是一套完整的视觉识别系统、行为识别系统和理念识别系统。本质上IP符号就是人人都能理解、记忆并快速识别的符号元素。

例如,日本熊本县通过创造人格化的熊本熊IP形象,将其投放到旅游、文创等多个领域,进行一系列的事件营销吸引流量,从而刺激消费,实现了一只"熊"盘活一个县。为了配合2011年索尼公司推出的3D动画片《蓝精灵》宣传推广,胡斯卡原本是一座传统的白色小镇,亟须将这座山林小镇涂成蓝色,于是胡斯卡小镇就成为世界上第一个也是唯一一个官方授权的"蓝精灵村"。

3. 将文化IP与旅游体验场景巧妙融合

IP化场景,指的是旅游目的地空间、场所和文化、价值观、生活方式等集合形成的场域和"情境",具有主题性、体验性和社群性特征。IP化场景思维包括文创赋能、社会化创新、多业态集成以及融入周边社区发展等。通过文旅IP化场景将文化进行"变形",最终营造与发展出满足游客对美好旅游生活的期待和需要的旅游体验。

国内无锡灵山小镇·拈花湾,其外形如同佛祖手指拈花,故取名于佛教中佛祖拈花一笑的典故,昭示着佛祖对禅的参悟,所以小镇的景观无不透露出东方的"禅境"。进而把禅作为整个景区的文化IP,不仅把禅文化体现在整个景区的建筑设计中,还有很多禅文化的主题业态,例如茶道馆、香道馆、花道馆、抄经馆、禅茶馆、素斋、禅意文化主题客栈,还有众多禅文化的文创产品,如茶叶、茶具、香料、禅福等。除此之外,拈花湾通过灯光、音乐、表演等创造性地打造了一场禅意主题活动,让人完全沉浸在唯美的禅意场景之中。

二、新科技赋能文旅快速发展

随着文化、旅游与科技的交融日益广泛和深入,科技已渗透到文旅产品创作、生产、传播、消费的各个层面和环节,在文旅事业、文旅产业中日渐发挥重要支撑和引擎作用。先进的文化、旅游理念是科技创新的思想源泉,而科技创新又是推动文旅生产方式变革的有力杠杆。

1. 科技手段激活文化记忆

在互联网时代，以文化保存与传播为己任的博物馆在时代的变革中正面临着自我更新和发展的挑战，数字化成为一种全新的文化和传播方式。

通过利用大数据技术，打造内容详尽、科学完善的文物数据库，是文物保护和文创开发的基础。比如百度“非遗百科”上线了“唐卡专题”，对《白度母》等40余件唐卡展品进行展示。通过亿级像素采集，120张高清照片矩阵合成10亿像素的超高清图片，每一处细节都清晰可见，观众甚至可以获得比线下更好的观赏体验。

2. 智能装备成为文旅产能的风向标

蕴含高科技的智能设备吸引了大量观众，也成为旅游产业新的增长点。比如2018年5月，在陕西省西安市南门文化礼仪广场举行的西安城墙国际文化节上，1374架无人机飞越明城墙，整场活动呈现出集光影科技、现代艺术、古城文化于一体的光影盛宴；2018年6月，在首届上海国际文化装备博览会上，“在泥土上都可以印刷”的未来数字印刷技术、“拍什么就能打印什么”的影视道具一体化3D打印成为博览会上的亮点。

3. 科技创新文旅体验场景

以数字内容重构了多样化的旅游场景体验，通过跨次元的体验空间（VR内容互动、全息投影演艺及光影艺术景观等）与全场景的智慧空间（食、住、行、游、娱、购等）。以数字创意引领文化产业发展，利用前沿数字化技术推动业态创新，培育文化产业的新业态，增强消费者的业态体验。将场景与科技、文化和创意融合，围绕场景塑造氛围，增强消费黏性。

继2021年河南春晚爆火《唐宫夜宴》之后的《元宵奇妙夜》，14位唐宫小姐姐跨越时空界限，穿梭河南博物院的文物间，实现了“传统文化+科技互动”的完美融合，创新了文旅体验场景。

三、文旅城市品牌塑造全面提升文旅融合水平

品牌的塑造并非平地起高楼，也不能一蹴而就。应基于城市气质与资源禀赋，树立品牌、快速“突围”，打造地标、拉动“引爆”，举办活动、促进“引流”，拓展渠道、强化“传播”，从而构建城市立体的性格，找准独一无二的品牌，在市场竞争中脱颖而出。

1. 突围——塑造城市品牌

充分挖掘城市的历史文化传统、建筑设施外貌和社会文化活动等特性，营造城市文化氛围，明晰城市的文化气质与内涵，并提炼出符合城市气质的品牌logo，使城市文化与城市品牌统一起来。并推出旅游传播口号、全域化旅游手册，旅游宣传片、旅游文创商品等，充分将城市文化升华到城市理念，从而丰富城市品牌内涵。

2. 引爆——打造文旅地标

城市文旅地标是城市文化的展示台与根据地。如巴黎埃菲尔铁塔、北京天安门、拉萨布达拉宫、龙岩永定土楼等，其对游客的意义已超越了城市地标本身，更是一个城市的缩影，承载着游客对城市的想象。因此，要着力挖掘、打造1～3个具有文化和地域代表性且有旅游价值的景区、文化场馆、建筑，从而细致烘托城市的形象，完善城市的新名片，

形成城市打卡点。

3. 引流——举办节庆活动

策划执行具有地域文化特色的大型节庆IP活动、体育赛事等，形成对周边客源的深度辐射和良好体验，并通过节庆活动吸引客流。

4. 传播——拓展营销渠道

持续推进于央视等传统媒体的营销投放，占领品牌高地；利用好微信、微博等新媒体平台，培育固定的客源市场；创新利用抖音、西瓜等短视频平台，打造影响力事件和品牌内容故事，制造引爆点，打造网红打卡地。

四、文化再生与活化催生文旅新动力

文旅融合关键点是通过文化元素的活化，让旅游地的文化价值通过旅游形式得以被体验、被感知、被流传。文化元素可能是具体的一个文物，也可能只是一个故事，一个符号，但它赋予一个文旅产品独特的个性，是文旅产品生命力的源泉。

文化创意是文化产业得以快速、持续发展的基础，而旅游吸引物是旅游业生命力之所在。旅游业的发展需整合具有鲜明特色的文化资源，围绕文化主线打造创意性旅游项目，实现人气聚集，引爆区域，打造对旅游市场的持续吸引力。

1. 以文化创意为突破口，创新文创热品

十九大以后，中国特色社会主义进入新时代，社会主要矛盾也发生了变化。文化创意产业已经上升到国家战略高度，文创产业必须要与区域发展及实体经济融合，才能更好地推动和提升经济价值、提升整个产业价值，而旅游产业恰恰是文创切入的最佳接口，“文创+”和旅游的融合发展不断呈现新的业态形式。

从2004—2010年，中国文化创意产业增加值的年平均增速超过23%，远高于同期GDP增速；2010—2018年，我国文化及相关产业增加值从11052亿元增长至38737亿元，年均复合增长率达到16.97%，占GDP比重由2.75%增长至4.21%；2019年全国文化及相关产业增加值为4.44万亿元，比2018年增长7.8%，占GDP的比重为4.5%，呈现逐年稳步上升的态势。

在文旅融合的大背景下，“文创+”是中国文化近年来的重要发展方向，“文创+产品”“文创+商业”“文创+IP”“文创+美食”“文创+民宿”等，在拥抱“文创+”方面，“+”到最后就是大家所关切的目标——文旅产业。其中，产业文创化、文创产业化，是近年来倡导的产业融合模式，打破了以往对各次产业的机械分割，提倡以创意为核心，形成产业联动，整合提升产业的整合价值。

以文化创意为突破口，在产品中重塑文化价值，展示文化特色，塑造自主品牌，打造产品的本土化。充分考虑当地的风土人情，深度挖掘当地的文化内涵，让产品与消费者建立情感共鸣，通过长期运营，塑造品牌影响力和知名度，形成引爆市场的载体。

比如北京故宫通过文物活化，打造备受追捧的网红爆款，变身鲜活立体的“超级网红”，开拓了一条成功的文创之路。故宫文创产品的研发，在文化底蕴的基础上，更多的与大众生活息息相关，让产品具有“实用性”，尽可能地扩大产品覆盖面，包含了文物藏品、生活用品、服装首饰、创意出版、创意家居、创意文具等。故宫文创产品不再是简单地复制藏品，而是找到了与社会生活的对接点。目前故宫文创产品达 12000 种，年销售额超 15 亿元。

2. 旅游演艺活化传统文化

旅游演艺是文化旅游产业中的一个分类，大力发展旅游演艺产业，不仅能带动地方旅游经济的发展，还能够通过旅游演艺的方式，让中国传统文化得到传承以及传播。旅游演艺作为传承和传播中国传统文化的新载体，具有活化传统文化的特性。

让传统文化从静态的体验转变为动态的互动，观演者能够更容易、更直观地接收传统文化的价值观。在目前文化演艺旅游项目开发中，一般沿用两种文旅融合方式。

(1) 以实景、剧场等为承载形式，把演艺剧目作为整个旅游目的地建设中的一个环节或节目，例如广西桂林实景山水歌舞剧《印象 · 刘三姐》、大唐芙蓉园的《梦回大唐》等，都是区域旅游行程中值得欣赏的剧目，尤其是夜间表演，旨在丰富游客的夜间活动体验，延长游客停留时间，促进游客二次消费，以提升景区形象，拉动餐饮、住宿等相关行业的发展。

(2) 以演艺剧目为核心，从一个演艺节目产品延展出演艺旅游产业链，自身形成旅游目的地，最具代表性的是杭州宋城项目。杭州宋城主题公园可以说只是一个历史的“仿制品”，真正为其注入灵魂的是《宋城千古情》，并与拉斯维加斯的“O”秀、巴黎“红磨坊”并称为“世界三大名秀”旅游演艺项目。宋城演艺通过“千古情”系列旅游演艺项目带动了整个主题公园的发展，被业内奉为运营经典。

“文化演艺+主题公园”的宋城模式，无论是主题公园，还是演艺项目，都根植于本土文化，用文化串起全剧，带领游客在演出场景中加深对当地历史文化的了解。千古情是一台符合市场需求、群众喜闻乐见、反映当地风土人情和历史文化的剧目，围绕文化演艺的主题公园则是一个大型演艺厅，它通过最先进声、光、电等科技手段将南宋时期杭州历史典故、民间传说等题材，融合歌舞、杂技、武术等艺术形式，呈现完美的舞台效果，加上“高、精、尖”艺术人才组建而成的特色演艺团队的精彩表演，极具视觉体验和心灵震撼。

在产业开发上，宋城演艺以表演项目为龙头，建设文化休闲娱乐景观设施，完善餐饮、住宿、购物等配套服务，积极开发衍生产品，拓展经营范围，延伸产业链条，引领产业发展，成功实现了从一个文化演艺项目到演出和旅游的有机融合发展。

随着旅游演艺产业不断成熟，越来越多的文化演艺项目开始寻求运营上的突破点，“演艺+博物馆”“演艺+餐饮”“演艺+节庆”……这类演艺已经成为独立的旅游吸引物，不仅本身就是一个旅游景点，还能衍生出多个主题活动与产品，更能代言其所在地，成为地域名片，这将是文化旅游演艺发展的高级阶段。

第三节
文旅融合产品模式探索

在供给侧改革和国内经济双循环背景下，要不断加强供给端持续发力，实施“文旅+”发展战略打造产业体系和产品体系。

一、"文旅+教育",创新研学文旅产品

依托传统文化、民族文化、红色文化等资源,结合各年级学生特点,在内容设计、场景体验等具体操作层面开发多种类型的研学项目。在各级政府支持引导下,打造研学旅行基地和研学户外营地,建设依托文化遗产资源的研学旅行示范基地,依托自然山水资源的生态保护研学旅行示范基地,依托中国红色文化的爱国主义研学旅行示范基地,依托乡村振兴的现代农业研学旅行示范基地,依托航空航天工业的高科技研学旅行示范基地等。

比如依托人工天河红旗渠,通过"研学+实训""研学+演出""研学+VR""研学+田园""研学+文创",创新文旅资源利用,做好红旗渠活化,打造全国研学旅行示范基地。

二、"文旅+商业",打造文旅商融合产品体系

随着城市化进程的迅速发展,城市商业功能也在不断更新迭代。从初期仅为了满足人们日常消费而出现的商业体,到后期形成以商业为主、辅以休闲娱乐功能的集中商业,城市商业一直在探索的道路上前进。随着消费的升级和消费方式的多样化,近些年来,另一种综合商业体正在逐渐兴起并受到人们的青睐——文旅商业,集旅游、文化体验、商业功能于一体的新型区域,这三大元素的碰撞,迸发出丰富的实体形态和精神体验,这无疑标志着商业又跨越了一个新时代。

比如依托千年古刹大慈寺的一大片川西建筑而开发建设的成都太古里,通过对片区内的历史建筑进行保护及修缮,在遵循古建筑原本比例的基础上,融入更多文化创意以及对建筑保育的新理解,根据它们各自不同的建筑风格量身定制其未来的用途,最大限度保留和延续它们的历史和文化价值。将川西民居质朴素雅而又开敞自由的建筑风格、沿承至今的古老街巷、老成都的市井风貌与人文韵味得以保留重现,打造集历史的古韵、人文的雅致、艺术的光辉和街巷的氛围于一体的公共购物休闲空间。根据中国购物中心等级评价标准 2019 年评定为国家五星购物中心,2020 年 11 月 18 日,当选"成渝潮流新地标",成为游客来到成都的网红"打卡地"。

三、"文旅+民宿",创新乡村文旅产品

将文旅产业与乡村振兴、脱贫攻坚结合起来,打造特色农业。依托特色农业园区、旅游名镇名村等,打造田园综合体、休闲农庄和采摘园,提高农业综合收益。进一步挖掘农村文化资源,培育乡村旅游、休闲游、体验游等融合业态,打造乡村民宿、牧场生活、森林游乐、花卉婚庆、渔乐体验、景观种植、特色美食、农产品购物等旅游产品。

莫干山依托良好的自然生态环境(中国四大避暑胜地之一)、优越的地理位置(身处中国最富裕的城市群——长江三角洲中心区域)和深厚的文化底蕴(古今文人墨客驻足莫干山及特色乡土风情),在保护生态环境的基础上,通过在莫干山下打造度假酒店,形成了以"裸心谷"为代表的"洋家乐","裸心谷"被 CNN 评为"中国最好的九大景观酒店之一"。

经过数年的发展，莫干山民宿已经成为莫干山乡村旅游的一张金名片，并创下了多个“第一”。例如颁布全国首部地方民宿管理办法，制定全国首个民宿地方标准、创办国内首家民宿学院，完成全国首批乡村旅游创客示范基地。

四、“文旅+工业”，发展工业文旅产品

依托城市或企业的工业优势，利用旧工厂、工业遗产等资源，打造工业旅游产品，壮大融合产业规模。改造废旧厂房，建设工业博物馆、文化创意园区等工业旅游新模式，打造集工艺品购物、工业体验、娱乐休闲于一体的创新文化聚集区。依托现存工业园区，建设企业展览馆、游客体验区、品牌体验馆、创意生活馆、教育基地等旅游项目，提高企业知名度，增加旅游收入。

比如郑州的二砂旧工厂的改造，通过把“中国第二砂轮厂”独具特色的历史建筑保留下来，将园区及周边打造为郑州西部地区历史遗存更加丰富、产业覆盖面更广的特色活力区，实现了由旧工厂到现代创意文旅街区华丽转身。

五、“文旅+康养”，发展康养文旅产品

适应市场需求，发展文旅康养产业，打造温泉康养社区、中医药健康旅游产业示范园区、生态休闲康养社区等项目。进一步研究文旅康养产品，依托康养产业的自身特性，做好相应配套服务设施建设，提升服务水平。

比如鲁山县作为“中国温泉之乡”，鲁山县充分利用优质的温泉资源，通过依托“中国长寿之乡”“中国天然氧吧”及众多红色教育基地等资源，打造以“山、佛、汤”三大高品质珍稀旅游业态支撑的尧山温泉旅游度假区，形成了以尧山福泉为代表的国内规模较大的集温泉养生、特色餐饮、康体保健于一体的“佛禅”主题文化养生汤泉。

六、“文旅+体育”，创新体育文旅产品

积极建设城市骑行公园、绿道、各类运动基地等，满足游客对体育运动的需求，承办高规格体育活动。依托各地气候条件、地理位置、经济发展水平等，发展特色旅游，打造体育旅游精品项目，开发马拉松、越野跑、露营、林地探险、攀岩、滑雪等项目。

七、“文旅+民俗”，创新文化体验产品

主要通过开发如节庆活动、演艺和体验类旅游活动，通过市场手段让游客参与其中体验非物质文化遗产。对非物质文化遗产进行体验型开发主要是对民间舞蹈、民间音乐和民俗宗教活动等进行开发，形成综合性的旅游体验类活动。这类融合中游客的参与性极强，目前的代表有日本清水寺舞龙游行、中国台湾祭妈祖，非洲莫桑比克、纳米比亚等国的土风舞，毛里求斯的塞卡舞，巴西狂欢节等。巴西里约旅游局数据显示，2018 年里约狂欢节吸引 600 万人参加，其中游客达 150 万，同比增长近 40%。

八、“文旅+博物馆”，创新文物活化型体验产品

现有的物质文化遗产进行延续利用与活化改造来发展旅游。活化型文旅融合在保留原有文化的基础上，迎合现代人的需求，在功能上除了作为博物馆延续利用，还可以利用餐饮、酒店、民宿等形式进行活化改造。

自2020年12月，一组名为“失传的宝物”的考古盲盒悄然走红。玩家通过随盒附赠的“迷你版”考古工具，在一抔黄土中体验考古的乐趣，最终可获得青铜器、元宝、铜佛、铜鉴微缩文物。这种新奇的玩法备受欢迎，甚至一度形成“一盒难求”的现象。2021年从《唐宫夜宴》到“元宵奇妙夜”，河南卫视一系列出奇制胜的操作，帮助河南博物院再次“出圈”。伴随着再次“出圈”，河南博物院也融入了科技元素，将考古盲盒数字化升级，推出首款“一起考古吧”小程序，用户打开支付宝首页上滑到底，即可进入“地下室”在线考古，成为数字“考古官”，助力文物“活起来”，开启传统博物馆的“破圈之旅”。

第五章
超级文旅 IP 的打造与运营
——开封清明上河园

导读

时光倒流游汴州，东京梦华一日游。游客朋友们，现在我们来到了开封大型民俗主题公园——清明上河园，熟悉中国历史和艺术的朋友们可能都知道，《清明上河图》是宋代著名画家张择端的传世名作，图中描绘了宋代京都的繁荣生活和景象。而清明上河园则是以清明上河图为蓝本，按照图中布局，采用宋代营造法式，结合现代建筑方法，按照 1∶1 的比例复原，集中再现了原图中的风物景观和风土民情，使您“一朝步入画卷，一日梦回千年”。

引例

以“多元化融合发展”为契机，通过全业态融合发展，淡化门票经济，顺应旅游发展的新趋势。这就是河南开封清明上河园文旅融合发展的战略举措。

近年来，清明上河园顺应旅游业发展的新趋势，积极调整自身产业结构，大力推动景区的多元化发展，很大程度上淡化了景区的门票经济。一方面，清明上河园大力发展夜间经济，推出“夜游清园”。自 2017 年开始，景区将营业时间由原来的 8 小时延长至 15 小时，将现代科技元素融入传统文化景观中，运用灯光色彩的灵活变换，在晚间呈现出与白天完全不同的景致。“夜游清园”，再现了北宋时期全面取消宵禁制度后夜间经济空前繁荣的景象，带给游客一种全新的视觉享受和夜间游体验。

为了进一步丰富夜间观赏内容，清明上河园陆续在夜间推出《清明上河图》光影秀、《开河祈福》、《欢乐宋》等近二十场演出剧目；投资 2000 万元打造了清明上河园夜间游船体验项目——《大宋汴河灯影》，而《新汴梁八景》演出，则是清明上河园 2019 年在原来的《大宋汴河灯影》基础之上，全面提升、创编的沉浸式演出。

为吸引更多的游客晚间留住在景区，2019 年“十一”黄金周期间，清明上河园夜间推出全新剧目——《菊美人》，深受游客的喜爱，成为游客“夜游清园”必看的演出剧目之一。《新汴梁八景》与《菊美人》两个演出，都是聘请的歌舞剧院的专业演员进行表演，这也是文化公司与旅游企业融合发展的新亮点。

通过沉浸式的氛围营造与差异化的剧目演出，使清明上河园游客在夜间体验到与白天截然不同的宋文化氛围。通过景区大数据显示，清明上河园开放夜游之后，景区游客年龄的结构、入园时间和游园时长均发生了明显的变化。

三年来，清明上河园通过大力发展夜间经济，坚持“夜游清园”全年不间断常态化开放，不断扩大营销宣传，持续打造“夜游清园”品牌，使景区游客接待量持续增长①。

读了以上引例，您是否对案例地有所了解？那么我们就开始深入探寻清明上河园文旅融合的发展历程及具体做法吧。

一、案例地概况

开封清明上河园是以宋代著名画家张择端的传世名作《清明上河图》为蓝本，在清明上河图故地——八朝古都开封以 1∶1 的比例复原再现的大型文化主题公园（图 5-1）。

图 5-1　清明上河园景区大门

景区坐落在风景秀丽的龙亭湖西侧，于 1998 年 10 月 28 日正式开业。一期项目具有极强的大众性和娱乐性，突出展现《清明上河图》中的宋代市井文化和民俗风情。2003 年 9 月，在开封市推进“做大做强文化旅游产业”的战略背景下，清明上河园启动二期工程建设，仅用 2 年时间，二期工程便建成并开业迎宾。二期工程是在一期基础上的规模扩张，其内容是将《清明上河图》向城内和皇家园林延续，充分展示了北宋东京汴梁的繁荣和昌盛。2008 年，景区投资 1.35 亿元推出的大型水上实景演出《大宋·东京梦华》，在

① 米仓山居．清明上河园文旅融合发展揭秘（连载之四）：多元全业态融合发展［EB/OL］．http://k.sina.com.cn/article_6526310946_184ff9a2200100lz99.html，2019-12-23.

业内获得了巨大反响，促进了开封市文化产业的大发展，此举也开创了国内主题公园创编大型实景演出的先河。自 1998 年 10 月开业以来，清明上河园的游客接待量和经营收入逐年增长，2018 年接待游客 329.08 万人次，经营收入 3.47 亿元，实现净利润 1.33 亿元，缴纳税金 5985.22 万元，在河南省旅游行业名列前茅①。景区在取得良好经济效益的同时，也获得了政府及行业的关注与认可，先后荣获了国家 5A 级景区、中国旅游知名品牌、国家文化产业示范基地、中国十大文化旅游景区、影响世界的中国旅游文化知名品牌、河南省省长质量奖、河南研学旅游示范基地等荣誉称号。现已成为我国中部地区运营较为成功的大型文化主题公园和开封旅游业的龙头企业、开封市文化旅游产业的名片，对促进中原大旅游圈的形成起到重要推动作用。

二、案例地文旅融合主要做法

（一）以旅游演艺为核心，通过演艺剧目让遥远的历史活起来，让静态的画卷动起来

清明上河园是河南省第一家通过旅游演艺剧目来展现宋文化历史内涵的景区。通过多年来不断摸索和创新，景区逐渐形成了大型剧目震撼化、中型剧目精品化、小型展示剧目景观化的表演体系，在静态的宋式建筑和园林景观中，通过演艺活化了历史，赋予了人文景区忠于历史又高于历史的不一样的灵魂温度，让遥远的宋文化从画卷中走出来，从书本中走出来，从历史中走出来。20 多年来，景区从未停止对宋文化元素的挖掘和对现有资源优势的整合，一直在对演艺剧目模式、类型和内容进行不断的创新与探索，力争打造出切实满足游客需求的演出矩阵。特别是近两年，剧目创编提升超过 20 个，逐步形成了上午和下午演出的差异化、白天和夜晚演出的差异化。在今年“十一”期间，清明上河园重磅推出了历时 3 年打造的拥有全自主知识产权的大型高科技“中华巨马”，并编排了一系列的互动演出与巡游表演，将高科技元素与中国传统文化进行深度融合，带给了游客神奇的互动体验。巨马一经推出，迅速成为清明上河园的新网红，吸引众多游客前来打卡。同时，聘请专业导演团队推出全新的宫廷歌舞表演《宋廷梦乐》（图 5-2），在星云和乐声的舞动中带领游客开启一场穿越之旅。此外，清明上河园还在演出互动上大胆创新，以现场随机招募的形式让游客成为景区的“演员”，让游客在这幅“活”的画卷中亲自上阵参演一场非同寻常的大戏。目前景区单日演出剧目场次达 70 多场，节庆活动期间演出剧目已经超过 100 场，平均每 10 分钟一场演出，并且所有场次演出均对持景区门票入园的游客免费呈现。特别是景区每天免费为游客呈现的《岳飞枪挑小梁王》和《大宋东京保卫战》大型实景演出，更是以宏大的演出场面和紧张激烈的剧情，让游客观看得酣畅淋漓，获得了游客“进入清明上河园，看上这两场演出就值票价”的高度评价。正是由于景区始终坚持以文化演艺为核心，通过不断深入挖掘与大力创新，让遥远的历史活了起来，让静态的画卷动了起来，让游客的感触深了起来，保持了景区长久不衰的发展活力与吸引力，从而推动景区游客接待量的持续增长和知名度的不断上升。

---

① 安徽网．河南开封清明上河园：让传统文化从画卷中走出来［EB/OL］．http://www.ahwang.cn/content/2019-10/12/content_1942602.html，2019-10-12.

图 5-2 《宋廷梦乐》歌舞表演

（二）坚定文化自信，利用节庆活动传承中华民族优秀传统文化，打造强势旅游品牌

节庆是中华民族优秀传统文化的重要组成部分和表现形态。目前，清明上河园在已有的大宋年·民俗文化节、清明文化节、菊花文化节传统节庆活动规模的基础上，不断创新，又成功打造出端午文化节、七夕文化节等知名节庆品牌，通过特色节庆活动的举办充分展现中华民族优秀传统文化的魅力与活力。各大节庆举办期间，景区都会推出丰富的主题演出活动，持景区门票入园的游客均可免费参加。特别是近期景区又迎合游客对节庆活动产品的需求，创新推出了中秋文化节。通过精心的中秋氛围布展，萌兔大巡游演出，免费发放月饼等各种举措，将游客带入了浓浓的中秋氛围，吸引了更多的家庭一起在清明上河园度过一个难忘的中秋团圆之夜。

通过不断对节庆活动的创新打造，持续为游客带来不同的超值体验和不断的意外惊喜，让游客开心游园、满意而归。每次节庆活动的举办，都会引爆季度客流市场，带动景区游客接待量实现较为显著的增长。2018 年，清明上河园通过节庆活动接待游客量达 120 万人次，占全年总游客接待量的 37%，同比增长了 11%。截至 2019 年 10 月份，景区通过节庆活动接待游客量已超过了 100 万人次，使景区的品牌影响力得到了大幅提升[①]。

（三）以“文化清园”为引领，积极引入非遗项目和民间博物馆，充分展示传统文化的魅力

2017 年，景区在国家倡导景区转型提升的大背景下，提出了打造“四个清园”的发展目标。即：打造“文化清园”“品质清园”“欢乐清园”和“梦幻清园”。为进一步深化文旅融合的创新发展，景区以“文化清园”为引领，通过一系列丰富多彩的文化体验项目，满足

① 新浪河南旅游.2019-12-23.

了不同年龄段、不同客群对文化体验的不同需求，使景区真正成为文化传播的载体。

一方面，景区对国家级非物质文化遗产进行深度挖掘与保护，引入吹糖人、捏面人、木版年画等大量的非遗展演项目，鼓励和引导他们根据市场化的需求进行传承和创新，将景区打造成为非物质文化遗产的展演和体验基地。另一方面，景区大胆尝试，积极吸纳民间博物馆在景区内开放。景区成功引入了古灯博物馆、陶瓷博物馆、钱币博物馆等一系列的民间博物馆，并打造了《清明上河图》展馆、木偶奇遇馆、宋代服饰展馆等多样性的文化展馆。这些博物馆以及展馆均对游客免费开放，让游客在景区游览的过程中可以充分触摸历史，感知文化，既提高了景区的文化内涵，又切实满足了游客对旅游文化项目深层次的需要。此外，面对国家全面提倡的中小学生研学旅游热潮，景区全面整合现有的资源，打造了东坡书院、大师坊等研学场所，引进了民间艺术和传统手工艺大师进行教学展演，并结合景区各类博物馆、展馆，推出了非遗类、展馆类、军事类等内容丰富的研学路线，让孩子们在寓教于乐中感受到中国优秀传统文化的魅力。为吸引更多的研学团队，景区推出了为研学团队免费拍照纪念的优惠政策，向每一位参加研学的学生发放精美的相册，永远记录下宝贵的文化体验时刻。

2018年，景区共接待研学团队800余个，研学学生16余万人次，同比增长了104%。截至2019年10月份，景区已接待研学团队超过1500个，研学学生20余万人次①，培养了更多的孩子从小树立文化自信，增强了孩子们的文化自豪感与使命感。

（四）以“智慧景区”为抓手，打造一键智慧旅游产品，全面谱写智慧化5A建设新篇章

2017年，景区牵手腾讯成功打造了全国首个云生态智慧景区，涵盖了客流量统计、实时监控、微信购票、语音讲解和H5互动游戏等功能，真正实现了一部手机游清园、一个平台做管理、一个系统做经营的数字化发展。大数据的全面运用不但方便了游客的购票和游园，还为景区的经营管理和营销提供了精准的数据支撑。

定制化、个性化、特色化的智慧旅游产品，向游客呈现了一个新潮、开放、科技的清明上河园，引领了行业发展的新风尚。

小知识

什么是“智慧景区”？

智慧景区是指通过智能网络，对景区地理事物、自然资源、旅游者行为、景区工作人员行迹、景区基础设施和服务设施进行全面、透彻、及时的感知；对游客、景区工作人员实现可视化管理；同旅游产业上下游企业形成战略联盟；实现景区环境、社会和经济的全面、协调和可持续发展。

广义的“智慧景区”是指科学管理理论同现代信息技术高度集成，实现人与自然和谐发展的低碳智能运营景区。能够更有效地保护生态环境，为游客提供更优质的服务，为社会创造更大的价值。狭义的“智慧景区”是“数字景区”的完善和升

① 新浪河南旅游.2019-12-23.

级，指能够实现可视化管理和智能化运营，能对环境、社会、经济三大方面进行更透彻的感知，更广泛的互联互通和更深入的智能化的景区。狭义的“智慧景区”强调技术因素，广义的“智慧景区”不仅强调技术因素，还强调管理因素。①

（五）顺应旅游发展新趋势，淡化景区门票经济，大力推动景区多元化的融合发展，满足游客追求美好生活的新需要

面对大众旅游新时代的到来以及广大游客追求美好生活的新需要，景区顺应旅游业发展的新趋势，大力推动景区的多元化发展，最大程度淡化景区门票经济，摆脱景区对门票经济的过度依赖，由单一的观光型景区向休闲度假型景区转型提升。

（1）淡化景区门票经济。通过推出一系列的免票及优惠政策，提高门票增值服务等方式降低入园门槛，让游客享受到真正的实惠。针对特殊人群，景区推出了一系列的免票优惠政策：身高1.2米（含1.2米）以下的儿童、70周岁以上老年人、残疾人、记者、现役军人、SOS儿童村儿童均可凭相关证件免票入园；军队离退休人员、视力、智力残疾人和一、二级肢体残疾人凭证件可带一名陪护免票入园。同时景区还在不同时段推出门票优惠和增值政策：如教师节所有教师免费入园；重阳节当天，60周岁以上老年人免票入园；三八妇女节女士购票半价，《大宋·东京梦华》暑期学生半价、背宋词免晚会门票等。

（2）大力发展夜间经济，推出“夜游清园”。夜间旅游市场发展潜力巨大，成为景区新的经济增长点。自2017年开始，景区在河南省率先尝试夜游产品，将景区营业时间由原来的8小时延长至15小时。将现代科技元素融入传统文化景观中，运用灯光色彩的灵活变换，在晚间呈现出与白天完全不同的景致，夜游清园再现了北宋时期全面取消宵禁制度后夜间经济空前繁荣的盛象，带给游客强烈的视觉享受。为了进一步丰富夜间观赏内容，景区陆续在夜间推出《清明上河图》光影秀、《开河祈福》《欢乐宋》等近20场演出剧目，并投资2000万元打造夜间游船体验项目《大宋·汴河灯影》。为吸引更多的游客晚间留在景区，夜间推出全新剧目《菊美人》，深受游客的喜爱，成为夜游清园必看的剧目之一。通过差异化的剧目演出与沉浸式的氛围营造，让游客在夜间体验到与白天截然不同的宋文化氛围，拉伸了游客文化体验的长度与广度。通过景区大数据显示，开放夜游后，景区游客年龄的结构、入园时间和游园时长均发生了明显的变化。2019年，清明上河园景区夜间游客接待量近70万人次，增幅达到25%，占全年游客接待量的55%。同时，景区在2019年实现了游客接待量352万人次，同比增长6.8%②。景区未开放夜游前，下午入园游客只占35%左右，景区开放夜游后，下午入园的游客迅速提升至55%～60%。园内游玩3小时以上的游客人数占比高达68.95%，比开放夜游前增长近30%，6小时以上的游客游园占比达到18.5%。

通过近年来大力发展景区夜间经济，坚持夜游项目全年不间断的常态化开放，不断

① 人民网.戴斌：旅行遇见了互联网带来了五大巨变[EB/OL].http://travel.people.com.cn/n/2015/1018/c41570-27711167.html,2015-10-18.

② 大宋东京梦华。

扩大营销宣传打造景区夜游知名品牌，使景区游客接待量近三年持续增长。2018 年全年游客接待量达 330 万人次，同比增长 11%，其中白天游客量增长只有 5%，而晚间游客量增长超过了 100%。由此可见，夜游为游客量的增长创造了广阔的市场发展空间。

(3)不断推动景区转型升级，追寻多元化发展。近年来，传统的观光游模式面临着巨大的经营压力，景区通过多元化发展，不断探究二次消费转型新模式，从旅游六要素中选择游客的消费项目，使经营项目与景区文化氛围更为贴合，强劲带动了餐饮、住宿、文创商品等多业态的融合发展，为景区提供了更持续的增长动力。景区成功引进开封上百种特色小吃打造了东京食坊、美食城等一系列高品质餐饮场所。打造了满庭芳、官驿宋式美学精品酒店，目前客房数量已达到 100 间。同时，景区推出了“清园礼物”等一系列的自主文创商品，满足了游客旅游纪念的需求。

现在观看晚会和在景区住宿的游客都可以免费入园，景区还推出了“88 元夜游年卡”，相当于在一张 80 元夜游门票的基础上加 8 元就可以全年夜游无限次入园，为二次消费创造了更大的空间，帮助景区逐步摆脱了对单一门票的过度依赖。2018 年，景区餐饮、住宿等业态得到了快速发展，整个非门票收入超过了 1 亿元，占比首次突破 30%。非门票收入占比持续扩大，帮助景区逐步摆脱了对单一门票经济的过度依赖。

(4)大力推行优质服务，给游客带来更好的游园体验。自 2018 年开始，景区创新推行了“六员一体”综合服务管理模式，即每一位工作人员都是安全员、服务员、导游员、保洁员、管理员、宣传员。同时，选拔出高素质的人员成立综合服务班组，这个班组的唯一任务就是在景区内零距离的为游客提供贴心的服务，这也成为“清园服务”的创举。为了进一步提升游客的穿越感，景区还推出了“我在宋朝的一天”活动，免费提供了上万套的宋装，为游客带来了别具一格的游园体验。同时，景区利用微博平台发起了“寻找最美宋装照”活动，在短短的 14 天内就引起了上千万的阅读关注，持续提升了景区的影响力。

三、案例地文旅融合成效

(一)夜间经济延长了旅游消费链，带动了当地就业

清明上河园通过大力发展夜间经济，坚持“夜游清园”全年不间断常态化开放，不断扩大营销宣传，持续打造“夜游清园”品牌，使景区游客接待量持续增长。通过沉浸式的氛围营造与差异化的剧目演出，使清明上河园游客在夜间体验到与白天截然不同的宋文化氛围。通过景区大数据显示，清明上河园开放夜游之后，景区游客年龄的结构、入园时间和游园时长均发生了明显的变化。据统计，清明上河园夜间经济直接带动两千多人就业，间接带动数万人就业。这对开封市整体就业形式的改善，以及居民收入的提高，具有十分重要的意义。

(二)多元化发展强劲带动多业态融合发展

清明上河园通过多元化发展，不断探究二次消费转型新模式：从旅游业的“食、住、行、游、购、娱”六大要素中，选择游客的消费项目，使经营项目与景区文化氛围高度贴合，强劲带动了景区餐饮、住宿、文创商品等多业态的融合发展，为景区提供了持续的增长力。

(三)研学之旅牢固树立民族文化自信

清明上河园通过感知中国文化的研学之旅，不断把宋文化和现代人的旅游生活进行

完美融合，培养了孩子们从小树立民族文化自信，增强了孩子们的民族文化自豪感与使命感。清明上河园孜孜不倦展现的文化气象就是一个丰富多彩、生生不息的文化大观园，和今天的时代脉搏紧紧相扣，和今天的社会文化生活高度契合，不断成长、不断创新，满足了广大游客对文化旅游消费的需求。

四、未来展望

接下来，清明上河园将继续紧紧围绕着文旅融合高质量发展这条主线，不断探究以文化创意和特色旅游相契合的产业融合模式。集中精力开发建设三期项目，与现有的二期融合起来，打造 3 ~4 个大型室内体验场馆并免费为游客开放，利用高科技元素来展示宋文化历史，进一步增加景区门票的附加值。同时持续扩大景区住宿规模，打造 300 ~400 间精品宋式客房，使清明上河园真正成为宋式美学的深度体验地和两日游休闲目的地。

思考

1. 清明上河园的旅游演艺形式是否可以应用到同类型其他景区？为什么？

2. 推动“智慧景区”建设的利与弊有哪些？

3. 根据案例地文旅融合发展情况及主要做法，你有哪些更好的建议以加快推动该地文旅融合速度？

总结

开封清明上河园文旅融合发展

- 通过演艺剧目让遥远的历史活起来，让静态的画卷动起来
  - ★通过演艺活化了历史
  - ★挖掘宋文化元素、整合现有资源优势
  - ★形成了上午和下午演出的差异化、白天和夜晚演出的差异化
- 利用节庆活动传承中华民族优秀传统文化，打造强势旅游品牌
  - ★大宋年·民俗文化节
  - ★清明文化节
  - ★菊花文化节
  - ★端午文化节
  - ★七夕文化节
- 以“文化清园”为引领，积极引入非遗项目和民间博物馆，充分展示传统文化的魅力
  - ★文化清园—国家级非物质文化遗产
    - 吹糖人
    - 捏面人
    - 木版年画
  - ★民间博物馆
    - 古灯博物馆
    - 陶瓷博物馆
    - 钱币博物馆
  - ★中小学生研学旅游
    - 东坡书院
    - 大师坊
- 以“智慧景区”为抓手，打造一键智慧旅游产品，全面谱写智慧化5A建设新篇章
  - ★全国首个云生态智慧景区
    - 客流量统计
    - 实时监控
    - 微信购票
    - 语音讲解
    - H5互动游戏
- 淡化景区门票经济，大力推动景区多元化的融合发展，满足游客追求美好生活的新需要
  - ★淡化景区门票经济
    - 特殊人群免票优惠
    - 不同时段推出门票优惠和增值政策
  - ★大力发展夜间经济
    - 延长营业时间
    - 灵活变换灯光色彩，呈现出与白天不同的夜间景致
    - 丰富夜间观赏内容，推出新剧目
  - ★追寻多元化发展
    - 探究二次消费转型新模式
    - 摆脱了对单一门票的过度依赖
  - ★大力推行优质服务
    - “六员一体”综合服务管理模式
    - 免费提供宋装

第六章
公共文创产品的逆袭之路
——河南博物院

导读

河南博物院创建于1927年，是我国成立较早的博物馆之一。本馆坐落于河南省郑州市农业路中段，院区占地面积126亩，建筑面积5.5万平方米。2009年入选首批中央地方共建国家级博物馆。

河南博物院现有馆藏文物17万余件(套)，尤以史前文物、商周青铜器、历代陶瓷器、玉器及石刻最具特色。精品文物数量多、种类全、品位高、价值大，是见证中华文明发展轨迹，展示中国历史发展脉络的文化艺术宝库。

现开放有基本陈列《泱泱华夏 择中建都》展和专题陈列《明清河南》《中原古代石刻艺术展》《丹淅吉金——中原楚国青铜艺术》《巧工遗珍——院藏明清珍宝展》《出彩中原——河南红色文化陈列》及《国宝特展》。并有与展览相配套的"社会教育体验厅"和"华夏古乐厅"。

河南博物院以"发扬固有文化、提倡学术研究、增长民众知识、促进社会文明"为建院宗旨，以建设世界著名博物馆为目标，精心打造公益文化服务品牌，是领略中原文化、黄河文化、华夏文脉的重要窗口，是弘扬社会主义核心价值观的重要阵地，是增进文化交流合作的重要平台。

引例

"一部河南史，半部中国史。""伸手一摸是春秋文化，两脚一踩是秦砖汉瓦。"背靠深厚的中原文化，《唐宫夜宴》的火爆给河南文旅带来怎样的思考？河南各地如何借势深挖中原文化内涵，推出旅游产品，打造"网红"路线？

重创意，游客留得住、玩得嗨。

2020年春节和元宵节，展现河南文物资源的节目《唐宫夜宴》《元宵奇妙夜》一经播出就大受好评。《唐宫夜宴》强势闯入人们的眼中、心中，这种颇具创新色彩的表达方式，唤醒了传统中原文化原本就有的巨大魅力。

为让中华优秀传统文化实现创造性转化、创新性发展，提升、丰富景区的产品质量和内容，河南省文化和旅游厅于1～3月开展了"河南省'黄河之礼'文创潮玩优秀作品创作评选"活动，面向全球为焦作云台山、开封清明上河园、永城芒砀山、济源王屋山和郑州黄帝千古情5个景区征集专属的文创潮玩产品设计师，通过为每个景区提供专业策划、执行、设计的配套服务模式，打造“黄河之礼”文创产品。该活动共收到文创潮玩形象设计作品400余个，经征求5家景区意见和评审组最终评定，焦作云台山景区文创潮玩“云逗逗”、永城芒砀山景区文创潮玩“小芒果”、清明上河园景区文创潮玩“清明娃”、济源王屋山景区文创潮玩“愚公”、黄帝千古情景区文创潮玩“千千”入选。

“从《唐宫夜宴》火爆‘出圈’展开思考，河南旅游产品若想创新‘出圈’，必须集中优势、打造爆款，形成轰炸式的宣传推广模式，才能勇立潮头。”河南省旅游协会旅行社分会秘书长王文胜表示。

在日前举办的“唐宫小姐姐带你游河南”老家河南地接产品线路创新“出圈”研讨会上，河南省内的旅行社“趁热打铁”，以《唐宫夜宴》“出圈”为契机，加速创新多条文旅线路，让更多的游客爱上中原文化。河南中信国旅打造的“行游郑汴洛、境遇中原心”等线路，将洛阳牡丹、河南博物院、焦作云台山等知名旅游目的地精心串起来，突出古都雅韵、风尚人文主题，彰显中原独有的文化特色。众信旅游河南分公司则努力挖掘“三座城、三百里、三千年”历史文化特色，创新开发“老家河南”旅游产品，计划利用其覆盖全国多地的经营平台全力推广宣传中原文旅线路。河南康辉国旅、海外国旅、太和国旅、易美国旅、大唐国旅等也在酝酿编制推广全新的河南文旅线路。

河南省旅游文化研究会常务副会长冯雪兰分析，在文化热效应下，更应该进行冷思考，让河南文旅元素涌现出更多的爆款。只有找准文化脉络，深挖文化内涵，创新推出丰富的旅游产品，才能使游客引得来、留得住、玩得嗨①。

读了以上引例，您是否对案例地有所了解？那么我们就开始深入探寻河南博物院文旅融合的发展历程及具体做法吧。

一、案例地概况

河南博物院1927年创建于开封，1961年随省会迁至郑州，1994年新馆开工建设，1998年5月1日正式对外开放，2009年入选为首批中央地方共建国家级博物馆。院区占地面积126亩，建筑面积5.5万平方米，建筑群取“九鼎定中原”之寓意，体现中原文化源远流长、博大精深的特征（图6-1）。

河南博物院现有馆藏文物17万余件（套），大多数为珍贵文物，其中以青铜器、玉石器、陶瓷器、石刻造像等最具特色，是见证和体现华夏文明起源形成与发展脉络的重要文化遗产。开放有“泱泱华夏 择中建都”基本陈列和“明清河南”“国宝特展”等专题陈列，配套有“社会教育体验厅”“华夏古乐厅”“文创休闲专区”等，发挥研学实践、文物保护观摩体验、古代天文科技展示、自主学习、休闲娱乐等功能，尽力满足公众多元文化需求。

---

① 陈关超.“博物馆热”“文创热”“汉服热”——河南文旅深挖内涵热度不减[N].中国文化报，2021-04-06.（创意7）

图 6-1　河南博物院

近年来，河南博物院秉承“发扬固有文化、提倡学术研究、增长民众知识、促进社会文明”的建院宗旨，植根中华优秀传统文化，突出资源优势，着力提升公共文化服务水平，年均举办各类展览 30 余个，接待观众 200 多万人次，推出社会教育服务活动 1200 多场次，年均出版学术著作 5 部，发表学术论文 200 多篇，举办各类学术会议 10 余场，先后荣获“全国文物系统先进集体”“全国创先争优先进基层党组织”“全国文化体制改革先进单位”等省部级荣誉 100 多项。策划推出的“鼎盛中华——中国鼎文化（2013）”展、“生命 · 超越——中原文化中的动物映像（2016）”展、“首届中原国际陶瓷双年（2017）”展、“谁调清管度新声——丝绸之路音乐文物展（2018）”“金字塔 · 不朽之宫（2019）”等展览连年入选全国博物馆十大陈列展览精品奖；打造了“中原文化宣讲团”“华夏古乐展演”“志愿者服务”“中原国学讲坛”“校外实践”“历史教室”“暑期少儿活动节”“博物雅堂”等社会教育服务品牌；《中原文物》连续保持河南省一级期刊、全国中文核心期刊、中国人文与社会科学核心期刊等荣誉；院官方微博、微信的粉丝数量及移动终端 APP 下载量达到国内博物馆领先水平，制作推出的百集纪录片《中原藏珍》在新华网、人民网、中国网、学习强国等国家级媒体平台转载，视频《莲鹤方壶》荣获国际视听多媒体艺术节大奖银奖；文创产品“考古盲盒”火爆，该事件被人民日报、央视新闻、新华网、学习强国等国家级媒体平台关注并转载；先后与国际博协、欧洲博协，美国、日本、韩国、加拿大、意大利、比利时、法国、塞浦路斯等国家的文博机构建立了广泛的合作交流机制。同时，加强与中国博协和区域博物馆的合作，举办中国博协安全专委会、管理专委会年会等，首倡成立河南省博物馆联盟、黄河流域博物馆联盟，推动博物馆资源的“共通、共建、共享”。

二、案例地文旅融合主要做法

2016 年 11 月，国家文物局发布《关于公布全国博物馆文化创意产品开发试点单位名单的通知》,遴选出92家单位作为全国博物馆文化创意产品开发试点单位,河南博物院名列其中。在国家政策的指引下,河南博物院作为河南省博物馆文创产业发展的领头羊,以“豫博文创,潮起华夏”为口号,文创工作发展势如破竹,佳绩频出。经过充分酝酿和准备,2019年2月,河南博物院成立了文创产业工作领导小组,由院主要负责人担任组长,其他领导及专家担任副组长,下设领导小组办公室,整合全院资源,抽调专人负责文创产业发展工作。

2019年6月,河南博物院文创店试营业,虽然当时仅有102款产品,但经过1年3个月的探索和努力,到2020年9月23日主展馆试开放时,河南博物院开发的文创产品已达720余款。文创经营范围分布在主馆的3个区域,经营面积达1000多平方米,并开通了1家线上淘宝店。2020年虽然受到新冠肺炎疫情和主馆施工的影响,仍实现营业收入800多万元,先后出现了国宝系列冰激凌、网红咖啡、饕餮纹乳钉四方杯、考古盲盒(图6-2)、古钱币冰激凌等网红产品,其中“考古盲盒”从2020年12月初开始火爆全国,频频登上各大热搜榜,出现了一盒难求的局面,不到3个月就创下了单品销量15万个、销售额突破1000万元的佳绩。包括新华社、人民日报、光明日报、中央电视台等在内的央媒多次点赞关注,也带动了河南博物院影响力和美誉度的大幅度提升。目前,河南博物院已准备好承担更大的责任,以探索实践为依托,为省内其他文博单位提供经验借鉴和平台支持,带动全省文创产业发展。

图6-2 “挖掘”考古盲盒

小知识

什么是盲盒经济?

盲盒,是指消费者不能提前得知具体产品款式的玩具盒子,具有随机属性。

只有打开才会知道自己抽到了什么。不确定的刺激会加强重复决策，因此一时间盲盒成了让人上瘾的存在。就这点来看，这和买彩票颇为相像，都有赌运气的成分①。

盲盒概念的起源大约来自日本的福袋，至少可以追溯到20世纪80年代，甚至国内也早有各种形式的扭蛋、盲盒等产品，但盲盒还是在2019年才真正火爆成一种普遍的经济现象。

（一）科学加强文创相关岗位管理，保护知识产权

河南博物院的文创工作由文创办主要负责。选用政治素质过硬兼具市场开拓精神的人员担任部门负责人，目前主任与副主任均有高级职称和多年工作经验，熟悉文物知识，在文物梳理、元素挖掘、设计指导、样稿审核等方面能够发挥特长。部门内还设有品牌宣传、销售管理、账务管理等核心岗位，聘请专业人员负责专业岗位，同时根据每人特长设定AB角，确保人员不在岗时其他人员随时补位，不影响工作。此外，河南博物院建立完善了文创工作岗位管理、薪资待遇分配、对外合作授权、出入库管理、销售优惠政策等制度。

河南博物院与社会专业机构合作加强和拓展文创授权与维权业务，与院各部门通力协作，做好授权前的准备工作，并通过官网及有关网络平台，公开信息，让更多优秀的企业和个人了解博物馆对文创产品授权的态度及其资源和发展情况，吸引更多的合作者。作为文创授权主体，掌握授权管理的主动权，随时跟踪并监督授权流程的各个环节和授权工作的进展程度。同时积极挑选优秀的社会专业机构进行合作，委托第三方代表河南博物院作为授权方，将拥有的知识产权的授权直接或进行一定的创意设计后，授权给被授权方。

从文物元素提取、讨论设计思路、出设计图、打样、修改到出品，河南博物院重视知识产权保护，采取了合作、授权、独立开发等方式，从签订保密协议入手，做好企业的审核工作，在确定合作项目后，在律师的严格把关下，谨慎完成授权协议、代销协议、战略合作等协议的签订工作。与100多家企业建立长效合作机制，组成工作组，由文创办核心人员监管推进每个环节的工作，环环相扣，最终达到“飞轮效应”。

（二）品牌战略，坚持“内容为王”，强化品牌属性

经过一年半的摸索，河南博物院文创工作逐渐清晰了以“豫博文创”为主品牌，以产品类、活动类两大子品牌为双翼的品牌战略。“豫博文创，潮起华夏”“把博物馆记忆带回家”等口号频繁出现在河南博物院文创产品的显著位置，强化品牌属性。

河南博物院一直坚持“内容为王”的理念，藏品是所有博物馆的文创核心资源与根基所在。2019年3月，河南博物院召开藏品文创资源梳理座谈会，邀请全院各部门专家为文创元素的梳理工作献计献策，通过对河南博物院藏品资源的数据梳理、分类整理和数

① 凤凰网文创. 盲盒奇迹的现状与启迪（先导版）[EB/OL]. https://cci.ifeng.com/c/80AGVb4DCmu,2020-09-29.

字化进程，很快明确了第一批可供开发的藏品文创资源，随着产品开发模式愈加成熟，两年来挑选出可供开发的藏品文创资源300多件/套，打造了“失传的宝物——考古盲盒”“豫博网红咖啡——灼蓁·遇见文物系列”“光明之杯——饕餮纹四方杯”“豫博珍宝——文具系列”“国宝的奇妙冒险”“钱币巧克力”等产品品牌，“博物雅堂”文化沙龙、河南省博物馆文创大赛、“川上曰”文创市集等活动品牌，得到了大众的喜爱与关注。2011年，河南省博物馆举办全国首届河南博物馆文创大赛，至今已举行8届，已经成为河南博物院文创工作中一个重要的品牌，2020年，河南博物院召集省内18家市级博物馆共同参与，集全省博物馆的文物资源优势，共同打造2020年度河南文博产业高品质赛展活动，获得了2000多份参赛作品，成为河南省博物馆文创大赛自举办以来，规模最大、投稿作品最多、覆盖面最广、影响力最大的一次省级高规格文化赛事。

（三）空间互补，利用线上线下区域优势，布局豫博文创阵地

将文创空间打造成“博物馆最后一个展厅”是国内外博物馆发展的一个新理念、新趋势、新模式、新经验。2019年，第一个仅18平方米的文创小店开业，以温馨、时尚为主题，以“把博物馆记忆带回家”为口号，吸引了大批的游客驻足。为了拓展渠道，将“最后一个展厅”向外延伸，博物院与中州国际酒店合作，开设了“豫博文创馆”。与建设银行文博支行合作，授权其开设了博物馆主题银行。2020年11月，河南省博物馆学会文创专委会成立，作为主任委员单位，河南博物院肩负着助力全省博物馆文创事业发展的使命，豫博文创走进平顶山博物馆。

2020年4月底，由于疫情的影响，开通了官方淘宝店，并开始尝试直播带货。随后在5月18日国际博物馆日迎来了“5·18博物馆网上带货”的高峰期，上半年各类直播共计314万人次在线观看。淘宝店的初期运营，为后期的爆发埋下了伏笔，截至2021年2月，淘宝店粉丝达到60000人，月营业额300万。

2020年下半年，疫情的影响逐渐减小，为了加大内循环，国家提倡发展“夜经济”，豫博文创再次开辟新的战场，选择了郑州市CBD标志性建筑“大玉米”、大剧院及如意湖三点中心位置，以及河南博物院附近人流量最大的“国贸360”广场位置，以实际行动出摊支持夜经济，并在9月主展馆试开放之际举办了“川上曰”文创市集，获得了众多的关注与好评，再次引起媒体关注。

2020年底，以主展馆开放为契机，打造公众文化旅游体验新风景。发挥主展馆改造工程后的功能优势，通过科学论证、合理规划，采取合作、招商、独立运营的模式，将文创产品零售、非遗活态传习、创意书咖空间、少儿体验、观众沙龙等项目与场地设施结合，打造成极具特色的文化创意服务场所。截至2020年底，河南博物院主展馆内开设了快闪店、精品店、书咖店等三个区域，并有了明确的功能划分，同时文创产品达到了728款。让时尚、现代又充满文化气息的元素贯穿在这些场地中，吸引观众、游客在此驻足休闲消费，使之成为新时代公众文化旅游体验的新风景。

至此，豫博文创线上线下的空间得以互补，借助交流平台，为公众搭建一座通向中原传统文化的新桥梁，为下一步高质量发展奠定了基础。

三、案例地文旅融合成效

在文创产业领导小组的指导下，着眼“大文创”工作理念，文创办整合河南博物院多个品牌，大力拓展博物馆文创的内涵与外延。以履行河南博物院“全国中小学研学实践基地”职责为切入点，积极推动博物馆文化资源的软内容产品和硬件优势嵌入旅游产品与服务中，从传统的纯公益思维向旅游服务思维转变，将重要陈列展览、连锁化历史教室、特约讲解、少儿体验馆、华夏古乐展演、中原国学讲坛公共讲座、博物雅堂、文保修复现场体验、网上展览、网上音视频课程等纳入文创产品及其营销体系中，并进行全方位推广，在促进文旅融合的过程中，探索两个效益协调发展的文化创意新路径。不断打磨产品研发与营销各项细节，聚焦、打造一批河南博物院文创工作的服务类、产品类明星品牌，更好、更多的满足新时代公众“把博物馆文化带回家”的新需求，扩大了河南博物院的品牌影响力。

本着“以心相交成其久远”的理念，建立文创智库，提高文化创意产品研发水平。筹备建立“智慧+河南博物院文创智库”，整合文博创意产业资源，搭建合作交流研究平台；与高等院校、科研院所和文创企业联合共建人才培训基地。与上百家文创类企业签订授权协议，深度合作，共同开发文创产品。与万科、携程、眷茶、建设银行、贾湖酒业等多个企业签署了双品牌授权合作协议。在北京世界园艺博览会、博物院主展馆内举办了文创展；参加高水平的国内外文化创意博览会，多次参加上海、成都等国际授权展，展示我院文创资源、实力；参加了“大运河文化带文化遗产创新创意文创设计大赛”、中国旅游商品大赛等多个赛事，荣获了多个金奖、银奖；成功举办河南省博物馆文创设计大赛、“大运河文化带”文创设计大赛河南工作坊等文创赛事；参加鹤壁文博会，与鹤壁市宣传部、文旅局共同举办了“我的黄河我的家——黄河流域九省博物馆联盟文创展”、黄河流域九省博物馆联盟文创研讨会。2020 年 11 月初，借助第七届文创大赛颁奖契机，成立了河南省博物馆学会文创专委会，并举办了第一届代表大会，在河南省博物馆联盟的框架下，制定并履行河南省博物馆行业文化创意产品开发合作框架协议，推动联盟单位与全省、全国及全球文化创意产业资源的深度交流与合作，提升河南省文博行业文化创意产品设计和开发的协同发展水平。

四、展望未来

目前河南省推动文创产业发展的意见和政策少之又少，可以借鉴北京、上海等发达省市经验，由政府出面组织发改委、财政、文旅、金融、税务、文物等有关部门开展联合调研，并出台符合地区实际的文创产业发展指导性意见，破除阻碍产业发展的瓶颈和束缚，为全省文创产业发展保驾护航。

一是抓住大好机遇，乘势做大做强。河南博物院将以更加积极主动的心态去看待这次“出圈”的机会，以传播历史文化为己任，认真分析研究产生热度的原因，总结经验、长远谋划，修炼内功、补齐短板，通过整合更多文物资源，深度挖掘文物元素，开发出更多更好的文创产品，形成完善产业链条，实现河南博物院文创产业跨越式发展。

二是发挥带动作用，推动产业发展。通过河南省博物馆学会文创专委会、沿黄九省博物馆联盟、河南省博物馆文创大赛等平台，整合资源要素、加强交流互鉴、传授经验方法，带动全省乃至黄河流域博物馆文创产业发展，为文物的创造性转化、创新性发展和讲好黄河故事做出应有贡献。

三是坚持产品为王，突出社会效益。河南博物院将牢固树立"以质量求生存，以服务促发展"的经营理念，严把产品质量关，逐步探索明星产品生产标准化管理，组建专业研发团队、品控团队，不断提高文创产品的质量和竞争力。博物院将坚持社会效益优先，兼顾其他效益的原则，擦亮品牌、提升形象，通过高质量、精细化服务，不断扩大河南省文博产业的影响力和美誉度。

思考

1. 河南博物院推出的考古盲盒非常成功，除此之外，盲盒经济能否有新的玩法？
2. 在"内容为王"的时代，如何做到对目的地资源的深度挖掘？
3. 你家乡的博物馆有哪些更好的文旅融合做法可以应用到河南博物院？

总结

河南博物院文旅融合发展

- 科学管理，加强维权意识，以制度管人，以流程管事
  - ★ 全国博物馆文化创意产品开发试点单位
  - ★ 建立文创工作岗位管理、薪资待遇分配、对外合作授权、出入库管理、销售优惠政策等制度
  - ★ 与社会专业机构合作加强和拓展文创授权与维权业务
- 品牌战略，坚持"内容为王"，强化品牌属性
  - ★ 开发藏品文创资源，点燃热点事件
  - ★ 举办河南省博物馆文创大赛，提升影响力和美誉度
- 空间互补，利用线上线下区域优势，布局豫博文创阵地
  - ★ 开办官方淘宝店，尝试直播带货
  - ★ 发展夜经济，举办了"川上曰"文创市集
- 平台打造，统筹各方资源，顶层设计思路，多维度嫁接项目
  - ★ 全国中小学研学实践基地
    - 重要陈列展览
    - 连锁化历史教室
    - 特约讲解
    - 少儿体验馆
    - 华夏古乐展演
    - 中原国学讲坛公共讲座
    - 博物雅堂
    - 文保修复现场体验
    - 网上展览
  - ★ 建立文创智库，提高文化创意产品研发水平

第七章
网红文化旅游小镇
——郑州建业·电影小镇

导读

电影小镇演艺运营理念是将演艺与旅游景区相融合，实现“景区演艺化，演艺景区化”。在剧目创作过程中，充分利用原有建筑场景特色，采用演艺舞美手法，巧妙地把演艺舞美制作融入其中，并在原始场景的基础上进行效果升华。通过点缀的舞美化处理和灯光等特效手段的渲染，让整个场景彻底舞美化。园内散布的各种不同类型演艺节目，通过不同的维度，不同的交互方式，不同的行进形式，将演员与游客融为一体，实现立体的时空交互体验，完成最重要的角色沉浸。

引例

身临其境恍如穿越，新型文旅初现盛景

文化旅游项目，只有与本土文化紧密结合，才会有地域特色，爆发出持久生命力。9 月 17 晚，“中国梦·黄河情”采访团记者来到建业·华谊兄弟电影小镇，这里正在彩排《穿越德化街》，这部反映老郑州历史的热血剧，赢得采访团记者们阵阵掌声。

据了解，《穿越德化街》演绎的是 1938 年的郑州，在京汉铁路旁，德化街内，商人，名伶，战士，歌女，学生，孩童，卖艺人一一登场，哭与笑，爱与恨，生与死，家国情怀和民族大义交织成壮丽史诗。

当大幕落下，观众会发现，黄河文化之魂，中原大地之义，郑州城市之心，不再是抽象的文字，而成为鲜活的故事！

过去的一年，提到河南文旅项目，电影小镇始终是焦点所在。电影小镇从本土文化出发，从沉浸式电影场景出发，以电影主题演艺为核心，致力于打造集电影互动游乐、电影文化体验、电影主题客栈、民俗和非遗体验等于一体的沉浸式电影潮玩地。

在电影小镇，共有两大街区。在电影大道，游客就穿越到了 20 世纪风起云涌的老郑州。彼时，郑州商埠初开，街道上老字号云集，熙熙攘攘，人声鼎沸，叫卖声不绝于耳，甚是亲切。豫昌百货商行的橱窗正在展示当季最时髦的旗袍，

"号外～号外～"报童叫卖最新的报纸,铛铛响的电车拐过街角。在这里,游客不仅可以邂逅利兴面包房、瑞丰祥绸缎庄、尚金钟脂粉店等年代老店,还能在电影工坊里一探电影幕后制作的奥秘,欣赏各种影视特效的神奇,体验武林高手行侠仗义、快意恩仇的感觉,感受火海逃生、漫游宇宙的刺激。①

读了以上引例,您是否对案例地有所了解?那么我们就开始深入探寻建业电影小镇文旅融合的发展历程及具体做法吧。

一、案例地概况

建业·华谊兄弟电影小镇(下文简称电影小镇)坐落于郑汴产业带核心位置、郑州国际文化创意产业园区内。项目从本土文化和沉浸式电影场景出发,以电影主题演艺为核心,致力于打造集电影互动游乐、电影文化体验、电影主题客栈、民俗和非遗体验等于一体的沉浸式电影潮玩地。项目总占地为530亩,预计总投资45亿元。目前投入运营的项目一期占地163亩,已累计投入近20亿元。

电影小镇以整理、挖掘、保护、传承中原文化为己任,以提升城市文化软实力为目标,通过电影新手法讲述中原老文化。在电影小镇郑州街,用电影手法重现百年前的郑州德化街、大同路、福寿街等历史场景,去试图还原这个城市将忘未忘的记忆。作为中原地区首屈一指的沉浸式电影潮玩地,将"沉浸""穿越""电影"等体验发挥到极致。

电影小镇集电影场景游览、电影主题演艺、电影互动游乐、电影文化体验、电影主题客栈、民宿和非遗体验等于一体,开创了中原地区电影文化主题特色小镇先河。

2021年正月初一,电影小镇全新推出沉浸式剧目《穿越德化街》,并邀请在郑州过年的外地务工人员免费观看首演,让观众重拾老郑州的城市记忆,感受这座城市的温暖和大爱。一条德化街,百年郑州史。《穿越德化街》生动再现了豫商在时代洪流中的大仁大义,集中体现了德化街"以德化人"的精神。传统文化的创新表达的方式受到广大群众的如潮好评,现已成为游客打卡电影小镇的必看演出,有口皆碑,一票难求。

目前,电影小镇已经初步成为河南省郑州市推进文旅融合发展的探索者和实践者。电影小镇以百年城市记忆和太极拳,电影文化为文化和旅游的结合点、切入点,通过"演、玩、吃、住、购"全方位文旅体验,创新运营模式,培育新型业态,推出夜游《一路有戏》等电影小镇特色的文化旅游产品,初步实现以文促旅、以旅彰文、协同发展,让人们在旅游中受到电影文化和中原文化的熏陶。

据不完全统计测算,电影小镇自立项落地以来,累计带动地区固定资产投资21.7亿元,纳税1.82亿元,直接解决当地就业2120人,间接带动国际文化创意产业园关联从业人员11300余人,为周边商业项目、旅游项目累计带来游客200余万人次,经济社会带动效应逐步显现,郑州东部已经逐步培育出一个强劲的城市夜经济发展发动机。

---

① 顶端新闻.「中国梦·黄河情」电影小镇:《穿越德化街》将掀起郑州本土文化热[EB/OL]. https://baijiahao.baidu.com/s?id=1678413187300885151&wfr=spider&for=pc.2021-09-21

二、案例地文旅融合主要做法

(一)将“中原文化”与“电影元素”深度结合,生动还原历史原貌,营造真实感

电影小镇依托历史,打造出以中原文化 IP 为主题的老郑州主题街(电影大道)和电影 IP 为主题的太极街。电影大道以 20 世纪初的老郑州为创意蓝本,将郑州商埠初开时代的老建筑一一恢复,又将电影历史文化和电影工业幕后转化为可以互动体验的内容,巧妙融入街道之中。小镇以整理、挖掘、保护、传承中原文化为己任,以提升城市文化软实力为目标,通过电影新手法讲述中原老文化。

电影 IP 主要通过太极街体验,致力于以影视 IP 为核心驱动,通过电影艺术创意,将经典的电影场景在小镇空间中呈现。太极街以电影《太极》作为 IP,讲述发生在陈氏太极拳发源地河南焦作温县的故事与太极拳等中原文化,尝试留住中原人的城市记忆,以光影的魔法和持续迭代的演艺打造全新的文旅体验。这里有山有水有门楼,有民俗市集,有繁华京城,又有各式古怪机械……古朴的中原民居与西洋机械特洛伊对望,太极功夫和蒸汽朋克混搭,演绎出一个中西文化交融、传统现代并存的大时代氛围。太极武术文化在这里得到了较好的体现,一方面展示了太极武术精神的礼义、廉耻、忍耐、克己;另一方面,礼数、文艺、信仰、饭食、节日等原汁原味不刻意的河南民俗也被尽情地展示出来;整个太极街不仅是《太极》的电影片场,在这里见到的、闻到的、感受到的更是来自于河南质朴生活的真实写照。

小知识

如何打造旅游 IP

旅游 IP 应避免泛化,动不动就要包装个 IP,殊不知 IP 的本意是知识财产,本质是文化的创新创造。明确独特的文化主题,深入发掘地域文化,提炼元素,形成文化图腾。设计景观,布设场景,塑造氛围,加强互动,实现内容为王、体验至上。通过配套设施与个性化服务的后续发力,保障落地运营。旅游业态渗透到产业链的各个环节,形成不同的盈利消费点,实现盈利最大化。总之,有故事、有体验、有服务、有盈利的旅游 IP 才能立于新时代潮头。[①]

(二)以沉浸式演艺为核心,通过演艺演出让遥远的历史活起来,让静态的历史画卷动起来

“沉浸式”一词最先出现在语言学教学实践中,意在改变人们周遭所处环境,使人们达到身临其境的感觉,从而改变学习思维模式,能更好地运用语言。沉浸体验在积极心理学领域是指:当人们在进行活动时如果完全投入情境当中,注意力专注,并且过滤掉所有不相关的知觉,即进入沉浸状态。沉浸体验是一种正向的、积极的心理体验,它会给个体参与者很大的愉悦感,促使个体反复进行同样的活动而不会厌倦。富有创新意识的投

资者、开发商将沉浸式体验运用到其他行业，如高科技电子游戏、商业旅游等。旅游景区沉浸式体验，使得游客游玩的时候能达到“心流状态”，并且不会轻易被破坏。电影小镇从本土文化出发，从沉浸式电影场景出发，以电影主题演艺为核心，打造集电影互动游乐、电影文化体验、电影主题客栈、民俗和非遗体验等于一体的沉浸式电影潮玩地。电影小镇沉浸式潮玩体验主要体现在沉浸式展馆、演出、衣食住行三个方面。

沉浸式展馆“电影工坊”全景展现电影工业台前幕后，一站式满足游客对电影工业的好奇心。电影工坊设置“幻境奇观”故事线，游客需要壮足胆子寻找封印于此的不老仙丹，完成任务；“12 号情报站”，游客需选取一件角色服装，瞬间化身为游戏中的潜伏者；“默片时代”，可以发现无声电影的光影魅力，开启电影世界的造梦之旅；“易容变身馆”，亲身体验电影化妆的神奇，游客可华丽变身大片里的主角。除此之外还有换装空间、雅芳照相馆、微电影工作室、农耕物语等沉浸式体验。

沉浸式演出采用“电影 IP 主题深度包装+角色扮演”的业态结构(图 7-1)。电影小镇通过丰富的演出活动，包括剧场演出、电影实景演出、行进式演出等，打造电影“戏中戏”，将景区的场景、演员、游客和员工完全融合，营造出浓厚的沉浸式戏剧氛围。

《一路有戏》是电影小镇最具特色的夜间大型沉浸式交互体验演出，闯入《一路有戏》夜场的繁华，实现游客“演在故事里”的梦想。《中原刀客》是在太极街观音堂火车站旁上演的一场实景特效演出，在 1920 年的郑州火车站，看一场义士大战军阀的恢宏演出。《战太极》是在太极湖水码头演出的大型室外实景演出，游客可亲临太极村陈家沟掌门嫁女现场，在清兵突袭、捉拿新郎的紧张氛围中，感受一场太极功夫与西式大炮的激烈对决。《影视人物秀》是在世界影剧院广场演出的片场拍摄演艺，《刺杀行动》是在电影大道演出的沉浸式体验剧，《宴天下》是在美食集结地“京城往事”上演的影视人物互动演出。

图 7-1　建业电影小镇的沉浸式表演

沉浸式衣食住行主要体现在深度的沉浸式 NPC(非玩家控制角色),游客的角色扮演,超真实情景重现、创意文创产品售展等。“京城往事”以电影片场的布景方式,体现了台上好戏、台下美食的理念。档口小吃琳琅满目,电影主题包间应接不暇,营造一个汇聚天下美味的繁华京城,可供千人同享盛宴。电影小镇以“带着惊喜相见”的追求,创造“喜见”民宿品牌,使游客获得“住在电影里”的居住体验。客栈建筑复原自电影《太极》,让游客身处于《太极》江湖之中,进一步感受太极文化。小镇推出独具故事的创意产品“百工市集”,编织铺、灯笼铺、木工坊、香坊、染坊、绣坊、陶坊、油纸伞铺、泥塑坊、纸鸢铺等非遗手工体验。

(三)以“一路有戏”为引领,积极打造中原地区夜文化与夜经济的融合标杆,充分展现夜间文化魅力

将城市文化与夜经济联系在一起,是当前郑州夜经济发展关注的重点。文化休闲,赋予了夜晚更多内涵,繁荣的夜经济,更是离不开文化的支撑。文化不仅是城市的精神载体,更是城市对外交流的名片,挖掘城市文化价值,发展夜间旅游,以高质量文化和旅游供给增强人民群众的获得感、幸福感、满足感,推动城市文化成为撬动夜经济发展的杠杆。发展城市夜经济,文化的作用不容小觑。建业华谊兄弟电影小镇用电影的方式讲述中原文化,从电影到文化,再从白天到夜晚,游客们无时无刻在文化旅游产品多元化的小镇里享受着电影、体验着文化、收获着快乐(图 7–2)。

图 7–2　建业电影小镇夜景

作为中原地区文化旅游“夜经济”的先行者,电影小镇首创了大型夜间交互式体验演出——《一路有戏》。《一路有戏》全场 200 余名演员参演,70 分钟剧情,多个演出地点讲述电影发源、老郑州和杨露禅学拳的故事,涵盖三重时空、四幕好戏、八大场景。穿越时代的繁华,沉浸在太极的神秘,游客早已成为剧中主角。夜色渐浓,大型交互体验演出

《一路有戏》华丽绽放，游客们徜徉在电影大道和太极街头，体验这场极致浪漫的穿越之旅。在电影大道，一起追寻老郑州失落的文化记忆。100多年前，蒸汽火车轰隆隆地拖来了郑州商业的繁盛，100多年以后，通过电影场景的方式还原了20世纪初老郑州的市井生活画卷。这里不仅有当时的老街道、老字号、老建筑，还有省会郑州的繁华以及曾经的骄傲：铁路、纱厂、烩面等；在太极街，展现电影《太极》中所表达的太极文化，可以更好地了解河南特色风土人情的中原文化，太极文化是中原文化的一个代表符号，所涉及的风土人情是当时乡土河南的一个缩影。

走进《一路有戏》的游客们，既是观众，又是演员，不仅要看戏，更要入戏。时光匣子恍如一座时光长廊，见证郑州城市记忆的百年光景。游客在《一路有戏》中享受着"演在故事里、玩在大片场、吃在电影中"的乐趣。演员带领游客沉浸在电影实景画面之中，深度体验一百年前的郑州商埠初开时期的繁华，并与之进行交互表演，达到情感和情绪的共鸣。目前，电影小镇的夜间旅游消费呈现出勃勃生机的景象，开启了中原地区夜文化和夜经济相互依托、融合发展的良好开端。

《一路有戏》充分挖掘区域文旅资源优势，以创新的手法将河南历史文化元素、郑州特色生活元素和现代艺术元素相融合，在有序推动文旅产业复工复产的同时，助力"夜经济"成为增长新动力、发展新引擎，促进中原地区夜文化与夜经济融合发展。

（四）顺应文旅行业发展新趋势，适应市场拓展体系，大力推动景区多元化融合发展，满足游客多元化需求

2020年因疫情影响，电影小镇紧跟环境变化相继推出各种防疫游玩活动。为奖励在防疫期间做出巨大贡献的全国医务人员，小镇运营方疫情期间暂停所有线下预约通道，并开启医务人员线上预约，提出2020年小镇的大门将免费为医务人员敞开，且首次可携带一名家属的优惠方案。首日开园，展现花样防疫手段：动物、外星人系列防护服，园内游玩气息浓厚，又保证了人与人之间必要的防疫距离，在防疫上不断跟进，充分保证游客安全。

为顺应市场趋势，满足多元化的内容需求，2021牛年大年初一，电影小镇全新推出沉浸式剧目《穿越德化街》，并邀请在郑州过年的外地务工人员免费观看首演，用创新形式弘扬传统文化。

在产品创新方面，电影小镇不断细分市场，深耕游客需求。以儿童娱乐产品为例，为满足家庭客群和儿童群体需求，电影小镇在运营过程中不断增加儿童体验类产品和节庆活动，如在一期地块内增加了蒸汽小火车、儿童无动力设施等，在六一儿童节期间举办"泡泡节"等活动，得到了广大儿童群体的喜爱；在规划中的小镇二期，更是增加了大面积的儿童无动力娱乐区、旋转木马和专门的儿童餐厅等，进一步满足家庭和儿童群体需求。

电影小镇通过将传统业态与新业态相融合，将产品与文化、科技相融合，形成更具沉浸感的体验式商业，使商品消费上升到场景消费的层面。如充满历史年代感的雅芳照相馆、"80"记忆餐厅；可以自己动手体验的灯笼铺、纸鸢铺；融入光影科技的"魔幻太极"体验馆等。小镇的运营团队紧跟需求、环境的变化，精用互联网数据平台进行线上宣传，一方面整合了小镇现有资源与所有优惠活动，吸引游客来往；另一方面也参与电视节目录制，提高了电影小镇品牌的知名度与吸引力，向外输出中原文化。同时运营团队紧靠电影IP，打造沉浸式民宿品牌和具有中原文化气息以及电影气息的文旅产品。

三、案例地文旅融合成效

（一）总体目标

电影小镇旨在打造有文化、有记忆、有温度、有场景的“文商旅融合”情境体验街区，成为城市文化旅游的名片、外地人了解郑州的窗口，成为郑州市民情感记忆纽带、电影和历史文化体验场所、旅游休闲去处，成为能够记载历史、具有独特旋律的“实景剧”，成为建业有责任、有温度的标杆性作品。立足省会郑州，聚焦周边市场；利用地处郑州国际文化创意产业园和“郑汴洛”黄金旅游带核心地段的区位优势，立足中原，辐射全国。

（二）运营情况

自2019年9月21日开业以来，在经历了疫情期间63天闭园情况下，电影小镇累计接待游客400余万人次。据不完全统计测算，电影小镇自立项落地以来，累计带动地区固定资产投资21.7亿元，纳税1.82亿元，直接解决当地就业2120人，间接带动国际文化创意产业园关联从业人员11300余人，为周边商业项目、旅游项目累计带来游客400余万人次，经济社会带动效应逐步显现，郑州东部已经逐步培育出一个强劲的城市夜经济发展发动机。

（三）社会关注

开业以来，电影小镇已经累计15次登陆央视、12次登陆人民日报、50余次在新华社曝光、2000余次各大官方媒体曝光、5次大型直播活动全网曝光4800万人次、微信增粉54万、微信公众号收获五篇10万+文章、抖音POI达11.7亿。2020年9月19日，单次央视新闻直播在线观看量达1700万人次，2020年1月1日和10月7日两次登上央视新闻联播。

四、展望未来

企业自适应能力是指企业通过持续主动地进行创新、思维环境变化、学习知识和修炼价值观，并进行整合而形成的引导和驾驭环境变化的能力。其具有综合性、复杂性、过程性、不可模仿性、可塑性、文化性和拓展性等特征。

面对未来，电影小镇的运营团队将紧跟需求、环境的变化，精用互联网数据平台进行线上宣传，一方面整合电影小镇现有资源与所有优惠活动，增强景区吸引力；另一方面参与影视节目的录制，增加曝光度，提高电影小镇品牌的知名度和吸引力，向外输出中原文化。同时，运营团队将紧紧依靠电影IP，打造沉浸式民宿品牌和具有中原文化气息及电影气息的文旅产品，不断扩大电影小镇的旅游产业链。

思考

1. 建业·电影小镇和《只有河南·戏剧幻城》都是沉浸式体验地，二者的相似之处以及不同之处在哪？

2. 建业电影小镇提出的“商业即景点，景点即商业”，通过打造景点商业、文化体验式商业的“文商旅”融合的优点与劣势有哪些？

3. 建业电影小镇作为河南文旅项目之一，你认为河南的文化元素与旅游相结合，还能以哪种形式更好地展现？

总结

郑州建业·电影小镇文旅融合发展

- 将“中原文化”与“电影元素”深度结合，生动还原历史原貌，营造真实感
  - ★打造以中原文化IP为主题的老郑州主题街
  - ★打造以电影IP为主题的太极街
  - ★以光影的魔法和持续迭代的演艺打造全新的文旅体验
- 以沉浸式演艺为核心，通过演艺演出让遥远的历史活起来，让静态的历史画卷动起来
  - ★沉浸式展馆“电影工坊”全景展现电影工业台前幕后，一站式满足游客对电影工业的好奇心
  - ★沉浸式演出营造出浓厚的沉浸式戏剧氛围
  - ★沉浸式衣食住行使游客获得“住在电影里”的居住体验
  - ★创意产品“百工市集”助力创意文创产品售展
- 以“一路有戏”为引领，积极打造中原地区夜文化与夜经济的融合标杆，充分展现夜间文化魅力
  - ★挖掘城市文化价值,发展夜间旅游
  - ★《一路有戏》助力中原“夜文化”与“夜经济”融合发展
- 顺应文旅行业发展新趋势，适应市场拓展体系，大力推动景区多元化融合发展，满足游客多元化需求
  - ★不断细分市场，深耕游客需求
  - ★形成更具沉浸感的体验式商业，使商品消费上升到场景消费的层面

第八章
文化照亮乡村的典范
——信阳新县田铺大湾

导读

乡村兴则国家兴，百姓富则国家富。近年来，信阳市大力实施乡村振兴战略，致力强镇兴村富民，新县县委、县政府制定“红色引领，绿色发展”战略，田铺大湾乘着东风，实现了村组道路修缮、雨水污水集中入管网处理、垃圾集中清运、村组道路绿化亮化等，这为田铺大湾快速发展奠定了基础。

短短数年，“空心村”蝶变“网红村”，吸引了上海蔓乡旅游投资管理有限公司前来投资。他们利用传统村落的地理优势、建筑特色，依托三色合作社，采取“公司+合作社+农户”模式，打造以大学生创业、农民工返乡就业为主的创客小镇，成为河南省第一个以“创客”为主题的新型美丽乡村示范点。①

引例

新县是全国著名的革命老区和将军县，是许世友、李德生、郑维山等 93 位将军和省部级以上领导干部的故乡。境内有许世友将军故居等革命历史遗迹和纪念地 200 多处。

近年来，信阳新县田铺大湾成为人们“网红”打卡地，每天人流如织。

田铺大湾位于大别山腹地的河南省新县的东南部田铺乡，始建于民国初期，为典型的豫南民居，深受中原文化、楚文化与徽派文化的影响，多为土坯墙体，斜顶瓦房的独特建筑形式，它融汇了北方民居的硬朗和南方民居的灵秀。房屋和周围山水自然环境相互映衬，形成了一幅和谐美丽的画卷。田铺大湾自然环境优美，古村落的建筑和基本架构保存完好。

2014 年这里作为美丽乡村建设试点进行保护性修缮，新县先后投资 2200 多万元，村里的基础设施、公共服务、环境卫生得到了综合整治。如今，这里既保留了传统村落的原始风貌，又极大改善了村民的生活环境。

2015 年，田铺大湾三色农耕园艺合作社与上海蔓乡旅游投资管理有限公司

① 信阳网络.「头条」小村庄铺开秀美新画卷——回访新县田铺乡田铺大湾[EB/OL]. https://baijiahao.baidu.com/s?id=1667191809949244343&wfr=spider&for=pc. 2021.09.20

深度合作,打造河南省首个创客小镇,为创新创业者搭建学习创作的平台,人们在这里不仅可以享受悠然自乐的乡村时光,还可以体验时尚的都市生活,看书,喝咖啡,在面馆里吃早餐,追忆"80后""90后"美好岁月。

与此同时,田铺大湾将创客平台与文化旅游相结合,把创新创意融入美丽山水,以时尚元素增辉传统村落,打造了20余家特色小店,开发了品类丰富、层次多元的乡村旅游产品,让田铺大湾走出深闺、走向大众,为文化旅游、美丽乡村建设探索了新模式,开启了新思路。不到两年的时间,黄墙黛瓦的百年古村实现华丽转身,独具特色的创客小镇横空出世。

田铺大湾村落规模4.6平方千米,有367间房屋,81户295人。先后入选中国第三批传统村落、省级美丽乡村建设试点、中国景观村落,是河南省第一个以创客为主题的新型美丽乡村示范点。

2019年9月16日,中共中央总书记、国家主席、中央军委主席习近平来到河南省新县田铺乡田铺大湾,了解这里依托红色旅游资源,打造创客小镇、发展乡村旅游业、推动乡村振兴等情况,指出要把传统村落改造好。

读了以上引例,您是否对案例地有所了解。那么我们就开始深入探寻田浦大湾文旅融合的发展历程及具体做法吧。①

一、案例地概况

田铺大湾位于信阳市新县田铺乡青龙岭下,距新县县城24千米、许世友将军故里景区7.5千米,总面积4.6平方千米,现有村民82户304人。这里青山绿水环村落、古朴乡村嵌田园,处处透着人与自然和谐共生的乡土气息。

2014年田铺大湾启动美丽乡村建设,5月份被河南省批准为"一事一议"财政奖补项目,确定田铺大湾为田铺乡美丽乡村建设试点项目实施地,同年11月份,田铺大湾入选全国第三批传统村落名录。项目总投资额2422.67万元,其中省级奖补1090万元,市、县财政配套468万元,整合其他财政资金854.55万元,村民筹资筹劳10.12万元。项目实施主要包括基础设施、公共服务、环境综合整治三大部分,具体建设内容包括田铺村组道路建设、大湾道路硬化、集镇至大湾桥涵改造提升、供排(雨污)水系统、垃圾中转站、人工湿地、大塘整修、河道治理、幼儿园拆建、教师宿舍建设、村小学校园改造、青少年活动中心建设、文化娱乐广场建设、村便民服务中心、集贸市场、路灯照明、绿化美化、消防设施、农村电网改造、数字电视村村通、视频监控工程、光纤到户工程、大湾古民居升级改造工程等。自2016年10月1日正式对外开放以来,田铺大湾的游客接待量和群众收入逐年增长,2020年游客接待量76万人次,旅游综合收入4940万元。在取得良好经济效应的同时,田铺大湾先后获得中国传统村落、中国景观村落、中国特色景观旅游名镇、全国乡

① 剑锋影像.美丽乡村新典范——田铺大湾[EB/OL].https://baijiahao.baidu.com/s?id=1652536146662893414&wfr=spider&for=pc,2019-12-10.

村旅游重点村、国家 AAA 级旅游景区、省级美丽乡村建设试点等荣誉称号(图 8-1)。

图 8-1　田铺大湾全景

二、案例地文旅融合主要做法

(一)以美丽乡村建设为契机,注重文旅理念植入

田铺大湾三面环山,拥有得天独厚的生态资源。村中房屋大多始建于民国初期,为典型的豫南民居,中原文化、楚文化与徽派文化在这里交相辉映,形成土坯墙、斜顶房的独特建筑形式。田铺大湾从一开始坚持"绿水青山就是金山银山"发展理念,不挖山、不填塘、不砍树、不大拆大建、修旧如旧,很大程度保留历史风貌,传承优秀农耕文明,让鸟回来、让人回来、让民俗回来,望得见山、看得见水、记得住乡愁。通过前期大量的走访交流、查阅历史文献,深入了解大湾的人文历史,把文旅融合理念具化到规划设计中,确定了田铺大湾乡村文化旅游的发展思路,着力"乡愁"情怀的展现。

宣传发动广大党员群众积极参与美丽乡村建设,依靠乡村组干部、共产党员、邻里至亲,对村民思想观念、产业发展、村容整洁、乡风文明等方面进行深入宣传,采取召开座谈会、村民大会,干部入户走访、农户"走出去"学习等方式,消除群众顾虑,转变发展观念,赢得理解支持。2014 年,聘请北京、苏州等公益专家团队对田铺大湾进行整体规划设计,起步美丽乡村建设,引入"乡村创客"理念,规划实施了传统民居修缮、基础设施配套等一系列改造提升项目,打造了河南省首家"创客小镇",引导各类人才在这里创新创业,带动村民发展农家餐饮、特色民宿等。同时,坚持文化铸魂,推动传统文化活态保护,在田铺大湾开发民俗文化体验、传统文艺表演、农耕文化展示等文化活动,与大别山干部学院合作开展党性教育和党内政治文化现场教学,结合研学游开发体验式课程,定期举办乡村文化艺术节,为经济发展赋予了文化内涵。展现最动人的乡风乡俗乡愁乡恋,努力让有形的乡村文化留得住,活态的乡土文化传下去。

（二）以塑造品牌形象为抓手，激发文旅市场活力

（1）创客小镇创出了“品牌”。田铺大湾以“乡村创客”为主题，将大众创业、万众创新与美丽乡村建设相结合，集融智、融资、融新、融创于一体，整合文创手工联盟、文创艺术联盟、微创企业联盟、高校联盟、传媒联盟等“双创”资源，为敢创者搭建了优质平台，为原创者拓展了筑梦空间。同时，又将创客平台与文化旅游相结合，把创新创意融入美丽山水，以时尚元素增辉传统村落，打造了20余家特色小店，开发了品类丰富、层次多元的乡村旅游产品，不仅让田铺大湾这一旅游品牌走出深闺、走向大众，也为发展文化旅游、建设美丽乡村探索了新模式，开启了新思路。

（2）创客小镇创出了“商机”。践行“双创理念”，发挥公司优势，吸引了20余名大学生到田铺大湾投资置业，先后开设爱莲说餐厅、花音年代咖啡厅、匠心工坊、蔓乡托幼院、时光小院、“80”后童年体验、碰瓷儿、不期而遇、儿童阅览室、伴手礼、创客空间等创客小店，一步步增加大湾人气，吸引越来越多的游客前来旅游。通过创客小店的示范引领，景区积极鼓励本地群众参与发展建设中来，带动本地村民先后创办了春临农家、近水楼台、英子饭店、岁月小筑、小巷人家、南山下、东篱小院、壹玖捌贰、九·一六、山里村居等特色小店。随着田铺大湾知名度的持续攀升，大批外出务工人员看到商机，纷纷返乡投资支持家乡发展，相继创办老家寒舍、外婆家、良栖小院、梦里老家、田园小居、归园田居等民宿小店，掀起了新一轮返乡创业热潮。

（3）创客小镇创出了“希望”。田铺大湾作为新县县委、县政府重点关注的“一抓一”创新示范工程，以自己的独特、独有、独创，成为新县美丽乡村的一个特色亮点，成为文化旅游的一张靓丽名片，成为大众创业、万众创新的一处成功示范，使“草根”创新蔚然成风、遍地开花，让美丽乡村唤醒财富，最终达到全面小康的目标。

（三）以发展全域旅游为核心，加快文旅产业融合

革命老区新县着力打造“九镇十八湾”，构建“全域旅游”发展大格局。田铺大湾创客小镇作为其中重要组成部分，充分发挥了标杆示范作用，是新县发展乡村旅游、助力脱贫攻坚、推动乡村振兴的缩影。近年来，田铺乡依托境内许世友将军故里国家4A级旅游景区、田铺大湾创客小镇国家3A级旅游景区、黄毛尖省级森林公园等众多“红、绿、古”三色资源优势，着力在“全域旅游、全景田铺”上做文章，倾心带领群众发家致富，田铺大湾的发展路径就是景区做出的一些探索。

景区牢记“不搞大拆大建”的重要指示，按照“全域旅游、全景田铺”的理念实施的项目。计划投资1.8亿元打造田铺乡游客集散中心，项目占地126亩，计划分两期建设，主要建设内容为游客集散中心大楼1栋、景观大门1处、停车位共计约500个。2020年5月，项目正式启动建设，正在加紧施工，建成后可以把田铺大湾和田铺乡境内分散的旅游区域串联起来，打破空间壁垒，构建集观光、度假、避暑、休闲、养生、文化于一体的全域旅游发展大格局，打造一个“处处是景点、时时可游玩”的精品旅游乡村。同时，围绕田铺大湾旅游基础设施建设，聘请专业设计团队，先后争取各项资金2849万元，统筹谋划了集镇区改造提升、多彩响塘建设、黄毛尖旅游开发、S205生态廊道建设、将心乐园等一批重点项目。其中，2020年9月引进的旅游项目“将心乐园”，由河铺村集体经济股份合作社与新县途安旅游有限公司共同开发兴建，项目占地面积100余亩，总计划投资2000万元，包含七彩滑道、玻璃水滑、天空之境、步步惊心、真人 CS 基地、恐龙科普教育基地、儿童乐园、无动力拓展基地等多个游乐项目，截至 2020 年 12 月已经完成 3 个子项目的建设，待项目全部完工投入运营后将有效串联田铺大湾和许世友将军纪念馆两大景区，弥补田铺乡体验式、沉浸式旅游产品的不足，做实做强“十里河田”旅游产业带。

小知识

什么是全域旅游?

全域旅游，是指在一定区域内，以旅游业为优势产业，通过对区域内经济社会资源尤其是旅游资源、相关产业、生态环境、公共服务、体制机制、政策法规、文明素质等进行全方位、系统化的优化提升，实现区域资源有机整合、产业融合发展、社会共建共享，以旅游业带动和促进经济社会协调发展的一种新的区域协调发展理念和模式。

“全域旅游”是空间全景化的系统旅游，是跳出传统旅游谋划现代旅游、跳出小旅游谋划大旅游。全域旅游强调把整个区域作为旅游区进行打造，把全域作为旅游发展的载体和平台，使旅游成为常态化生活方式；从全要素、全行业、全过程、全方位、全时空等角度推进旅游产业展，实现旅游景观全域优化、旅游服务全域配套、旅游治理全域覆盖、旅游产业全域联动和旅游成果全民共享。①

(四)以群众精神需求为导向，强化文旅服务品质

注重文旅融合，满足游客精神需求。民俗文化与百姓日常生活息息相关，滋养着人们的心灵，涵养着人们的精神，是推动乡风文明和乡村发展的重要精神支撑。近年来，田铺大湾立足时代变化，对民俗文化进行挖掘、整合、利用，积极鼓励优秀的民俗文化在田铺大湾传承发展。例如，地灯戏、皮影戏、编竹编、猜灯谜、剪窗花、豫南刺绣、豫南小调等民俗文化活动都会在田铺大湾定期举行，每年至少举办地灯戏、打糍粑、猜灯谜、剪纸等各类民俗文化活动 100 余场次。通过举办“非遗爱在乡村，创客引领时尚”主题活动，积极对外宣传豫南皮影戏、民间舞狮、地灯戏、竹编及传统纺织手工艺，依托不秋草竹编、皮影戏等创客小店，将非遗传承与文创开发相融合，同时开展文创体验、摄影采风、擂台 K 歌互动、有奖阅读等活动，树立把文化遗产融入现代时尚的生活新理念。

完善配套设施，推进景区提质提升。开办了文创产品店——大湾小铺，聘请专业团队设计大湾特色文创产品 45 类 89 种，并与中原银行通力合作，设立大湾金融网点，实现线上线下同步销售；率先建设 5G 基站，购置内部机房设备、5G 天线等配套设备，实现移动、联通、电信 5G 网络大湾全覆盖；新招聘讲解员 5 名、保安 4 名、保洁员 5 名，提升旅游服务品质；实施大湾绿化改造项目，利用美丽乡村绿化项目在田铺大湾补植绿化、美化树

① 李金早.何谓“全域旅游”[J].西部大开发，2016，(11)：101-102.

种，种植桂花、紫藤、乌桕、海棠、银杏等树种1500余棵；投入资金200万元，实施大湾室外照明项目，旨在通过大湾夜间美化，丰富大湾夜间生活，通过打造“灯光秀”，点燃“夜经济”。

创新旅游业态，优化文旅产业布局。田铺乡始终围绕“全域旅游”战略，发挥境内“红、绿、古”三色资源优势，不断将田铺大湾的旅游事业融入田铺乡经济建设和产业发展中，力求突破传统以景区为核心的空间局限，不断优化旅游产业布局，丰富旅游产品体系，创新旅游业态，延伸旅游产业链，完善旅游公共服务体系。为顺应游客需要，景区积极谋划、高效推进，以田铺大湾后续提升发展为主要依托，着力打造红绿辉映、古色新意的特色小镇，旨在通过田铺大湾景区这个核心板块的引领，让田铺乡村旅游更具魅力。

三、案例地文旅融合成效

田铺大湾的发展变化就是一个从奋斗中收获幸福的生动实践。五年前，这里环境脏乱、破旧不堪，贫瘠的土地不足以养家糊口，大多青壮劳力背井离乡，靠外出务工维持生计。近年来，田铺大湾依托独特的“红、绿、古”资源优势，坚持民生为先，统筹各方力量，从美丽乡村建设起步，引入“乡村创客”理念，规划实施了传统民居修缮、基础设施配套等一系列改造提升项目，打造了独具特色的创客小镇，引导各类人才在这里创新创业，带动村民发展农家餐饮、特色民宿等。

通过几年的不断努力，田铺大湾取得了翻天覆地的变化。2014年，田铺大湾的游客量及旅游综合收入基本为零，人均纯收入仅为8073元，而到了2019年，田铺大湾游客接待量已达百万人次，旅游综合收入8500万元，人均纯收入达18624元。今日的大湾，不仅环境整洁干净、设施配套完善、住房宽敞舒适，而且实现群众在家门口就业发展，生活品质和精神面貌得到大幅改善提升，群众的获得感、幸福感明显增强，处处洋溢着怡然自得、和谐幸福的生活气息，已成为大别山里一个充满动力、富有活力、极具魅力的幸福山村①。2019年9月16日，习近平总书记亲临田铺大湾考察调研时指出：“依托丰富的红色文化资源和绿色生态资源发展乡村旅游，搞活了农村经济，是振兴乡村的好做法。”习近平总书记的督促，是对大湾发展变化的肯定，极大鼓舞了士气，振奋了人心，也坚定了景区将乡村旅游事业做大做强的决心和信心。为全面推动习近平总书记“两个更好”重大要求落地生根，景区紧扣全面建成小康社会目标任务，抢抓发展机遇，加快推进乡村振兴，立足自身优势不断壮大旅游产业发展。

四、展望未来

（1）抓好项目建设，加快推进游客集散中心、集镇区改造、黄毛尖森林公园开发等重点项目建设，串联起分散的旅游资源，把田铺乡作为5A级旅游景区来打造，构建“全域旅游、全景田铺”旅游发展大格局。

（2）深度挖掘本土文化，完善乡志、神话故事等搜集整理工作，丰富文化内涵，展示传

---

① 来源凤凰网.河南频道.

统风俗、自然风光，传承红色精神，保持固有特色，形成丰富多样、富含品味的乡村旅游产品体系，推动不同发展模式的互补。

(3)延伸产业链条，依托独特的“红、绿、古”特色资源，培育特色旅游产品，引进专业团队分类指导，重点引导发展“一村一品”和“一家一艺”，利用“田铺大湾”“许世友将军故里”品牌优势，开发独具特色的文创产品，扩大品牌效应，提升品牌价值，拒绝同质化发展。

(4)培植一批乡村旅游特色品牌，拓展旅游项目，加快推进大别山实景演出项目落地，丰富“亲子游”“体验游”“研学游”等内容，完善配套基础设施建设，实现旅游项目多元化、趣味化，使乡村旅游不再局限于观光，让丰富的旅游项目吸引游客留下来，刺激游客消费欲望，带动经济发展。

(5)加强旅游从业人员培养，遵循“培育、引导”结合原则，培养本地人才，引进外来人才，重点抓好民宿、农家乐、店铺经营人的培训，规范行业标准，提升服务品质，培养一批发展乡村旅游的带头人。

谋划“十四五”，助力乡村振兴，乡风文明是灵魂。田铺大湾作为文化照亮乡村的典范，将继续坚持文化铸魂，深入推进文旅融合发展。充分发挥田铺大湾“红、绿、古”资源优势，吸引八方文旅等成功人士返乡创业，带动群众就近就业创业，大力发展休闲观光、研学游、康养等多产业相融合的新生态，着力打造具有全国影响力的国家5A级精品景区。

思考

1. 田铺大湾是如何深度挖掘当地文化元素的？

2. 田铺大湾通过打造创客小镇来推动当地文旅融合，这种方式是否能应用到你家乡的景区？为什么？

3. 根据案例地文旅融合发展情况及主要做法，你有哪些更好的建议以加快推动该地文旅融合速度？

总结

信阳新县田铺大塆文旅融合发展

- 以美丽乡村建设为契机，注重文旅理念植入
  - ★最大程度保留历史风貌，传承优秀农耕文明
  - ★坚持文化铸魂，推动传统文化活态保护
  - ★定期举办乡村文化艺术节，为经济发展赋予了文化内涵
- 以塑造品牌形象为抓手，激发文旅市场活力
  - ★以“乡村创客”为主题，为敢创者搭建了优质平台，为原创者拓展了筑梦空间
  - ★通过创客小店的示范引领，鼓励本地群众参与发展建设中来
  - ★使“草根”创新蔚然成风、遍地开花，让美丽乡村唤醒财富
- 以发展全域旅游为核心，加快文旅产业融合
  - ★“全域旅游、全景田铺”，打造一个“处处是景点、时时可游玩”的精品旅游乡村
- 以群众精神需求为导向，强化文旅服务品质
  - ★定期举行民俗文化活动，把文化遗产融入现代时尚的生活
  - ★完善配套设施，推进景区提质提升
  - ★创新旅游业态，优化文旅产业布局

第九章
“月光经济”的文旅实践
——焦作云台山

导读

云台山位于“千年古县”焦作市修武县境内，景区内有被誉为华夏第一奇峡的红石峡；有单级落差 314 米的亚洲第一高瀑——云台天瀑；有唐代大诗人王维写下千古名句“遥知兄弟登高处，遍插茱萸少一人”的茱萸峰；还有将中国山水园林文化从宫廷推向民间的“竹林七贤”隐居地——百家岩，大世界吉尼斯之最的人文景观——叠彩洞，以及潭瀑峡、泉瀑峡、云溪谷、子房湖、万善寺等精品景点。是一处以太行山岳丰富水景为特色，以峡谷类地质地貌景观和悠久历史文化为内涵，集科学价值和美学价值于一身的综合型山地旅游目的地。

该景区通过打造爆款文旅 IP，产业升级，建设以精品民宿为基础的网红小镇，特色夜经济等手段成为当地文旅融合的标杆。

引例

2020 首届弦乐夏令营开营音乐会

古典音乐遇见云台山水，会碰撞出怎样的火花？高山流水觅知音，云台山“旅游+音乐”又添新玩法。8 月 8 日，由河南省音协小提琴专业委员会主办的“云台 · 琴梦”——2020 首届弦乐夏令营在云台山景区开营，来自我省的百余名弦乐爱好者在青山绿水间开启为期6 天的音乐文化之旅。

草坪音乐会、小提琴演出、大提琴演奏、名师公开课等形式多样的课程安排，让参加夏令营的学员乐享与众不同的学习体验。同时，他们还游览了红石峡、茱萸峰、潭瀑峡、泉瀑峡、猕猴谷等景点，在自然山水间快乐演奏，进行别开生面的课堂教学。泉水叮咚，鸟鸣啾啾，动人的音符在指尖流淌，悠扬的琴声在山间回荡，撩动心弦，令人陶醉。置身山水，在感受体验大自然的过程中，提升对音乐艺术的认识和理解，云台山之行给不少学员留下了深刻印象。

“旅游+音乐”的文旅跨界融合，近年来云台山景区一直在积极探索。云台山音乐节、第一届云台山音乐节校园歌手大赛、云台山音乐嬉水季以及目前正如火如荼举办的云台山电音节，都是云台山景区在这方面的成功实践，为云台山发展注入了新的活力。

今后,云台山景区仍将以音乐为核心,不断加强文旅跨界融合,持续打造音乐品牌形象,丰富旅游形式,提升游客的旅行体验感和参与感。①

读了以上引例,您是否对案例地有所了解。让我们开始深入探寻焦作云台山文旅融合的发展历程及具体做法吧。

一、案例地概况

云台山景区是一处集独特地质地貌、丰富水体景观、立体自然生态和深厚人文历史于一体的国家级风景名胜区,既是我国知名度较高的5A级景区,也是美誉度较高的世界地质公园。云台山人历经30年的不懈努力,完成了云台山发展史上的一次又一次蝶变,创造了令业内瞩目的“云台山现象”(也称“云台山速度”“云台山效应”“云台山模式”)。云台山的开发,也促使焦作实现了从“黑色印象”到“绿色印象”的转变,为享誉全国的“焦作现象”提供了强力支撑。

近年来,我国旅游业面临大众旅游新时代、全域旅游新方位和优质旅游新战略,而云台山景区也面临着种种新机遇和新挑战,亟需实现从山水旅游向文化旅游的转型突破。云台山以美好生活为导向,以绿色生态为根基,以市场营销为支撑,以优质服务为核心,以文旅项目为抓手,探索从山水旅游进阶文化旅游的转型现象。

二、案例地文旅融合主要做法

(一)爆款文旅IP的融合与打造

近年来,云台山景区针对游客消费的新需求,增加了网红、音乐、潮流、文艺、国风等风格的节事活动,包括云台山汉服花朝节、云台山音乐节、云台山校园歌手大赛、云台山电音节、云台山音乐嬉水季、云台山汽车越野巡回赛、云台山九九国际登高挑战赛等IP活动。这些节事活动的举办,对大众游客产生了新的吸引力,并形成了良好的网红效应,有效提升了市场活力。

2018年以来,连续举办两届云台山群英会,以大型IP嘉年华的形式开展一系列节事活动,在国内首次实现了5A级旅游品牌与体育品牌以及文娱品牌的深度融合。群英会吸引了全国百家媒体的关注报道,全网高达亿次曝光,其覆盖面和传播度达到同类活动的新高,以活动的引爆力提升了市场的吸引力。其中云台山校园歌手大赛、云台山音乐节、云台山音乐嬉水季等一系列音乐主题活动的举办,将音乐和山水完美融合,进一步扩大了云台山在年轻群体中的品牌活力和吸引力。

2020年4月,云台山景区举办第二届“锦绣中华·云台山汉服花朝节”,邀请汉服达人、文旅达人等参与活动,成功将“云台山汉服花朝节”打造为爆款文化IP。活动期间,云台山汉服花朝节相关曝光量达到近3亿次;7月,景区又举办了云台山电音节,入场观众

---

① 焦作百姓文化超市.云台山文旅跨界融合,“旅游+音乐”添新玩法![EB/OL].https://www.sohu.com/a/412811449_765472,2020-08-12.

24 万人次，抖音相关话题播放量超 3 亿次，微博话题阅读量 3000 多万次，全网曝光量高达 5 亿多次，实现了人气、收入“双丰收”。

（二）产业升级进入转型快车道

云台山景区紧紧围绕“绿水青山就是金山银山”的发展理念，把资源开发与环境保护充分结合，谋划实施了云台山夜游、云台山小吃城、360 云景球幕影院、茱萸峰索道、文化旅游学院、猕猴谷生态营地、云藤七贤精品帐篷营地、云阶康养旅游小镇等 16 个总投资 200 亿元的“云系列”转型提升项目，以项目建设带动山地旅游转型发展，形成了具有云台山文化特色的“云系列”。“云系列”文化旅游项目一方面针对大众旅游市场，另一方面瞄准高端消费群体来发力。

目前，云台山夜游、云台山小吃城、凤凰岭索道、360 云景球幕影院、文化旅游学院等已开始运营，并获得游客的良好赞誉。云台山夜游项目运用声、光、电和全息投影等高科技手段，打造了一台大型的灯光幻影秀；云台山小吃城融入河南传统美食，打造了特色小吃业态；360 云景球幕影院上演了“飞越云台山”“飞越非洲”等节目，提升了游客的观赏体验；文创公司推出了“云台礼遇”系列文创产品，包括吉祥物公仔、冰箱贴、旅游护照、绞胎瓷吊坠、手绘地图等特色文创品 40 种；景区以云台山地质博物馆为依托，整合红石峡、叠彩洞等资源，建设研学实践基地，推出主要针对中小学生的云台山特色研学产品。

以上这些文化旅游项目着眼于景区的发展趋势，重点完善旅游产业中的“食”“住”“行”“游”“娱”“购”要素，不仅丰富了云台山的旅游产品，也满足了游客的多样化体验需求，取得了良好的市场反响。

小知识

什么是夜经济?

夜经济是指从当日 18 时至次日凌晨 2 时所发生的服务业类经济活动，发展“夜经济”是提升城市消费需求、促进产业结构调整的有力举措。无论是夜宴、夜饮，还是夜唱、夜购，夜间消费大多是服务性消费，几乎涵盖了商业、交通运输业、餐饮业、旅游业、娱乐业等所有第三产业。毫无疑问，夜间消费需求是一种高层次的消费需求。作为一种经济形态，夜经济是夜间居民消费和企业供给的汇合，是由一个个供求之间的交易构成的。①

（三）北方民宿集群形成网红小镇

近年来，云台山以美学经济为引领，以民宿为重要切入点，邀请哈佛、清华等国内外知名设计师，针对岸上小镇打造民宿美学新亮点，帮助并引导群众从普通酒店向优质民

① 新华社. 辽宁鼓励服务类企业延时营业 推动“夜经济”提速[EB/OL]. http://www.gov.cn/jrzg/2012-11/22/content_2273377.htm, 2012-11-22.

宿升级,推动乡村度假小镇的建设发展。短短几年的时间内,景区内的古洞窑、黑石岭、岸上村等游客服务区建成民宿50余家,以云上的院子、朴居、汀澜系列、花筑系列等为代表的云台山民宿群逐渐形成,云台山的夜色更加有故事,有风味,云台山民宿成为游客休闲度假的又一亮点,逐渐形成了“南有莫干山,北有云台山”的云宿品牌。景区所在的云台山镇,依托着云台山每年700万的客流量,成为备受游客追捧的民宿小镇,人均年收入从景区开发建设前的260元,提高到现在的5万元,成为第二批全国乡村旅游重点村、河南省百村万户旅游富民示范村、河南省第一批美丽小镇。

(四)“旅游+”特色夜经济点亮山水

为不断完善夜间经济发展体系,丰富夜间特色产品,近年来,云台山结合自身山水、文化特色以及景区内岸上村、古洞窑、黑石岭、五家台等服务区文旅产业的发展,围绕夜游、夜购、夜食、夜娱等主题不断推出“云系列”新“夜”态。

夜幕低垂,山水桥林灯光璀璨,云台山的夜晚亮了起来,游客穿越浪漫的幻光森林,感受山中夜游的清凉与独特,这就是大型山水实景灯光秀——云台山夜游。2018年7月6日,云台山夜游正式开景,该项目运用大量声、光、电、全息投影等高科技技术照亮了云台山的夜晚,完美呈现了太行山脉的梦幻夜景,为广大游客带来了山水夜景的视觉盛宴。据了解,云台山夜游充分挖掘了云台山所处的太行山文化、太极文化、竹林七贤等文化内涵,与现代科技深度融合,让来到的游客能够眼前一亮,在开景三个月的时间内迅速吸引了河南省周边近30万游客,当仁不让成为中原地区夜游新地标。

自2020年开始,伴随着云台山电音节的持续举办,云台山的关注度再次达到高峰,云台山景区内的岸上小镇,也成为网红小镇,成为各地年轻人来到云台山的新打卡地。“在震动的音浪中摇摆热舞、在炫酷的机甲激光秀前拍照打卡、在美食市集里大快朵颐……”为期两个月的云台山电音节,获得了全国各界的广泛关注和参与。云台山电音节不仅塑造了景区又一大IP活动,还带来了巨大的经济带动效应,有力拉动了景区岸上小镇的消费热潮,整合带动了小镇及周边的餐饮、住宿、购物、娱乐、交通等文旅产业链快速恢复,实现逆势增长。在引流效果下,7月~8月,景区游客接待人数和旅游综合收入分别较2019年同期增长了18%和12%;电音节举办地岸上小镇旅游消费收入较去年相比翻一番,小镇民宿入住率达100%,出现了一房难求的火爆场景,到云台山“观美景、品美食、住美宿、共狂欢、赏夜游、逛小镇”成为新时尚①。

同时,云台山还将继续完善夜游、夜购、夜食、夜娱等特色的“夜”态产品,重点打造音乐元素,将云台山岸上小镇变身成为音乐小镇,发展音乐文化和相关产业,通过明星、网红、流量打造云台山具有“音乐”特色的小镇夜经济。

(五)“五员一体”标准化服务打造与输出

云台山作为典型的山岳景区,一直在积极探索山岳景区的提质升级。“五员一体”服务模式的提出,是云台山景区企业文化建设的重要突破。2017年以来,云台山景区升级服务理念,由“不让一位游客受委屈”向“感动每一位游客”转变,建立了2000名员工人人

---

① 大象网.解密疫情下的“云台山旅游新现象”[EB/OL].https://www.hntv.tv/daxiangkuplpd/article/1/1326736887448211456,2020-10-12.

都是安全员、服务员、保洁员、救护员、宣传员。安全员就是人人树立安全意识，全年安全责任事故为零；服务员就是全员服务，以极致服务感动每一位游客；保洁员就是人人都是环卫工，在景区可视范围内不能看到垃圾；救护员就是聘请红十字会开展全员培训，人人具备救护技能，确保景区内拥有2000名救护员；宣传员就是通过《云台山人》报纸、《云台之声》电台等平台，让员工了解公司的发展，云台山人讲云台山的故事，树立云台山的形象。该模式要求员工在做好本岗位工作的同时，还能根据游客需求在“五员”之间灵活切换角色，以“一专多能”的服务素质向游客展示景区的服务质量。云台山景区通过构建“五员一体”服务模式，将云台山的感动服务、精准服务、智能服务进行整合，不但增强了企业文化的凝聚力，更塑造了旅游服务新品牌。

（六）从“云台山现象”到“云台山新现象”

作为国内山水景区第一梯队的佼佼者，自2020年春节以来云台山一系列的积极举措有力、有利，不由得让人想起了令业界印象深刻的“云台山现象”。从全国首批5A级景区到世界杰出旅游服务品牌，从“黑色主题”到“绿色印象”，从带动3万余人就业到开拓多元化产业助力乡村振兴，云台山浓墨重彩地书写了一年又一年的不平凡。越是艰难困苦，越见使命担当。如今，疫情防控常态化的新形势，对云台山来说是考验，更是重整行装的再出发。云台山坚定“以转型升级为主线，管理服务为核心，市场营销为支撑，项目建设为抓手”的高质量转型发展信心，打出了网红IP活动、政策激励、创新营销等市场重启的文旅“组合拳”，全力推进16个总投资200亿元的“云系列项目”，不断升级云台山的“五员一体”优质服务，实现了疫情后市场启动全省第一，游客人数全省第一，综合收入全省第一的好成绩。在不少旅游业内人士眼中，被誉为继“云台山现象”之后的“云台山新现象”。

三、案例地文旅融合成效

（一）景区知名度、影响力和美誉度持续提升

云台山通过创意活动、创意宣传、创意模式，不断提高旅游品牌知名度、影响力和美誉度，实现了山地旅游的可持续发展。云台山景区积极和国内主流媒体对接，持续保持在央视等国家平台、大媒体的超高曝光度。近4年来，二十余次被央视新闻、人民日报、人民网、新华视点等一线媒体推送介绍“云台山现象”，形成广泛的社会关注度和影响力。云台山在全国率先开启新媒体营销，持续提升景区“两微一抖”传播能力，邀请网络红人走进景区，试水大活动网络直播，打造网络热度话题，吸引更多年轻群体关注山地旅游景区。云台山微信关注度持年攀升，连续位居中国旅游景区微信影响力全国景区前三名，多次荣登全国5A景区新媒体传播力指数TOP10榜单，多篇微信推文阅读量突破10万+，微信单篇推文阅读量突破百万。

（二）旅游业综合带动效应显著，经济社会效益突出

云台山景区依托旅游“一业兴、百业旺”的特色优势，持续释放综合带动效应，大力实施旅游扶贫和乡村振兴，取得了良好的经济效益和社会效益。景区开创了“旅游+金融+民宿+扶贫”的旅游扶贫模式，以山地旅游环境提升为切入点，按照“村点出彩、沿线美丽、面上风景”的思路，设计建造了云上的院子、朴居、汀澜系列等大批民宿，对旅游道路进行绿化美化打造“四好”公路，对旅游服务区进行环境提升打造街景小品，乡村旅游环境、食宿环境、生活环境得到全面优化，促使山地旅游实现大发展。

四、展望未来

云台山景区将紧抓战略机遇，用站位国际的发展视野，找准市场“发力点”，盯住市场开发“引爆点”，聚焦项目建设“突破点”，打造优质服务“标志点”，力促景区迅速进入高质量转型发展“快车道”，创造备受瞩目的“云台山新现象”。特别是疫情发生后，云台山景区创新运营模式、聚力产业复苏、采取有力措施，主动应对疫情带来的各种新挑战，为落实“六稳六保”和全域旅游示范市创建等工作做出了积极贡献，交出了优异答卷。在“云台山新现象”、优异答卷的背后，是永不服输、敢想敢拼、踏实重干、不断精进的“云台山精神”。

思考

1. 高端网红民宿体现出游客的哪些需求？

2. 标准化服务的打造与输出对文旅融合推动的意义有哪些？

3. 根据案例地文旅融合发展情况及主要做法，你有哪些更好地建议以加快推动该地文旅融合速度？

总结

焦作云台山文旅融合发展

- 爆款文旅IP的融合与打造——★举办各类节事活动，打造爆款文化IP，引爆市场吸引力
- 产业升级进入转型快车道——★以项目建设带动山地旅游转型发展，形成了具有云台山文化特色的“云系列”
- 北方民宿集群形成网红小镇——★以美学经济为引领，以民宿为重要切入点，打造民宿美学新亮点，帮助并引导普通酒店向优质民宿升级
- “旅游+”特色夜经济点亮山水——★不断完善夜间经济发展体系，不断推出“云系列”新“夜”态
- “五员一体”标准化服务打造与输出——★将云台山的感动服务、精准服务、智能服务进行整合，增强了企业文化的凝聚力，塑造旅游服务新品牌
- 从“云台山现象”到“云台山新现象”——★实现“以转型升级为主线，管理服务为核心，市场营销为支撑，项目建设为抓手”的高质量转型发展

第十章
古都“旅游生态圈”崛起记
——十三朝古都洛阳

导读

为使各位游客能对洛阳这座古老城市的历史文化和古迹有初步的了解，我将洛阳的历史及龙门石窟的大致情况，途中向大家做简单的介绍：洛阳在历史上曾是众多朝代建都的城市，素称“九朝古都”。龙门石窟距市区13千米的龙门是洛阳南面的天然门户，这里两岸香山、龙门山对立，伊水中流，远望就像天然的门阙一样。举世闻名的龙门石窟就雕刻在伊河两岸的山崖上，南北长约1千米。从北魏孝文帝迁都洛阳时开始营造，经过东魏、西魏、北齐、隋、唐、延至北宋，累计大规模开凿约四百余年，现存窟龛2345个，碑刻题记2800余块，佛塔70余座，造像近11万尊。其窟晁、造像和题记数量之多，居中国石窟之冠，与敦煌莫高窟、大同云冈石窟并称为中国三大佛教艺术宝库。中华人民共和国国务院于1961年确定龙门石窟为全国第一批重点文物保护单位。2000年11月，联合国教科文组织第24届世界遗产委员会通过列入《世界遗产名录》。

引例

2019年12月，“春满中原·老家河南”主题系列活动在郑州启动，洛阳旅发集团旗下的“洛阳礼物”文创产品受邀参展，以洛阳博物馆镇馆之宝为依托研发的“博物馆之都”系列文创产品，卖得很火。

文化是旅游的灵魂，旅游是文化的载体。文化与旅游相辅相成，共生共荣。市委十一届九次全体（扩大）会议强调，今年，我市将聚焦提升文化软实力，加快建设国际文化旅游名城，传承保护历史文化遗产，打造“博物馆之都”，推动文旅融合发展，描绘“诗和远方”。

隋唐洛阳城“款款”走来

“应天门好气派！”近日，钟情于人文历史游的郑州游客吴海云，从隋唐洛阳城天堂明堂景区出来，看到宏伟壮丽的应天门遗址保护展示工程，由衷地感叹。看着“应天门”一天天在改变，家住周公路的李先生开心地说：“应天门建好后，隋唐洛阳城会更有看头。”

作为隋唐洛阳城国家历史文化公园建设项目的一部分，应天门遗址保护展示工程主体结构完工，屋面铜装饰和青石浮雕安装完毕，遗址层揭露展示正在进行。该工程往北，九洲池遗址保护展示工程一期正进行环境艺术提升；穿过洛河向南，“两坊一街”保护展示工程（一期），已进入最后收尾阶段，南城墙遗址保护展示工程（一期）全面开工。

洛阳市委十一届九次全体（扩大）会议提出，今年，我市将主动融入国家“大运河文化带”战略，大力推进隋唐洛阳城国家历史文化公园建设，确保九洲池遗址保护展示工程一期牡丹文化节前对外开放，实施天街北延和里坊区环境整治，启动东城墙遗址保护展示工程前期工作。这些工程的实施，为建设国际文化旅游名城提供了有力支撑。隋唐洛阳城“款款”向我们走来，古都洛阳也将越来越有“看头”。

读了以上引例，您是否对案例地有所了解？那么我们就开始深入探寻洛阳文旅融合的发展历程及具体做法吧。①

一、案例地概况

洛阳位于河南西部、黄河中游，因地处洛河之北而得名，是国家首批历史文化名城，文化厚重、山水秀丽，文化旅游资源十分丰富。

洛阳是底蕴深厚、人文荟萃的千年古都。作为华夏文明的重要发祥地、十三朝古都，洛阳有5000多年文明史、4000多年城市史、1500多年建都史，拥有龙门石窟、汉函谷关、含嘉仓等世界文化遗产3项6处，沿洛河一字排开的夏都二里头、偃师商城、东周王城、汉魏故城、隋唐洛阳城五大都城遗址举世罕见。

洛阳是山水交融、钟灵毓秀的生态之城。洛阳自古有“河山拱戴，形胜甲于天下”之说，伏牛山、熊耳山、嵩山、崤山、邙山纵横其间，黄河、洛河、伊河、瀍河、涧河五水绕城而行，长达20余千米的洛浦公园穿城而过。洛阳牡丹始植于隋，盛于唐，甲天下于宋，雍容华贵，国色天香，已有1500多年的栽培史，形成9大色系、10种花型、1200多个品种。洛阳市被命名为中国牡丹花都。

洛阳是风光秀美、独具魅力的旅游名城。现有5A级景区5家、4A级景区27家、3A级景区26家，A级景区数量在全国地级城市中名列前茅。黄河小浪底风景旅游区、世界地质公园黛眉山、国家森林公园白云山、北国第一洞鸡冠洞、山岳经典十里画屏老君山、北国水乡重渡沟，以及龙峪湾、天池山、西泰山、神灵寨等风景名胜，兼具南北风光之神韵。隋唐洛阳城天堂明堂、应天门、九洲池、二里头夏都遗址博物馆成为网红新地标。一年一度的牡丹文化节已经成为蜚声中外的国家级文化盛会，跻身全国四大名会之一，入选国家非物质文化遗产名录，成为洛阳扩大对外开放、展示城市形象的重要平台。2020年央视中秋晚会在洛阳成功录制播出，温暖了全国人民、惊艳了华夏儿女，“颜值”和“气

① 洛阳日报．洛阳：文旅融合，共生共荣描绘诗和远方［EB/OL］．http://www.lysxc.gov.cn/luoyang/20190121/23890.html，2019-01-21.

质”兼具的洛阳进入全国热门旅游目的地城市前十名，洛邑古城名列国庆期间热门古镇榜单第一名。

洛阳市先后荣膺中国优秀旅游城市、国家园林城市、国家卫生城市、全国文明城市、国家森林城市、中国十大最佳魅力城市、国家旅游标准化试点城市、国家首批智慧旅游试点城市、全球网民推荐的中国十大旅游城市、全国休闲农业和乡村旅游示范市、国家级河洛文化生态保护实验区、国家文化和旅游消费示范城市、中国夜游名城等荣誉称号。2020 年，洛阳市成功加入世界旅游联盟。

二、案例地文旅融合主要做法

近年来，洛阳市深入学习贯彻习近平总书记关于文化旅游发展的重要论述和视察河南时做出的“推动文化繁荣兴盛”“保护传承弘扬黄河文化”的重要指示精神，围绕省委、省政府对洛阳发展新的赋能定位，按照“宜融则融、能融尽融、以文塑旅、以旅彰文”的思路，用文化的理念发展旅游，用旅游的方式传播文化，积极构建文化传承创新体系，加强黄河文化保护传承弘扬，加快推动文旅深度融合发展，强化历史文化的现代表达、河洛文化的国际表达，努力实现门票经济向产业经济转变、旅游城市向城市旅游转变、“老三篇”向“新三篇”转变，着力打造“古今辉映、诗和远方”的国际文化旅游名城。

（一）坚持理念引领、规划先行，高标准做好顶层设计

以建设国际知名旅游目的地为目标，坚持全景引客、全时迎客、全民好客、全业留客，力推“全域游”，唱响“四季歌”，加快文旅融合发展。

一是创新融合理念。坚持用文化的理念发展旅游，用旅游的方式传播文化，体现“融”的理念、找准“融”的业态、发挥“融”的效果，推动文化与旅游从“物理组合”迈向“化学反应”，让“诗”和“远方”完美交融。以文化旅游业供给侧结构性改革为主线，深入挖掘特色文化旅游资源，抓实文旅融合重点项目，把城市文化与生态文明结合起来，把传统元素与时代气息融合起来，强化河洛文化的国际表达、传统文化的现代表达，推动旅游城市向城市旅游转变。

二是完善规划体系。高标准编制了《关于加快旅游产业转型升级建设国际文化旅游名城的实施意见》《洛阳市坚持文化保护传承推动文旅融合发展行动方案》《洛阳市加快副中心城市建设文化旅游专班行动方案》《关于建设文化旅游强市的实施意见》等一系列规划方案，科学有序推动文化旅游业转型升级。按照“城乡一体、景城一体、全域布局、四季旅游”的发展路径，出台《洛阳市创建全域旅游示范区实施方案》，积极创建国家全域旅游示范区，推动文化旅游业发展与城市总体规划、土地利用规划、生态建设规划等各级各类规划的精准对接，实现“多规合一”。

三是加强组织领导。成立文化旅游工作领导小组，建立联席会议制度，将文化旅游发展纳入国民经济和社会发展总体规划，纳入各级政府考核目标，作为考核评价领导班子和领导干部政绩的重要内容，形成了党委统一领导、党政齐抓共管、有关部门各负其责、市县联动推进、社会积极参与的文化旅游发展新格局。

（二）坚持保护传承、守正创新，构建文化传承创新体系

坚持保护固态、传承活态、发展业态，提升“老三篇”，力推“新三篇”，彰显历史文化

名城特色。

一是实施大遗址保护展示工程。在保护遗址本体绝对安全的基础上，挖掘梳理历史文化，围绕打造“新三篇”，推进隋唐洛阳城国家历史文化公园、二里头夏都遗址博物馆等保护展示工程，着力打造“东方博物馆之都”。隋唐洛阳城国家历史文化公园天堂、明堂、应天门、九洲池成为古都文化新地标。

二是强化资源活化转化利用。加大文创产品研发，与腾讯集团联合举办文创设计大赛，活化转化更多洛阳历史文化 IP，打造了“洛阳礼物”“洛阳牡丹”“洛阳三彩”“栾川印象”“平乐牡丹画”等特色文旅产品品牌。推出“文明之源、根在河洛”“最早中国、五都会洛”“人文荟萃、洛阳纸贵”“科技之光、古今辉映”“仁山智水、魅力自然”“河洛工匠、非遗传承”等 6 大研学板块，打造“研学洛阳，读懂中国”研学旅行品牌。

三是塑造古今辉映城市风貌。挖掘利用河洛文化、牡丹文化、隋唐文化等经典洛阳文化符号，抓好城市风貌、城市景观和建筑色彩的打造，因地制宜规划各个城区板块的建设风格，让古城古得经典、新区新得现代，精心描绘城市建设“工笔画”。

（三）坚持以节促游、厚植优势，带动文旅深度融合发展

改变“文化搭台、经贸唱戏”的传统做法，主动融入“一带一路”建设，以节会经济引领文化资源与旅游资源深度融合发展，充分释放文化旅游产业的综合带动作用。

一是打造知名节会品牌。坚持办好节会与旅游、招商、文化、城建、惠民等各项工作全面融合、相互促进，形成了春有牡丹文化节、夏有小浪底观瀑节、秋有河洛文化旅游节、冬有伏牛山滑雪节，以及汝阳杜鹃花节、洛宁金秋苹果节等百花齐放的节会格局，做到四季有亮点、四时有特色。第 38 届牡丹文化节创新推出“云赏牡丹、花开满屏”24 小时线上直播活动，关注话题达 2.5 亿人次。

二是繁荣发展夜游经济。改造提升西工小街、龙门古街、广州市场步行街、关林步行街等特色文旅街区。推出“古都夜八点，相约洛阳城”系列消费活动，重点培育洛邑古城等 8 个综合性夜间文旅消费集聚地，精心打造 8 项夜间主题活动，推动“食住行游购娱康演”8 种业态提质扩面，开通古都夜八点号高铁旅游专列，外地游客可以“一线直达”感受“古都夜八点”魅力。

三是加强对外交流合作。发挥“一带一路”主要节点城市优势，强化河洛文化的国际表达，先后承办世界古都论坛、中国—中东欧国家文化遗产论坛等国际性论坛，成功举办 2019 港澳青少年游学推广活动暨内地游学联盟大会。在日本、韩国举办洛阳文化旅游推介会。以乌兹别克斯坦布哈拉为支点加强与中亚文化交流，在乌兹别克斯坦举办为期 3 个月的“梦回布哈拉——唐定远将军安菩夫妇墓出土文物特展”。与法国图尔市等 17 个国际友好城市深化人文交流，讲好中国故事、传播好中国声音。

（四）坚持开发带动、突出特色，打造山水生态旅游品牌

挖掘生态优势，做好山水文章，在生态项目中融入旅游功能、在旅游业发展中融入生态元素，打造高品质生态旅游品牌。

一是做优做强龙头景区。实施青要山旅游景区总体开发等国家优选旅游项目，加大老君山、白云山、重渡沟、黛眉山等核心景区深度开发力度，形成示范带动作用。栾川老君山景区先后完成了 40 多项基础设施建设，形成了立足豫西、辐射中原及周边地区的山水旅游品牌，迈入国内主营业务收入超亿元景区阵营。嵩县白云山景区累计投资40多亿元，推动景区转型升级，成功创建省级旅游度假区。栾川县入选全国第二批“绿水青山就是金山银山”实践创新基地。

二是丰富完善产品业态。引导全市旅游景区积极开发文化演艺、体验展示、旅游商品等经营项目，推动观光游向休闲游、体验游转变，延长游客停留时间，提升二次消费比重。洛邑古城创新“非遗+研学”“非遗+创意”“非遗+展演”“非遗+美食”等多种模式。

三是提质升级乡村旅游。以优秀乡村文化引领乡村旅游、铸魂乡村振兴，形成了环城农业采摘、沿黄河农园休闲、伏牛山山水度假、西部生态写生摄影四大乡村旅游板块。全市乡村旅游经营单位达3200多家，年接待游客超3000万人次，共有220个村入选全国乡村旅游扶贫重点村，占全省的20%。栾川旅游扶贫入选全国精准扶贫典型案例。

（五）坚持多点发力、融合创新，加快旅游业转型升级

深化旅游业供给侧结构性改革，推进旅游业与一、二、三产业融合发展，“旅游+”形成“一业带百业”，推进全业融合发展。

一是深化“旅游+农业”。以乡村旅游为抓手，推动旅游和农业深度融合，形成了一批乡村民宿、休闲农庄等特色乡村旅游产品，培育了手绘小镇、爱和小镇、三彩小镇等一批特色文旅小镇。全市从事旅游接待服务的乡村达382个，占全市乡村的13%，年营业收入超24亿元。伊滨倒盏村利用荒山沟域资源，打造了辐射豫西地区的民俗体验地。孟津卫坡村成为2019年中国农民丰收节河南主会场活动的承办地。

二是深化“旅游+工业”。依托工业资源和遗产，推出东方红工业旅游线路，规划建设涧西工业遗存文旅园区，利用老旧厂房改造建设现代时尚的天心文化产业创意园。洛阳市获得中国工业旅游产业发展联合体颁发的“中国工业旅游创新成果奖”。

三是深化“旅游+体育”。依托国家体育产业联系点城市建设，大力发展登山、攀岩、漂流、滑雪、拓展训练、野外露营等体育项目，培育发展“白云山杯”中国围棋棋圣战、奇境栾川迎新马拉松赛、孟津“黄河绿道”骑行赛、新安樱桃谷骑行邀请赛等县域特色赛事经济，发展体育旅游，拉动体育消费，提高洛阳影响力和知名度。四是深化“旅游+康养”。依托现有的原始森林、高山溪流、温泉等资源，积极发展旅游+康养新模式，打造了栾川陶湾康养小镇等众多生态康养项目。栾川县龙峪湾、重渡沟，洛宁县上戈镇，新安县石井镇，孟津县小浪底镇依托各自生态资源优势，积极创建省级森林特色小镇。全市国家级、省级森林康养基地达15个，总量位居全省首位。

小知识

什么是“旅游+”？

“旅游+”是指充分发挥旅游业的拉动力、融合能力以及催化、集成作用，大力发展旅游+农业、旅游+工业、旅游+交通、旅游+体育、旅游+卫生、旅游+健康、旅游+科技、旅游+航空等，为相关产业和领域发展提供旅游平台，插上“旅游”

翅膀，形成新业态，提升其发展水平和综合价值。①

（六）坚持需求导向、惠民利民，提升旅游服务品质

完善公共服务体系，提升城市的整体旅游功能和综合服务水平，让中外游客“远者来、近者悦”，加快实现由旅游城市向城市旅游、全域旅游转变。

一是持续优化旅游环境。坚持全景引客，完善“慢游”配套设施，建设城市“乐道”，建成投用伊水游园、兴洛湖公园、文博体育公园等众多城市游园，实现了“四季常绿、三季有花，开窗见绿、出门进园”。构建立体化的交通网络，实现市域主要旅游景点与干线路网无缝对接。实施旅游厕所革命，连续三年被评为全国旅游厕所革命先进市，累计新改扩建旅游公厕806座。

二是深入推进智慧旅游。实施智慧文旅提升行动，智慧旅游正从基础建设到大数据应用纵深发展。龙门石窟景区成为全国首家“互联网+智慧景区”的标杆。借助微信、微博、抖音、快手、腾讯、携程和旅游APP等平台，精准投放洛阳文旅信息。洛阳入选全国十佳智慧旅游城市、河南智慧旅游创新城市。

三是全面打造“书香洛阳”。巩固提升国家公共文化服务体系示范区创建成果，建成建筑面积3.2万平方米的洛阳市图书馆和1.2万平方米的少年儿童图书馆，累计建成投用城市书房204座，总建筑面积3.2万平方米，藏书106万余册，阅览座席9000余个，年接待读者904万人次，基本形成“15分钟阅读文化圈”。

四是完善文旅惠民举措。建设国家文化和旅游消费示范城市，实施牡丹文化节“旅游年票不受限、部分公园不收费、社会车辆不禁行、餐饮住宿控涨幅”等惠民政策，上线“享游洛阳”文旅消费平台，策划开展文化旅游惠民消费季、“快乐星期三”“乘高铁半价游洛阳”等活动，面向广大市民发行洛阳旅游年票70万余张，让旅游发展成果惠及更多群众，先后有100多个城市来洛学习年票经验。

五是加强宣传推广。联合豫晋陕三省11市成立“华夏文明之源城市文化旅游推广联盟”，增强联盟城市文化旅游的市场竞争力和影响力。举办“豫见快手·嗨在洛阳”河南（洛阳）快手网红文旅大会，借助“短视频+直播”的方式展示洛阳“颜值”与“气质”，洛阳相关话题在快手播放量超30亿次，网红洛阳脱颖而出。2020年央视中秋晚会成功在洛阳举办，9月份网民检索量同比增长8倍、环比增长235倍，近90天全国游客对洛阳的关注度增加了1780倍，洛阳进入全国热门旅游目的地城市前十名，洛邑古城名列国庆期间热门古镇榜单第一名。

三、案例地文旅融合成效

“十三五”期间，洛阳市积极构建文化传承创新体系，加强黄河文化保护传承弘扬，全

① 章婧洁.【全域旅游大词汇】旅游+[EB/OL]. http://dct.jiangxi.gov.cn/art/2017/7/7/art_14551_464461.html,2017-07-07.

面推进文化事业、文化产业和旅游业融合发展、高质量发展，着力打造“古今辉映、诗和远方”的国际文化旅游名城，取得明显成效。成功创建国家公共文化服务体系示范区、国家文化和旅游消费示范城市、全国休闲农业与乡村旅游示范市，入选国家级河洛文化生态保护实验区、2020 年度中国夜游名城，加入世界旅游联盟（图 10-1）。

图 10-1　河南卫视出品的《龙门金刚》

（一）保护传承、守正创新，文旅融合品牌更加响亮

强化历史文化的现代表达，充分挖掘展示丰厚历史文化资源，持续提升龙门石窟、白马寺、关林“老三篇”，着力打造隋唐洛阳城国家历史文化公园、二里头夏都遗址博物馆、东方博物馆之都“新三篇”，走出了一条遗址保护和旧城改造、文化和旅游有机融合、深度发展的路子。二里头夏都遗址博物馆展示“最早中国”，隋唐洛阳城国家历史文化公园勾勒盛唐气象，“东方博物馆之都”彰显厚重底蕴，石窟寺保护利用得到国务院领导肯定。全市现有各类博物馆、纪念馆 102 家，推出了 10 条博物馆旅游精品线路，年接待访客近 1000万人次。谋划建设隋唐大运河国家文化公园、黄河流域非遗保护展示中心、中国共产党治黄历史纪念馆等一批黄河洛阳段重大文旅项目，打造黄河历史文化主地标城市。加强黄河流域非物质文化遗产保护，开展河洛文化资源普查，实施“留住河洛乡愁”“非遗驻校”“非遗驻社区”计划，建成洛邑古城非遗园区，实现了“用园区涵养非遗，以非遗浸润园区”的非遗旅游融合发展目标，国家文旅部正式批复同意在洛阳市设立“国家级河洛文化生态保护实验区”。

（二）跨界融合、转型升级，文旅融合业态更加丰富

推动文化旅游与科技、工业、会展、农业等产业融合创新，催生更多新业态。运用大数据、5G、区块链等新技术，规划建设数字化景区，发展新一代沉浸式体验型文旅消费项目，龙门石窟景区成为全国“互联网+智慧景区”标杆。依托工业资源和遗产推出东方红工业旅游线路，规划建设涧西工业遗存文旅园区，利用老旧厂房改造建设现代时尚的天心文化产业创意园。上线“享游洛阳”文旅消费平台,第四届河洛文化大集线上销售额千万元。第三届中原国际文化旅游产业博览会现场交易金额达7160万元,同比增长15.5%;线上观展人数超1400万人次,下单金额280万元;线上线下共签约意向合同金额37.6亿元①。以优秀乡村文化引领乡村旅游,打造生态涵养、休闲观光、文化体验等多种功能相融合的乡村旅游新业态,培育了手绘小镇、爱和小镇、三彩小镇、重渡沟、倒盏村、魏家坡等一批特色文旅小镇。开展“双进双促双服务”活动,推动“洛阳礼物”进景区、进窗口单位,“农副产品”进“洛阳礼物”、进线上平台,实现文旅、农旅、商旅融合发展,助力脱贫攻坚和乡村振兴。

(三)挖掘特色、拓展载体,文旅融合产品更加多样

持续从供给侧发力,全力推动门票经济向产业经济转变。强化历史文化的现代表达,改造提升西工小街、龙门古街、广州市场步行街、关林步行街等特色文旅街区。“古都夜八点,相约洛阳城”系列消费活动,接待市民游客1600万人次,实现文化旅游收入60亿元。洛阳市入选2020年度中国夜游名城,成为全国十大热门旅游目的地城市。加强文创产品研发,与腾讯集团联合举办牡丹奖全球文化创意设计大赛,共征集文创作品1.8万多件,总曝光量超过5240万次。举办“豫见快手·嗨在洛阳”河南(洛阳)快手网红文旅大会,借助“短视频+直播”的方式展示自身“颜值”与“气质”,积极运用新媒体讲好洛阳故事,助力洛阳文旅产业发展,洛阳相关话题在快手播放量超30亿次,网红洛阳脱颖而出。评选39家研学旅行基地,打造“研学洛阳、读懂中国”研学旅行品牌。唱响文旅“四季歌”,围绕春季赏花踏青、夏季清凉山水、秋季河洛文化、冬季民俗非遗,策划推出系列特色文旅产品,激发文旅消费。洛阳市入选国家文化和旅游消费示范城市。

(四)创建引领、全面提升,文旅融合环境持续优化

以国家全域旅游示范区创建为带动,全方位提升旅游服务品质,实现由“旅游城市”向“城市旅游”转变。坚持全景引客,大力实施城市绿化、美化工程,持续推动城市游园建设,实现“四季常绿、三季有花,开窗见绿、出门进园”。围绕打造“书香洛阳”,建成开放204座城市书房。挖掘利用经典洛阳文化符号,因地制宜规划各城区建设风格,让古城古得经典、新区新得现代,塑造古今辉映城市风貌。实施智慧文旅提升行动,建成旅游咨询与投诉服务系统、旅游年票线上办理系统,4A及以上景区实现5G网络全覆盖。开通电视“文旅频道”,打造县委书记《晒文旅家底,游河洛大地》等一批精品栏目,推介展示经济社会文化发展成果,助力文旅融合创新发展。积极开展“线上黄河非物质文化遗产大展”“线上河洛书苑”“阅读不打烊 服务不停歇”“河洛欢歌·文化惠民”等线上文化服务,满足疫情期间群众的精神文化需求。栾川县、嵩县分别成功创建国家全域旅游示范区、省全域旅游示范区。

(五)扩大开放、深化交流,文旅融合影响大幅提升

以举办大型国际文旅活动为重点,强化河洛文化的国际表达,“两节一会一论坛”国际影响力持续提升,洛阳市成功加入世界旅游联盟,朋友圈不断扩大,“古今辉映、诗和远

---

① 河南日报网.第三届中原国际文化旅游产业博览会圆满落幕[EB/OL].https://www.henandaily.cn/content/2020/0915/254180.html

方”的城市名片更加靓丽。第38届中国洛阳牡丹文化节，新华社以法、德、意等40种语言向36个国家推出洛阳专题，用世界语言讲好中国故事、河南故事、洛阳故事，全球1085家媒体刊登转载，受众数亿人次。联合郑州、焦作、晋城、渭南、三门峡、济源、平顶山等豫晋陕三省11市成立了“华夏文明之源城市文化旅游推广联盟”，签署《华夏文明之源城市文化旅游推广联盟宣言》，举办“华夏文明之源城市文化旅游推广联盟”年会，发布了区域试点景区、酒店优惠政策，推出了黄河生态文化之旅、华夏文明寻根之旅、自然山水康养之旅等精品旅游线路并通过联盟微信、微博、官网等自媒体矩阵及联盟城市自媒体对外发布。与焦作市、济源示范区签署了《文化旅游融合发展战略合作协议》，建立起全方位的合作机制，济源5家景区加入洛阳旅游年票，洛阳旅游年票正式向济源市民发行，两地市民一卡在手、惠游两地45家景区。

四、展望未来

当前，正处于旅游消费需求爆发式增长时期，文化旅游发展呈现出需求多元化、供给品质化、业态多样化、发展全域化等新趋势新特征，推动文化旅游高质量发展正逢其时，潜力巨大。党的十九届五中全会明确了“十四五”时期文化建设的目标要求。提出了到2035年建成文化强国的远景目标，把文化旅游发展摆上了新的战略高度。这些，对文化旅游产业发展提出了新要求，也孕育了新机遇。

要准确把握文化旅游发展的新趋势新特征，以习近平新时代中国特色社会主义思想为指导，贯彻落实新发展理念，积极融入新发展格局，抢抓黄河流域生态保护和高质量发展国家战略，强化历史文化的现代表达、河洛文化的国际表达，加快建设洛阳文旅都市圈，建成国际文化旅游名城和国际人文交往中心，在推动文化繁荣兴盛上奋勇争先。

一是彰显河洛文化魅力。抓好五大都城遗址、涧西工业遗址街区等物质文化遗产和洛阳牡丹花会、河图洛书传说等非物质文化遗产系统保护工作，不断提升历史文化遗产展示利用水平，推动河洛文化研究与交流。

二是擦亮洛阳文旅品牌。加快建设黄河国家文化公园、隋唐大运河国家文化公园、隋唐洛阳城国家历史文化公园、“东方博物馆之都”、大谷关客家小镇，提升二里头国际影响力。

三是提升文旅产业能级。大力发展研学旅行、乡村旅游、工业旅游、康养旅游、红色旅游，打造精品演艺，丰富文旅业态，培育壮大市场主体。

四是提振文旅消费活力。持续提升“古都新生活，时尚洛阳城”“古都夜八点，相约洛阳城”活动，打造夜间消费品牌，激发文旅消费潜力。

五是持续发展全域旅游。实施旅游交通畅达工程、智慧旅游支撑工程、文旅服务提质工程，推动全域旅游创建全覆盖。

六是扩大开放交流。打造“两节一会一论坛”交流平台，建设洛阳文旅都市圈，强化与郑州、西安都市圈的文化旅游区域协作，加强与国内外旅游城市的互访交流，加快建设国际人文交往中心。

思考

1. 洛阳有哪些尚未挖掘的潜力？

2. 洛阳的夜游经济模式是否能应用到你的家乡？为什么？

3. 根据案例地文旅融合发展情况及主要做法，你有哪些更好地建议以加快推动该地文旅融合速度？

总结

十三朝古都洛阳文旅融合发展

- 坚持理念引领、规划先行，高标准做好顶层设计
  - ★深入挖掘特色文化旅游资源，抓实文旅融合重点项目，把城市文化与生态文明结合起来，把传统元素与时代气息融合起来，强化河洛文化的国际表达、传统文化的现代表达，推动旅游城市向城市旅游转变
  - ★出台《洛阳市创建全域旅游示范区实施方案》，积极创建国家全域旅游示范区，推动文化旅游业发展与城市总体规划、土地利用规划、生态建设规划等各级各类规划的精准对接，实现“多规合一”
- 坚持保护传承、守正创新，构建文化传承创新体系
  - ★实施大遗址保护展示工程
  - ★强化资源活化转化利用
  - ★塑造古今辉映城市风貌
- 坚持以节促游、厚植优势，带动文旅深度融合发展
  - ★打造知名节会品牌
  - ★繁荣发展夜游经济
  - ★加强对外交流合作
  - ★打造知名节会品牌
- 坚持开发带动、突出特色，打造山水生态旅游品牌
  - ★做优做强龙头景区
  - ★丰富完善产品业态
  - ★提质升级乡村旅游
- 坚持多点发力、融合创新，加快旅游业转型升级
  - ★以乡村旅游为抓手，推动旅游和农业深度融合
  - ★依托工业资源和遗产，推出东方红工业旅游线路
  - ★依托国家体育产业联系点城市建设，大力发展特色赛事经济
  - ★依托现有的原始森林、高山溪流、温泉等资源，积极发展旅游+康养新模式
- 坚持需求导向、惠民利民，提升旅游服务品质
  - ★持续优化旅游环境
  - ★深入推进智慧旅游
  - ★全面打造“书香洛阳”
  - ★完善文旅惠民举措

第十一章
守护黄河生态，擦亮黄河文化河南名片
——郑州黄河文化公园

导读

郑州黄河文化公园(原名郑州黄河风景名胜区)位于郑州市西北20千米处黄河之滨，这里是地上“悬河”的起点，也是黄河中下游的分界线。景区已建成炎黄二帝、五龙峰、岳山寺、大禹山、星海湖、地质博物馆、黄河碑林、黄河第一桥等几大景点，以及黄河索道、水陆两栖气垫船、万德福滑道等游乐设施，可以在这里近距离感受雄浑壮美的黄河风光，体验源远流长的黄河文化。

该景区通过深度挖掘丰厚的黄河文化资源，打造地标性建筑/形象，加强宣传等手段进行文旅融合。

引例

2020年9月15日，由中央网信办网络信息传播局联合沿黄九省区网信办组织开展的“中国梦黄河情——黄河流域生态保护和高质量发展”网络主题活动在郑州启动。

当日下午2点半许，采访团第二站走进郑州黄河文化公园，在临河广场观景平台，不仅能看到黄河安澜，平稳向下游流去，也可同时看到河道中自然生长的水生植物。同时，在广场向大河上游能看到黄河中下游分界线——桃花峪黄河公路大桥，下游能看到郑焦城际铁路桥和黄河上“万里黄河第一桥”遗址。

2019年9月17日，习近平总书记在郑州黄河国家地质公园凭栏远眺。9月18日，习近平总书记在郑州主持召开黄河流域生态保护和高质量发展座谈会，并发表重要讲话，豪情满怀地发出“让黄河成为造福人民的幸福河”的号召，同时，也直指黄河的种种近忧、隐患。总书记是在为新时代黄河流域生态保护和高质量发展，擘画崭新的宏伟蓝图。

据郑州黄河文化公园管理委员会党工委书记、管委会主任雒国栋介绍，2019年12月，郑州市黄河生态旅游风景区管理委员会正式更名为郑州黄河文化公园管理委员会，标志着黄河沿线生态保护治理和黄河文化主地标工程全面启动，郑州黄河文化公园的发展将步入新时代。

目前，全区投资1.3亿余元完成了郑州邙山水源地周边环境综合整治工程、基础设施(南入口)改造工程、大禹山基础设施改造和环境提升项目等，全区已绿化荒山 8000 余亩，森林覆盖率达 90% 以上。

下一步，郑州黄河文化公园管理委员会将进一步做好黄河文化公园起步区建设，加强生态保护，做好黄河文化研究、讲好黄河故事，推动文旅融合发展，为黄河流域生态保护和高质量发展核心示范区建设做出新的更大贡献。[1]

读了以上引例，您是否对案例地有所了解？让我们开始深入探寻郑州黄河文化公园文旅融合的发展历程及具体做法吧。

一、案例地概况

郑州黄河文化公园位于郑州市西北部，北临滔滔黄河，南依巍巍邙山，东临京广铁路，西望黄河中下游分界线桃花峪和著名楚汉争霸古战场。黄河文化公园是国家 4A 级旅游区、国家地质公园、国家级风景名胜区、国家水利风景区，是一座融观光旅游、科普教育、寻根问祖、弘扬华夏文明于一体的大型综合性景区。雄浑壮美的大河风光、源远流长的黄河文化、地上“悬河”和黄淮平原起点、黄土高原的终点、黄河中下游的分界线等一系列独特的地理特征造就了九曲黄河安澜壮阔、造福民族的壮阔图景，形成了别具一格的自然生态景观，也使之成为“中华民族之魂”——黄河之旅的龙头景区，被人民网、中国旅游报、凤凰卫视欧洲台等联合评为“影响世界的中国文化旅游名景”，被誉为万里黄河上一颗璀璨的明珠。

黄河文化公园现已开放景区面积 20 多平方千米，有五龙峰、岳山寺、大禹山、炎黄二帝塑像、星海湖等五大景区，分布着炎黄二帝巨塑、炎黄二帝巨塑广场、中华百位历史名人像、哺育像、大禹塑像、黄河碑林、万里黄河第一桥、毛泽东视察黄河纪念地、黄河国家地质博物馆、浮天阁、极目阁等 40 余处景点，绿化荒山 8000 余亩，森林覆盖率达 95% 以上，每年吸引上百万中外游客前来参观游览，是全球华人和国际友人寻根祭祖、观光旅游目的地，是青少年进行社会主义、爱国主义教育的基地。

一曲黄河谣，千载华夏情。黄河文化公园伴随着时代的步伐，不断前进。回望历史，黄河文化公园传承着黄河文明，诉说着黄河故事，见证着时代发展的历程。1952 年 10 月 31 日，毛泽东主席登上景区小顶山视察黄河，发出了“要把黄河的事情办好”的伟大号召。（图 11-1）

---

① 中国搜索.【中国梦 黄河情】郑州黄河文化公园发展步入新时代[EB/OL]. http://hn.chinaso.com/zz/detail/20200915/1000200033165321600158083633683667_1.html，2020-09-15.

图 11-1　毛主席视察黄河雕塑

1972 年,郑州黄河文化公园的前身——邙山黄河提灌站建成并投入使用,打通了郑州“水上生命线”,很大程度上解决郑州城市生活及农业灌溉用水需要,成为郑州城市的重要水源地,为郑州市经济和社会发展做出了突出贡献。邙山提灌站始终以“以水养山,以水养旅游”作为指导方针,开展大规模植树造林行动,根植黄河文化进行旅游景点开发建设。1981 年 4 月 22 日,经郑州市委、市政府批准,邙山提灌站更名为“郑州黄河游览区”,并成立郑州市黄河游览区管理处。1987 年正式核定为正县级事业单位。2011 年 3 月 17 日邙山黄河提灌站被列入郑州市第一批 32 处城乡优秀近现代建筑保护规划中心城区保护名录。建设提灌站时传承下来的艰苦奋斗、知难而上、勇于创新、乐于奉献的精神也被广为传颂。

进入 20 世纪以来,景区管委会紧紧围绕大黄河旅游品牌,深入挖掘文化资源。2002 年 7 月景区被评为“国家 4A 级旅游区”,10 月更名为郑州市黄河风景名胜区管理委员会。2009 年,郑州市委、市政府从塑造城市形象,大力发展生态文化旅游产业的角度出发,做出了打造郑州沿黄生态文化旅游产业带的发展战略。7 月,郑州市黄河风景名胜区管理委员会更名为郑州市黄河生态旅游风景区管委会。

2019 年 9 月 12 日,来自全国 56 个民族的 30 多个代表团、近万名运动员齐聚母亲河畔,在景区内进行民族大联欢,共同庆祝第十一届全国少数民族传统体育运动会这一民族盛会,展现出母亲河的强大凝聚力、中华民族的强大向心力。(图 11-2)

图 11-2　第十一届全国少数民族运动会民族大联欢

2019 年 9 月 17 日，习近平总书记来到景区的临河广场，查看周边环境，听取沿黄地区生态保护、水资源利用、堤防建设和防洪形势等情况。为贯彻落实习近平总书记在黄河流域生态保护和高质量发展座谈会上的重要讲话精神，加强黄河郑州段生态保护治理，保护传承黄河文化，经省委编办批准，2019 年 12 月 6 日郑州市黄河生态旅游风景区管理委员会正式更名为郑州黄河文化公园管理委员会，深入挖掘黄河文化蕴含的时代价值，讲好黄河故事，延续历史文脉，坚定文化自信，为实现中华民族伟大复兴的中国梦凝聚精神力量。

2020 年 1 月 24 日除夕之夜，景区作为央视春晚郑州分会场惊艳亮相央视春晚，向全世界传递“郑”声音，与世人共享黄河盛景，品味黄河文化。（图 11-3）

时光荏苒，从最初的负责郑州市市区的城市源水供应和沿线农业灌溉用水的“水源生命线”，到后来依托独特的地理位置和文化底蕴打造“文旅融合高地”，郑州黄河文化公园历经 50 余年开发和建设，在景区管委会努力下，立足资源禀赋，突出优势特长，不断大力弘扬黄河文化，珍视和谐共生的生态智慧，奋力汇就奋勇争先、共谋出彩的时代洪流，如黄河母亲河一样奔腾向前，擦亮黄河文化河南名片。（图 11-4）

图 11-3　2020 年春晚郑州分会场炎黄二帝巨塑

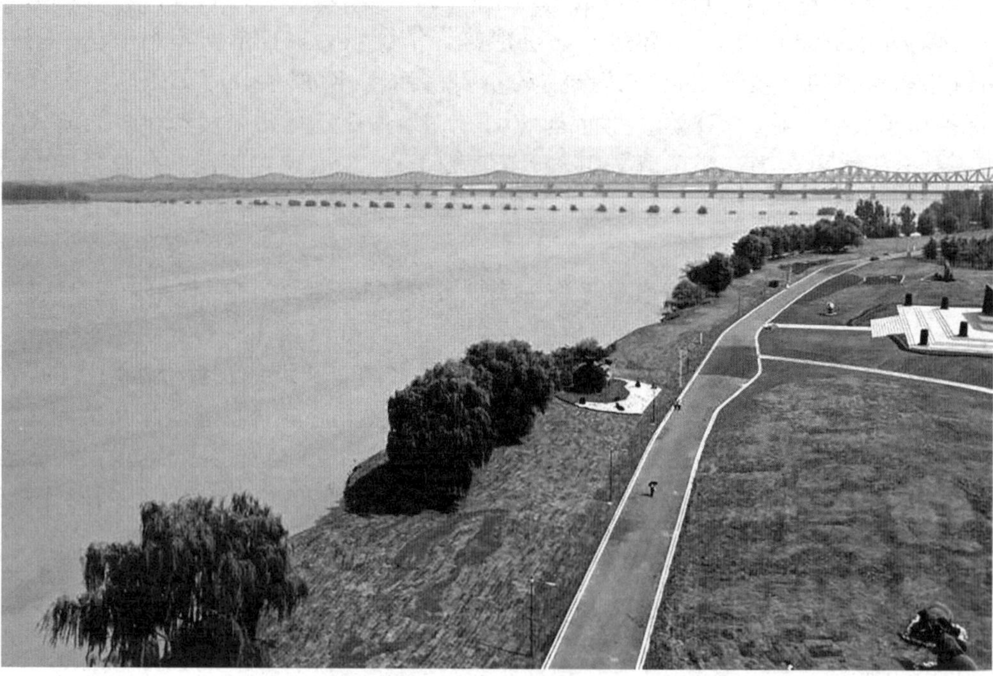

图 11-4　郑州黄河文化公园临河广场

二、案例地文旅融合主要做法

(一)积攒生态优势，持续做好旅游环境提升

1. 发扬艰苦奋斗精神，持续开展荒山绿化

从20世纪70年代开始，郑州邙山的开拓者们克服艰难险阻，开山修路，植树劳动，架管道，修水池，购苗木，在新开的层层台田上栽植松柏、大枣、核桃、石榴、椿树、榆树、杨树等适应山区生长的各种树木，取得了显著的效果。1977年始，全市每年开展邙山义务植树工作，至1993年提灌站周边18个山头全部披上了“绿装”。近些年来，园区人一直秉承“艰苦奋斗”的优良传统，经过五十余年几代人的艰苦创业，昔日的荒山秃岭终于换了新颜，目前栽植的各类树种达400余种，绿化荒山面积8000余亩，森林覆盖率达90%以上。

2. 加大投入，持续提升生态环境质量

管委会不断发力“质”和“量”，做好生态发展“加减法”。进入新世纪以来，园区管委会多方筹措资金近1.7亿元，加大投入擦亮生态底色，一大批生态项目成效显著。现已先后完成水源地综合整治工程，滩区综合整治提升工程，五龙峰、大禹山、南入口、玫瑰谷基础设施改造工程，地质遗迹保护工程等一系列提升改造项目，增加各类乔灌木50余万株，地被及绿地40余万平方，藤本类植物30余万棵，山体及滩区的环境焕然一新。绿浪滚滚，清流脉脉，“青山绿水”的整体景观效果不断呈现。在做好生态绿化“加法”的同时，积极做好“减法”，加大对污染环境和损害生态环境的各种设施的拆除力度，重点围绕水源地保护区的保护功能，将不符合规定和政策的各种游乐设施、休闲度假设施、餐饮设施等全部关停或拆除，为广大群众远眺黄河、亲近黄河、感受黄河营造更加优美舒心的游览环境。

3. 精心抓好日常管养，全面提升绿化美化水平

为不断满足人民群众对美好生活的向往，景区绿化美化水平持续提升，全面开启“美颜”模式，铺陈出一幅“一季彩叶，两季有果，三季有花，四季常绿”的美丽画卷。进入新世纪来，景区生态管理模式已从单一的山体植树造林、涵养水源、防治水土流失，向山体、平地及黄河滩区的全面绿化美化、防风固沙、建设生态“氧吧”转变；从一般的绿化栽植向精品园林构建转变。管委会园林所成立有专门的科研所加强对生态园林建设工作的研究和实验，并通过举办菊花展、盆景展等加强与兄弟单位的沟通与学习；成功引种各类花木460余种，其中包括橄榄、海石竹、秤锤树等30多种珍稀渐危国家重点保护植物。此外，为保护几十年的绿化成果，加强森林保护，先后两次投资近500万元安装了森林防火监控系统，进一步提升了管理管养的效率和科学化水平。另外，景区持续推进美化彩化建设，适时适宜适地引入多种彩色植物黄栌、火炬、美人梅、红叶李、栾树等，使森林披上了动人的彩衣，带给人们极美的视觉感受。

(二)加大项目投入，持续做好黄河文化传承弘扬

黄河文化是中华文化的重要组成部分，是中华民族的根和魂，也是灿烂的中华文明的发源和起源。自1981年成立黄河游览区管理处以来，一代代园区人不忘初心，肩负起黄河文化的挖掘、收集、整理和弘扬的使命。园区成立之初，在绿化的山头之上修建了具有古建风格的亭台楼阁，供广大市民群众登临邙山之巅远眺黄河；在五龙峰怀抱中修建黄河母亲“哺育”塑像，诠释黄河与华夏民族的血肉联系和母爱亲情，一度成为国内最知

名的景点之一。随着旅游业的不断发展,对黄河文化的不断挖掘,园区党工委、管委会先后投入资金2.3亿,修建了“炎黄二帝”巨型雕塑及广场(图11-5)、黄河碑林、百位历史名人雕塑、万里黄河第一桥遗址(图11-6)、毛主席视察黄河纪念地、黄河国家地质博物馆(图11-7)等,一个个富有文化内涵的景点、景观巧妙的掩映在山林和绿地之中,让人们可以尽情饱览生态本色、望见黄河风采的同时,又能感悟黄河精神、顿悟黄河文化,坚定文化自信,凝聚精神力量。

图11-5　炎黄二帝塑像

图11-6　万里黄河第一桥遗址

图 11-7　黄河国家地质博物馆

（三）完善制度培训，提升旅游服务质量

1. 强化体制机制，保持“满意度高”水平

景区根据市场需求制定完善的经营制度和服务体制，不断加强旅游从业人员培训，持续开展旅游服务质量督查和游客满意度调查，对旅游服务的薄弱环节进行彻底整改。通过系列培训和强化制度建设，景区队伍建设再上台阶，服务意识极大增强，服务质量不断提高，业务知识更加深入，景区整体工作水平稳步提升，游客满意度维持在 90% 以上。

2. 健全制度体系，持续打开发展新局面

景区根据国家最新的相关标准和景区各部门的岗位规范为主要参考（如《旅游景区质量等级评定与划分》及其《评定细则》《旅游厕所质量等级的划分与评定》及其《评分细则》等），扎实开展形式多样、内容丰富、具有较强操作性和实用性的《员工优质服务手册》《旅游服务工作手册》重新修订、印发学习活动，以训带练，强化底线思维，防范化解重大风险，提升职业素养，将服务理念和知识落实到实际工作中，不断提高综合素质和服务水平，为实现景区高质量跨越式发展做出应有的贡献。

3. 建立第三方监察机制，提高旅游从业人员服务质量和服务水平

景区不定期委托专业第三方以暗访形式到景区进行深度调查，按照《旅游景区质量等级评定与划分》及《评定细则》《员工优质服务手册》《旅游服务工作手册》等旅游标准和规章制度对景区服务质量、售检票、安全、游乐项目、旅游秩序、环境卫生、旅游厕所、购物环境、餐饮、住宿、旅游设施等项目进行测评并出具《测评报告》，根据报告向有关责任部门下达整改通知，用监督执纪的力度全力为游客提供一个更加安全、舒适、便捷的旅游环境。

4. 建立以游客满意度测评为基础的评价和激励机制

每年春节、清明节、端午节、中秋节、五一节、国庆节等节假日，积极开展游客满意度

调查,调查内容涉及游客年龄、职业、居住地、交通工具、服务、卫生、餐饮、厕所、游客设施等方面。通过常态化调查积极查遗补缺,完善提升,努力塑造良好的旅游形象。

(四)加强宣传引导,持续提升园区文化品牌

1.品牌活动异彩纷呈,黄河文化旅游品牌更加响亮

园区依托独特的地理位置,积极打造黄河文化旅游品牌。近年来,成功举办或承办了中央电视台"心连心"艺术团赴河南慰问演出、世界客属第18届恳亲大会"情系黄河"客家大联欢活动、"炎黄二帝"巨塑落成庆典、2007国际旅游小组冠军总决赛入城仪式、2008—2010年连续三届郑州炎黄文化周、CCTV 2013世界大力士中国争霸赛、炎黄儿女在黄河岸边万人齐唱歌曲保卫黄河、郑州炎黄国际马拉松赛、第十一届全国少数民族传统体育运动会民族大联欢、2020央视春晚郑州分会场等多场大型活动,深入挖掘黄河文明精神内核和时代价值,景区已成为海内外炎黄子孙寻根拜祖、旅游观光的圣地和中华民族的精神家园,是河南的重要的文化旅游品牌。

2.日常宣传稳步推进,激发消费成效显著

景区持续加大营销宣传力度,以项目建设、旅游产业转型升级实施项目为切入点,统筹做好传统媒体和新兴媒体宣传、软硬广告宣传,不断提升宣传效果;利用节庆、假日等时间节点,策划实施游客参与性强的营销活动,极大提升了景区品牌形象和社会知名度,吸引广大游客慕名而来,进而提高景区的旅游效益。

(1)全媒体宣传,多渠道推进。拓宽传播渠道,现已形成中央级新闻媒体报道、省级新闻媒体报道、市级新闻媒体报道、自媒体的合作、网络新媒体一体化宣传工作体系,充分利用各大媒体平台推送形式多样的景区新闻软文,精准投放旅游信息,提高曝光量及阅读量。

(2)投放宣传广告,提高网络关注度。传统媒体和新媒体两手投放,多措并举提高曝光量。

(3)开展宣传促销活动,吸引游客互动参与。景区每年都会策划参与性和互动性较强的营销活动。

(五)营销推广紧密联系市场,做好市场与景区的衔接工作

景区积极开展内接外联,广交朋友,做好本地旅行社、新闻媒体和景区之间的衔接工作。利用大数据分析,有针对性选择合作对象达成战略同盟,达成长期友好合作关系。针对旅行社制定灵活的、最优惠的门票销售政策和返点政策,为深化旅游合作夯实基础。同时重视旅行社意见回访表的收集,及时发现问题、解决问题,保证双方长期稳定开展合作,特别是保障淡季游客量的稳定。除此之外,景区依托独有的文化旅游优势,与各大事业单位建立联系,开展旅游团体业务的推广工作。

三、案例地文旅融合成效

(一)领导层分包任务、明确责任、加强管理提升文明氛围

党的十八大以来,精神文明建设工作深入贯彻落实习近平总书记系列重要讲话精神和治国理政新理念新思想新战略,以培育和践行社会主义核心价值观为根本,引导推动全社会树立文明观念、争当文明公民、展示文明形象。黄河文化公园作为靓丽的城市窗

口名片，在营造良好区域环境和文明氛围提升方面内化于心、外化于行，让人民群众拥有更多的获得感和满足感。

景区管委会分包任务，明确责任，加强管理。一是牢牢把握问题导向、目标导向、结果导向，对照整治任务清单实行管委会班子成员分包制，重点突出厕所整治、环境卫生等方面。二是进一步划清责任边界，制定精细化管理的标准和规范。通过重点突破、精准发力，尽快将问题整治落实到位，并形成常态化管理机制。三是加大工作力度，提升工作质量。各窗口部门、单位要优化服务、管理质量，确保工作质量达到考核标准；各承办部门、单位要按时完成领导交办整治事项，确保硬件条件满足考核要求；各项目部要对照文明施工要求，强化对施工队伍的管理，保证文明施工。

景区加强日常考核，推进考核常态化、长效化。景区充分运用平时考核评鉴，对执行力度不够、工作质量不高、接受上级检查不合格（即考核评鉴为“一般”或“差”）的单位和个人，进行扣罚绩效工资等处罚。及时通报工作推进情况、表扬先进典型、曝光落实不力问题，通过集中整治，实现景区整体环境和文明氛围提升，为建设国家中心城市贡献力量。

景区扎实开展精神文明建设相关主题实践活动，更好地提升干群素质和景区文明程度。黄河文化公园始终将传播文明和谐健康安全的旅游风尚和放大正能量为己任，随处可见志愿者们身穿红马甲，在居民区、街头、商铺门口等地方向市民发放《郑州市文明行为促进条例》宣传页，为市民讲解文明市民公约、宣传文明健康行为常识等活动，呼吁市民养成良好的健康生活习惯，提高个人文明素养。志愿者们在路口对市民进行文明行为引导、不文明行为规劝，倡导文明礼让之风。除此之外，还定期组织员工开展捡拾垃圾保护生态环境、低碳出行环保健步走等主题活动，以实际行动带动游客和商户践行文明理念，文明游览，呵护生态环境，共同保护生态家园。系列主题活动的开展，不仅进一步加深了市民对《郑州市文明行为促进条例》的认识，同时对市民文明素养的养成起到进一步的促进作用，也为助推郑州文明城市创建做出积极贡献。

（二）营销活动注重文旅融合，主推精神文明建设

一个个传统节日成为传承优秀文化、加强公民思想道德建设的重要载体。春节之喜庆、端午之追忆、七夕之忠贞、中秋之团圆、重阳之敬老……景区在各个传统节日来临之际，开展“我们的节日”主题活动，让传统节日成为爱国节、文化节、道德节、情感节、仁爱节，不仅吸引了游客，增加了经济效益，还使其成为建设精神文明、弘扬社会主义核心价值观的有效途径。

郑州黄河文化公园不断传承着黄河文化、炎黄文化的同时，也注重弘扬中国传统文化。2017 年、2018 年，景区连续两年成功举办风筝节，吸引广大游客慕名前来，人们在百花中尽览传统风筝文化的魅力，取得了良好的社会效益；每年五月份的第二个周日是“母亲节”，景区通过举办浓情特色活动献礼“母亲节”，培养亲子关系，增强人们的亲情意识；每年农历五月初五的端午节，景区举办端午欢乐季特色主题活动，中国传统文化的斗草，开笔礼，投壶，浑水摸鱼等创意文化项目，为游客带来别具一格的端午假期体验。

承续文脉，顺势而为，乘势而上，在落实习近平总书记关于黄河保护治理重要指示的基础上，黄河文化公园在积极讲好黄河故事，展示黄河文化的独特魅力的同时，深化推进景区精神文明建设。景区从 2014 年起连续被评为省级文明风景区，在全国文明城市建设中发挥了应有的作用。漫步景区，步步是风景，处处有文明，秀丽风光与文明风尚交相辉映，是不可多得的集文明文化、生态休闲于一体的文明建设共同体，丰富文化内涵，讲好黄河故事，提升城市品质，充分展示“景美、人美、生活美”的新时代景区新风貌。

四、展望未来

黄河文化是中华文明的重要组成部分，是中华民族的根和魂。习近平总书记在黄河流域生态保护和高质量发展座谈会上的重要讲话，深刻阐明了黄河文化的丰富内涵，为景区保护、传承、弘扬黄河文化提供了重要遵循。

作为“中华民族之魂”——黄河之旅的龙头景区，当前及今后一个时期，郑州黄河文化公园将继续抢抓黄河流域生态保护和高质量发展的重大机遇，全面深化文化传承创新体系，坚持生态保护为先、确保黄河安澜为底、统筹治理为要、传承文化为魂、高质量发展为本，把黄河文化公园建成水清岸绿景美惠民的生态幸福乐园、传承历史文化脉络的地标典范，着力打造黄河流域文旅融合发展增长极。

（一）继续坚持生态优先，绿色发展之路

郑州黄河文化公园始终落实黄河流域生态保护和高质量发展战略，牢记生态保护是前提、要先行，继续坚持因地制宜、分类施策原则，推动黄河文化公园绿色发展，高标准打造沿黄生态保护示范区，走绿色、生态、可持续的高质量发展之路。下一步，将继续大力开展国土绿化、荒山造林和水土流失治理工作，着力建设及维护园区内黄河生态涵养区。按照节约优先、保护优先、自然恢复为主的方针，坚持综合治理、系统治理、源头治理，形成堤内绿网、堤外绿廊、城市绿芯的“山水河林路”一体区域生态格局，筑牢生态安全屏障。同时加大对郑州黄河文化公园重要节点美化亮化提升工程，打造“点睛之笔”生态打卡地，进一步提升“颜值”和品味，将园区打造成为名列前茅的黄河自然风光休闲体验区，成为市民游客微旅游休闲度假生态首选地。

（二）注重文化引领，彰显时代价值

2019 年 9 月，习近平总书记在郑州主持召开黄河流域生态保护和高质量发展座谈会，把黄河文化的生态保护和高质量发展上升为国家重大战略，为黄河流域发展指明了目标和方向。2020 年 8 月，中共中央政治局会议审议通过《黄河流域生态保护和高质量发展规划纲要》，赋予黄河流域“中华文化保护传承弘扬的重要承载区”战略定位，明确提出要开展黄河文化传承创新工程。河南在弘扬黄河文化、促进黄河流域高质量发展方面承担着责无旁贷的作用。郑州更是按照“华夏之根、黄河之魂、天地之中、文明之源”主地标城市战略积极布局，加快建设黄河文化带，高水平规划建设黄河流域国际旅游门户。

郑州黄河文化公园紧紧抓住时代机遇，在郑州黄河历史文化主地标的建设中，全面提升文旅发展品质，发挥自身优势，理清最具特色黄河文化元素，找准突破口、集中“火力”突围，形成记忆点，提升辨识度，强化品牌影响力。另外，进一步加大黄河历史文化与其他业态的融合，深挖黄河故事，创新旅游体验，打造更多的文化“打卡地”。通过不断策划以黄河文化为主线、趋合消费者心理需求的大型品牌活动，并以主题系列活动为串联，打造独具特色的精品旅游路线，赋予黄河文化新的表达，从而不断提升黄河文化公园的品牌吸引力、辐射力和影响力。

（三）全产业链融合，加速景区多元化发展

规划引领，项目带动。处理好郑州黄河文化公园规划结构问题，明确边界范围。克服“弱点”，打造“亮点”，形成“爆点”。黄河文化公园将积极实行景区的服务内容升级，将新型旅游产业链看成一个整体，在满足消费者需求的同时完成产业链增值。

一是特色产品微创新，让二次消费更出彩。提炼景区及周边区域特色，丰富旅游业态，进一步提升景区的硬条件和软服务，提高“留客”能力。加快建设及完善智慧旅游体系，将大数据、物联网等高新技术嵌入旅游产业链中，增强游客互动服务体验。

二是推出一批人民群众看得见、摸得着的黄河文化创意产品。以 IP 构建为核心的文化生产方式，用现代科技和文化创意，展现景区内涵与价值，打造具有广泛影响力的景区文化符号。

三是挖掘夜间经济潜能，持续丰富景区产品体系。逐步完善景区食、购、行、游、购、娱六要素，增链、补链、壮链、强链，打造夜间文化和旅游消费集聚区，成为更具竞争力的慢生活、微度假理想目的地。

郑州黄河文化公园将以扎扎实实的举措推动“黄河战略”落地见效，“唱响”新时代的“黄河大合唱”，共绘“黄河生态美和文化美”的壮丽画卷。

思考

1. 挖掘黄河文化的意义是什么？

2. 沿黄河各省市均在打造黄河文化，河南如何才能展现自身的优势？

3. 根据案例地文旅融合发展情况及主要做法，你有哪些更好地建议以加快推动该地文旅融合速度？

总结

郑州黄河文化公园文旅融合发展

- 积攒生态优势，持续做好旅游环境提升
  - ★发扬艰苦奋斗精神，持续开展荒山绿化
  - ★加大投入，持续提升生态环境质量
  - ★精心抓好日常管养，全面提升绿化美化水平
  - ★加大投入，持续提升生态环境质量
- 加大项目投入，持续做好黄河文化传承弘扬
  - ★用富有黄河文化内涵的景点让人们感悟黄河精神、顿悟黄河文化，坚定文化自信，凝聚精神力量
- 完善制度培训，提升旅游服务质量
  - ★强化体制机制，保持“满意度高”水平
  - ★健全制度体系，持续打开发展新局面
  - ★建立第三方监察机制，提高旅游从业人员服务质量和服务水平
  - ★建立以游客满意度测评为基础的评价和激励机制
- 加强宣传引导，持续提升园区文化品牌
  - ★品牌活动异彩纷呈，黄河文化旅游品牌更加响亮
  - ★日常宣传稳步推进，激发消费成效显著
- 坚持多点发力、融合创新，加快旅游业转型升级
  - ★积极开展内接外联，广交朋友，做好本地旅行社、新闻媒体和景区之间的衔接工作
  - ★利用大数据分析，有针对性选择合作对象达成战略同盟，达成长期友好合作关系
  - ★针对旅行社制定灵活的、最优惠的门票销售政策和返点政策，为深化旅游合作夯实基础
  - ★重视旅行社意见回访表的收集，及时发现问题、解决问题，保证双方长期稳定开展合作，特别是保障淡季游客量的稳定

第十二章
全国研学旅行示范基地
——人工天河红旗渠

导读

红旗渠在安阳以西50多千米的林州林虑山中，地势险峻，工程宏伟。它不仅是造福人民的水利工程，也为林虑山自然风光增添了一大胜景。20世纪70年代初，红旗渠工程竣工后，周恩来总理自豪地告诉国际友人："新中国有两个奇迹，一个是南京长江大桥，一个是林县红旗渠"。

红旗渠景区，主要以艰苦创业的红旗渠精神，以及太行山集华山之险、峨眉之雄、三峡之奇、黄山之秀为一体的自然风光而开发建设的风景名胜区，现在以妖娆多姿的风采，向世人展示其独具的特色和巨大的魅力。

该景区通过建设研学基地，开发研学课程，打造研学路线等手段推动文旅融合。

引例

安阳市研学旅游资源丰富。目前，共拥有国家和省级研学基地6家，其中，国家级4家，分别是林州红旗渠、中国文字博物馆、殷墟、岳飞纪念馆；省级2家，分别是羑里城、马氏庄园。

近年来，安阳市编制发行国内第一本《研学游手册》，推出了红旗渠"十个一"主题课堂，开设甲骨文里的那些人、从神话到现实等系列研学课程，邀请央视科教频道来安拍摄《跟着书本去旅行》系列节目，举办河南省首届研学旅行大会，多举措、全方位扩大安阳研学影响力和美誉度。

下一步，安阳将依托红旗渠研学基地，投资6亿元规划建设红旗渠研学营地，建成后接待能力会大幅提升。打造研学品牌，打造红色研学线路；以中国文字博物馆、殷墟为重点，打造文字研学线路；以殷墟、安阳古城、中国文字博物馆等为重点，打造古都研学线路；依托林州市西部丰富的山水资源，加快推进石板岩国际写生小镇建设，打造"中国画谷"。①

① 河南新闻广播. 打造文旅融合"金名片"，安阳这么干！[EB/OL]. https://www.163.com/dy/article/FUG0PL8C051496JG.html，2020-12-22.

读了以上引例，您是否对案例地有所了解？那么我们就开始深入探寻红旗渠文旅融合的发展历程及具体做法吧。

一、案例地概况

20世纪60年代，为改变林州（原林县）干旱缺水的恶劣生存环境，十万开山者历时十年，削平山头1250座，开凿隧洞211个，架设渡槽152座，修筑了全长1500千米的人工天河——红旗渠，犹如一条蓝色飘带缠绕在“北雄风光最胜处”的太行山上。十年筑渠，孕育形成了“自力更生、艰苦创业、团结协作、无私奉献”的红旗渠精神，见证了红旗渠儿女“战太行、出太行、富太行、美太行、福太行”的发展历程。周恩来总理曾自豪地向国际友人介绍红旗渠：“新中国有两大奇迹，一个是南京长江大桥，一个是林县红旗渠”①。

红旗渠风景区成立于1990年，位于豫、晋、冀三省交界处的林州市境内，地理位置优越，自然风光奇险秀丽、人文景观底蕴丰富，是人文与山水完美结合的典范。

景区由红旗渠纪念馆和青年洞组成，红旗渠纪念馆（图12-1）是一座集收藏、研究、展示、传承红旗渠精神和全面反映红旗渠建设历史的专题纪念馆，红旗渠青年洞（图12-2）位于风景如画的太行山腰，修筑于峭壁之上，飘荡于云雾之间，是红旗渠水工修筑和自然景观结合最为精妙的地段，也是红旗渠建设最艰巨的地段，是红旗渠艰苦奋斗精神的实景体验场所。历年来，红旗渠先后荣获国家重点风景名胜区、国家重点文物保护单位、国家水利风景区、全国红色旅游经典景区、国家5A级景区等多项国家级荣誉称号，累计接待游客1000余万人次。

图12-1　红旗渠纪念馆

① 中国共产党新闻网。

图 12-2　红旗渠青年洞

红旗渠作为国内外游客了解新中国成立后中国人民自力更生、奋发图强、建设祖国的一个窗口，长期以来，受到党和国家领导人的高度关注，多位党和国家领导人先后莅临红旗渠视察指导。2011 年 3 月 7 日，习近平总书记在参加第十一届全国人大四次会议河南代表团审议时指出：愚公移山精神、焦裕禄精神、红旗渠精神，这些革命创业精神是党性和宗旨的集中表现，历久弥新，永远不会过时。2019 年 9 月，习近平总书记在视察河南时指出，鄂豫皖苏区根据地是党的重要建党基地，焦裕禄精神、红旗渠精神、大别山精神等都是党的宝贵精神财富。

红旗渠研学由来已久，自红旗渠修建以来，一直在研学路上探索、创新、发展，在红旗渠精神挖掘、修渠历史活化、红色基因传承等方面不断努力。1996 年被国家六部委联合命名为首批“全国中小学爱国主义教育基地”，1997 年被中宣部命名为“全国爱国主义教育示范基地”，2002 年入选人民教育出版社出版的全国小学语文教材，2016 年被国家旅游局命名为“全国研学旅游示范基地”，2017 年入选“全国中小学实践教育基地”，同年，红旗渠被写进教育部审定的八年级历史教科书，2019 年入选“国家水情教育基地”。2019 年，红旗渠接待来自北京、上海、安徽、新疆、四川、内蒙古等 12 个省市研学学生 20 余万人次，同比增长 179%。

二、案例地文旅融合主要做法

文旅融合中有个较为生动的比喻，将“诗”比喻为文化，将“远方”比喻成旅游。诗与远方，可称为文化与旅游的有机结合。研学旅行，“旅游+教育”，作为文旅融合的一种新型模式，可谓是充分体现出“诗”与“远方”的融合性质。河南省依托红旗渠旅游资源，现已建立起全国首个研学示范基地，开发出完整的研学体系，本文以红旗渠精神营地为案例进行文旅融合发展进程分析。

(一)率先编制研学规划

研学旅行作为“素质教育”的有效途径,党和国家高度重视。2014 年出台《国务院关于促进旅游业改革发展的若干意见》,明确做出“积极开展研学旅行”“纳入中小学日常德育、美育、体育教育范畴”的重点部署。2016 年,教育部、原国家旅游局等 15 部门联合印发《关于推进中小学生研学旅行的意见》,将研学旅行纳入中小学教育教学计划,研学旅行从“局部试点”探索进入“全面实施”阶段。以 2016 年河南省安阳市入选国家旅游局首批“中国研学旅游目的地”和红旗渠入选首批“全国研学旅游示范基地”为契机,红旗渠依托独有的石工建筑、精神价值和太行山水景观等资源优势,结合素质教育的规划要求,针对全国中小学生,致力打造中国青少年红旗渠研学之旅精品研学旅行项目。根据研学旅行发展原则,结合红旗渠研学旅行总体定位、功能定位与资源特色,编制《红旗渠研学旅行项目总体规划》,率先通过教育、旅游、北京大学等各领域专家学者最终评审,确定红旗渠研学旅行“一心、两带、四区”的空间布局,即红旗渠研学旅行综合服务与展示中心,红旗渠研学旅行发展带、研学旅行拓展带,风水苑红色教育及水利科普区、青年洞艰苦奋斗体验区、太行山地质地貌教育区、渠源水情教育科普区。以《国家中长期教育改革和发展规划纲要》《基础教育课程改革纲要》等为指导方针,开发了《红旗渠研学课程学生手册》《红旗渠研学课程教师手册》小学版、初中版和高中版教材,出版了《研学旅行理论与实践》《全国中小学生研学旅行安全手册》,完善了红旗渠研学理论教学体系。

(二)系统开发研学课程

为贯彻落实习近平总书记所提出的“培养什么人、怎样培养人、为谁培养人”和“把红色资源利用好、把红色传统发扬好、把红色基因传承好”的问题,2018 年,成立红旗渠研学培训中心成立,旨在促进旅游与研学深度结合,创新多元化的旅游发展模式。根据教育部印发的《中小学综合实践活动客场指导纲要》,突出“特色性、时代性、参与性”要求,系统打造了以红旗渠精神及其当代传承为主线的研学课程。

(1)课程开发全覆盖。针对小学、初中、高中各阶段学生,开发以探索与发现为主的小学课程“筑梦少年”,以体验与感悟为主的初中课程“烈火青春”,以感悟与传承为主的高中课程“血脉传承”。

(2)理论教学三讲堂。为青少年量身打造红色讲堂、廉政讲堂、劳模讲堂“三大讲堂”,通过讲课培训、音像教学、理论教学、劳模面对面深刻领悟红旗渠精神的内涵和意义。

(3)实践教学“十个一”。开发当一次红旗渠讲解员、看一次红旗渠电影、走一次红旗渠、推一把独轮车(图 12-3)、抡一回开山锤、抬一次太行石、吃一次民工餐、看一场凌空除险表演、学唱一首红旗渠歌曲、开一次红旗渠主题班会等红旗渠研学“十个一”主题课程。

红旗渠研学课程以立德树人为根本任务,坚持理论与实践结合、深刻与丰富同具、精神与现代共融,注重素质教育“德、智、体、美、劳”五育并举、五育融合。课堂内,听“红旗渠精神讲座”、观《红旗渠》纪录片、唱“红旗渠歌曲”、谈学习体会。课堂外,走“红飘带”、抬“太行石”、打“开山锤”、推“民工车”、吃“民工饭”。走进太行山,看“经典红色工程”,

走进红旗渠纪念馆、青年洞,与修渠劳模对话。课堂内外结合,深刻感悟红旗渠精神①的时代内涵,促进学生培育和践行社会主义核心价值观,推动素质教育全面实施。

图 12-3　推一把独轮车

小知识

什么是红旗渠精神?

红旗渠精神的内涵是"自力更生、艰苦创业、团结协作、无私奉献",是在修建红旗渠的过程中形成的。红旗渠动工于1960年,勤劳勇敢的30万林州人民,苦战10个春秋,仅仅靠着一锤,一铲,两只手,在太行山悬崖峭壁上修成了这全长1500千米的红旗渠。

(三)精心打造研学线路

红旗渠研学,寓教于游、寓教于乐,让红旗渠故事成为可以穿越的历史、可以透视的文化,打破了传统的"唯课堂"教育模式,拓展了学生的素质教育空间。以传承红旗渠精

① 周燕.开凿红旗渠 毛泽东给林县人吃了"定心丸"[EB/OL].http://cpc.people.com.cn/GB/64162/64172/85037/85038/6596109.html,2015-06-03.

神为核心，整合周边研学资源集群发展，打造了五个精品主题研学线路。

（1）“红”——红旗渠纪念馆+青年洞。“游历人工天河 做新时代好少年”爱国主义线路。

（2）“红+红”——红旗渠+马氏庄园+129 师。“感悟时代精神 传承红色基因”经典红色线路。

（3）“红+绿”——红旗渠+太行大峡谷+林虑山滑翔基地。“追寻红色足迹 探秘绿色太行”科普教育线路。

（4）“红+文”——红旗渠+文字博物馆+殷墟+岳飞庙·羑里城。“红色基因润梦想 文化精神励少年”历史文化线路。

（5）“红动太行”——红旗渠+沿黄河基地、营地。“感悟太行精神 弘扬黄河文化”线路。

（四）持续开展研学活动

全国研学迅猛发展，红旗渠不断加大研学营销力度，创新宣传渠道，传统纸媒和自媒体相结合、线上线下相结合，2017 年创办《红旗渠月刊》，累计发行 42 期，每期设红旗渠研学专栏。同时通过研学进校园、研学论坛、研学直播、研学助贫、研学培训等活动，推动红旗渠研学向专业化、标准化、多样化、示范化发展。

（1）研学进校园。开展“红旗渠精神进校园”系列活动（图 12-4），走进 55 所中小学校，宣讲红旗渠精神、红旗渠故事，传承红色基因，捐赠研学书籍 5600 本，研学材料包 5051 套。2020 年荣获由中国旅行社协会、高校毕业生就业协会、全国研学旅行指导师认定委员会颁发的“全国研学旅行基地（营地）”。

图 12-4　红旗渠精神进校园

(2)研学论坛。每年定期举办研学活动论坛,2017 年 5 月 26 日红旗渠与中国研学旅行联盟筹委会联合召开“中国研学旅行联盟成立大会暨红旗渠研学旅行论坛”,形成了“中国研学旅行从红旗渠走来”的共识。2018 年“第二届中国研学旅行大会暨红旗渠研学旅行论坛”,2019 年“安阳市中小学生研学主题培训论坛”,2020 年“河南省红色研学座谈会”均在红旗渠畔召开,研学圣地红旗渠影响力不断提升。

(3)研学直播。依托搜狐、网易、凤凰网、沃视频、央视网等客户端,开展“红旗渠网上研学路”“云游”天河别样红”“一渠绕群山　红旗渠精神动天下”等研学直播活动 20 余场,浏览量达 2000 万人次。

(4)研学助贫。开展“红旗渠精神走进贫困学校”活动,走进 7 所贫困学校,累计受益学生 1000 余人。2020 年 10 月红旗渠研学走进云南省广南县中小学校(图 12-5),12 月走进河南省濮阳市渠村乡贫困地区学校,助力脱贫攻坚。2020 年,分五批接待 350 余名建档立卡贫困学生走进红旗渠开展研学活动。

图 12-5　红旗渠精神走进广南县第三小学

(5)研学培训。开设小小讲解员培训班,组织小小讲解员进景区(图 12-6),培养 100 余名优秀“小小讲解员”,形成红旗渠研学新标识。

(五)创新“研学+”新模式

(1)“研学+实训”。建设红旗渠实训基地,通过推民工车、抬太行石、打开山锤等户外拓展项目,磨炼顽强意志,增强团队凝聚力,激发团队间相互协作和勇于拼搏的精神,深化研学内涵和实效。

(2)“研学+演出”。建设红旗渠情景表演基地,打造《凌空除险》《铁姑娘打钎》(图 12-7)等精品实景剧目,让中小学生现场感悟缺水、盼水、引水、通水的修渠场景,通过情景教学缅怀先辈的感人故事,增强沉浸式学习体验。

图 12-6　红旗渠小小讲解员

图 12-7　《铁姑娘打钎》

(3)“研学+VR”。建设“红旗渠精神”VR 体验馆,借力高新科技,开发 VR 场景还原(图 12-8),真实再现 20 世纪 60 年代红旗渠修建历程,丰富研学体验,砥砺奋斗精神。

(4)“研学+田园”。打造红旗渠劳动实践教育基地,开发劳动实践教育课程,弘扬劳动精神,注重手脑并用,激发创新创造,实现红色文化与劳动教育融合,通过农耕体验,走进自然，认识植物，加强大中小学生劳动教育。

图 12-8 “红旗渠精神”VR 体验教学

(5)“研学+文创”。创新文旅资源利用，做好红旗渠活化，结合中小学生日常学习用品，实用性与精神弘扬并重，开发《趣红旗》《红旗力量》《红旗岁月》等特色研学文创产品。

三、案例地文旅融合成效

贯彻落实习近平总书记视察黄河时的重要讲话精神和关于文化、教育、旅游、体育融合发展的重要指示精神，全面落实省、市文化旅游大会部署要求，开展国家级研学基地、国家级研学营地、国家级劳动教育基地共创、共建，促进文旅产业转型升级、文化旅游融合发展，使红旗渠成为全国劳动教育、写生、体育旅游的“大本营”，校外实践教育的“核心区”，港澳台国际游学的“主阵地”和国际营地教育主要“目的地”。

(一)已搭建研学和劳动教育体系及其配套项目建设

围绕创建国际性、国家级研学和劳动教育营地目标，依托林州全域旅游发展基础，高标准建设“一营一谷一公园”，即以红旗渠精神营地、太行精神营地为主体的研学和劳动教育营地项目，以石板岩写生基地综合提升为主体的“中国画谷”项目，以红旗渠建设者为主体的“最美奋斗者”文化公园项目，积极探索全域的“文教旅体+研游修劳+写生采风”的新业态和新模式。同步推进研学道路交通、绿化亮化、服务平台等配套建设。

(二)建立健全“文教旅体”一体化运营服务体系

(1)完善标准体系建设。坚持标准先行、标准引领、标准支撑，推进研学和劳动教育的营地建设、管理、课程、线路、队伍、评价、服务、安全等“八个标准化”建设，建立管理规范、责任清晰、多元筹资、保障安全的研学工作机制，形成大中小学生广泛参与、活动品质持续提升、组织管理规范有序、基础条件保障有力、安全责任落实到位、文化氛围健康向上的研学发展体系，占据全国研学制高点。

(2)优化课程线路开发。整合周边省市文化研学旅游资源，落实立德树人根本任务，开发一批以红旗渠精神为核心的、具有林州“红、绿、蓝”文化特色的标准化研学和劳动教育课程，形成覆盖大中小学全学段，涵盖村土乡情、县情市情、省情国情，包含思政教育、国情教育、安全教育、革命传统教育、优秀传统文化教育、自然生态教育、国防科工教育、劳动实践教育等主题的研学课程线路体系。

(3)加快师资队伍筹备。成立红旗渠劳动教育学院，培养“教育+旅游”复合型人才，打造一支志在研学、专业过硬、结构合理的标准化研学导师队伍。建立师资交流共享机制，提高红旗渠研学在课程开发、组织管理、后勤保障及安全管理等方面的专业性和先进性。

(4)健全营地运营管理。完善运营服务体系，构建“营地+(学校+行管部门+家委会+培训机构)”“1+4”研学管理服务体系。打造数字体验体系，建设数字红旗渠，通过数字技术展示红旗渠建设、精神传承、壮美太行，活化文物利用。深化智慧管控体系，结合安全、运营、服务、教育、实践，开发智慧研学系统，实现研学实践教育智慧管控。

(三)聚焦创新研学品牌创建、市场开发、供给改革

(1)壮大市场主体。发挥文旅企业龙头作用，拓展融资渠道，打造“中国画谷”，创建国家级研学营地和国家级劳动教育实验区，进行红旗渠精神营地、太行精神营地、“最美奋斗者”文化公园建设工作，推进红旗渠青年洞景区提升项目、红旗渠纪念馆项目、红旗渠指挥部旧址保护项目、林州市露水河综合整治 PPP 项目、太行屋脊景区提升项目建设，完善研学旅行配套设施，丰富研学实践教育课程和线路。依托林州“三大”精神和“红、绿、蓝”三色资源，壮大研学市场主体，内联外通，整合周边研学资源，促进文旅产业转型升级，文化旅游融合发展。

(2)强化市场开拓。加大研学营销宣传资金投入，创新新媒体、自媒体、线上线下等宣传渠道，开展研学和红旗渠劳动教育进校园、研学直播活动，定期举办省级、国家级研学活动论坛，加强交流合作，推动研学旅行专业化、标准化、多样化、示范化发展，提高红旗渠研学影响力、号召力。

(3)丰富市场供给。以市场为导向，打造以红旗渠精神为核心的乡村旅游、农业研学、写生采风、运动健康等多领域研学产品体系，推动形成红色主题鲜明、优势互补、高质量发展的红旗渠研学布局，打造“红色精神高地、体验旅游胜地、教育培训基地、生态人气旺地”。

(4)打造港澳游学“主阵地”。以红旗渠营地为中心枢纽驻扎营地，开展“问渠·问字·问艺·问道”——2021 港澳青少年“深读黄河”文化溯源(线上线下双体验)主题游学活动，加强与港澳青少年研学交流、文化培育，逐步形成常态，打造港澳国际研学交流的“主阵地”。活动采取“营地+基地+营地”“线上+线下双体验游学”模式，将周边四个国家级研学实践基地和两个省级研学实践基地作为游学基地，通过数字科技与现代实践教育创新融合和切身体验等方式，分别从历史文明、传统文化和时代精神三个维度阐释中国精神、中国力量、中国价值，培养港澳青少年的文化认同感和文化归属感。

四、展望未来

红旗渠精神营地由林州市教体局、河南红旗渠(集团)有限责任公司联合共建,以红旗渠精神为核心,依托周边丰富研学资源,着力创建"培育新时代奋斗的追梦人"的大本营,是林州市委市政府围绕"争当省市发展排头兵"目标任务。全力打造务实林州、创业林州、幸福林州,加快建设世界人文山水城市的重大举措,是全面落实教育部"立德树人"根本任务的务实之举。

在未来,红旗渠精神营地将继续研发更多更完善的研学课程,加强与全国各大院校合作,努力培育新时代奋斗的追梦人。

思考

1. 红旗渠精神营地采用的文教旅体为一体的手段是否适用于其他红色景区景点?为什么?

2. 研学旅行的根本任务是什么?

3. 根据案例地文旅融合发展情况及主要做法,你有哪些更好地建议以加快推动该地文旅融合速度?

总结

人工天河红旗渠文旅融合发展

- 率先编制研学规划
  - ★结合红旗渠研学旅行总体定位、功能定位与资源特色,编制《红旗渠研学旅行项目总体规划》
- 系统开发研学课程
  - ★突出"特色性、时代性、参与性"要求,系统打造以红旗渠精神及其当代传承为主线的研学课程
- 精心打造研学线路
  - ★以传承红旗渠精神为核心,整合周边研学资源集群发展,打造精品主题研学线路
- 持续开展研学活动
  - ★加大研学营销力度,创新宣传渠道,传统纸媒和自媒体相结合、线上线下相结合
- 创新"研学+"新模式
  - ★"研学+实训",通过推民工车等户外拓展项目,激发团队间相互协作和勇于拼搏的精神,深化研学内涵和实效
  - ★"研学+演出",打造《凌空除险》《铁姑娘打钎》等精品实景剧目,通过情景教学缅怀先辈的感人故事,增强沉浸式学习体验
  - ★"研学+VR",借力高新科技,真实再现上世纪60年代红旗渠修建历程,丰富研学体验,砥砺奋斗精神
  - ★"研学+田园",开发劳动实践教育课程,实现红色文化与劳动教育结合,通过农耕体验,走进自然,认识植物,加强大中小学生劳动教育
  - ★"研学+文创",做好红旗渠活化,开发《趣红旗》《红旗力量》《红旗岁月》等特色研学文创产品

第十三章
智慧旅游 科技赋能:世界遗产的蜕变与重生
——洛阳龙门石窟

导读

龙门石窟位于河南省洛阳市,是世界上造像最多、规模最大的石刻艺术宝库,2000年被联合国教科文组织评为"中国石刻艺术的最高峰",位居中国各大石窟之首,列入世界文化遗产、全国重点文物保护单位、国家5A级旅游景区。

龙门由大禹治水中所开凿,鱼跃龙门的传说亦发生于此。其石窟则始凿于北魏孝文帝年间,盛于唐,终于清末。历经10多个朝代陆续营造长达1400年,是世界上营造时间最长的石窟。建造时采用了大量彩绘,今多已褪色。密布于伊水东西两山的峭壁上,南北长达1000米,现存洞窟像龛2345个,造像11万余尊,与莫高窟、云冈石窟、麦积山石窟并称中国四大石窟。

该景区通过打造"5G龙门"智慧旅游景区,探索文旅融合新手段。例如"5G+智游龙门"小程序,"5G+龙门智能"导览,"5G+AR"数字文物复原等。

引例

2020年国庆长假,龙门石窟旅游接待再创新高,旅游人数持续攀升,3次被央视新闻宣传报道。景区内举办的丰富多彩的文化旅游活动,欢乐祥和的节日氛围、风光旖旎的自然山水、深厚的历史文化氛围备受游客好评。

走进龙门石窟

龙门石窟是一座饱含文化与艺术的殿堂,是河南省首个世界文化遗产、首批重点文物保护单位、首批国家5A级景区、首批国家重点风景名胜区、首批全国文明旅游景区、首批全国人文旅游示范基地。龙门石窟历经千年,为世人留下了大量珍贵的文物古迹和历史资料。龙门石窟距今1500余年,始凿于北魏孝文帝迁都洛阳之际。历经东魏、西魏、北齐、北周、隋、唐和北宋等朝代400余年的雕琢,是历代皇室贵族发愿造像最集中的地方,折射出当时政治、经济以及文化风尚,是一座珍贵的露天石刻艺术博物馆。

近年来,龙门石窟坚持走文旅融合发展的模式。自2015年,龙门石窟开始建设以龙门特色、服务游客的全国首家"互联网+智慧景区"。通过四年的建设,截至目前,龙门石窟智慧旅游已经实现了微信支付、Wi-Fi全覆盖、中英文免费语音讲解、诗歌龙门、3D 智能云平台、测佛缘等智慧旅游体验项目，建成了以“6大平台、7 大板块、29 个产品”为基础的“互联网+龙门”智慧旅游景区架构，为游客提供了更多方便快捷的服务。

来到景区，会看到沿路设置了许多语音讲解指示牌，游客扫描指示牌上的二维码即可随时随地轻松了解龙门灿烂悠久的文化，零距离与文物和历史接触，读懂龙门，读懂历史。国庆长假期间，龙门石窟语音讲解播放使用次数超过了 30 万次。

2018 年暑期上线的“诗歌龙门”开放平台，更是龙门石窟文旅融合发展的又一个切入点。“诗歌龙门”开放平台是从众多描写洛阳、龙门以及牡丹的诗词中，深度挖掘、精心挑选出 60 首朗朗上口、通俗易懂的经典的诗词。游客扫描二维码即可“穿越千年”，在诗词的原生地感受诗人创作的情景，以诗人的视角身临其境的感受龙门山色的诗情画意。游客出游从“到此一游”转变为深度的、个性化的文化之旅。“文化是旅游的灵魂，旅游是文化的载体”“诗歌龙门”开放平台是龙门文化旅游建设发展的又一次创新举措，又一次质的升华。

龙门石窟一系列文旅融合的创新举措，在保护文物的前提下，采用“互联网+文化+文物+旅游”的方式，让沉默的、静止的文化遗产通过互联网方式生动活化起来，把千年的文化宝藏赋予科技的力量，让更多的老、中、青、少年人在体验的过程中增强了民族自豪感和荣誉感，受到了游客的一致好评和高度赞誉。

对于龙门石窟景区而言，文旅融合发展，始终坚持推动中华悠久文化的弘扬传播是初心，是荣耀，更是责任。世界文化遗产，不仅仅是所能看到的美景，更多的却是岁月流逝后，历史在那里留下独特韵味的沉淀。

美丽的金秋，让我们走进龙门石窟，通过这一尊尊佛像，一则则题记，触摸千年历史的鲜活脉络，感受博大精深的中华文明，遇见心中的诗和远方。①

读了以上引例，您是否对案例地有所了解？让我们开始深入探寻龙门石窟文旅融合的发展历程及具体做法吧。

2019 年是人类书写信息化进程下一个激荡十年的起点。5G 技术具有大带宽、低时延和广连接的技术特点，与人工智能、云计算、物联网将会构成新的网络基础设施，带来整个信息社会的革命性升级，催生出更多新的发展模式和新的发展生态，也为文旅行业提供了一个全新的发展契机。龙门石窟抢先机、抓机遇，积极融入 5G 时代，必将促进龙门园区经济社会发展方式、资源配置效率优化、管理服务模式的深刻变革，催生文旅新业态，推动龙门石窟文化旅游产业转型升级，加快文旅融合发展步伐，助力智慧文旅迭代更新，步入新境界。

---

① 龙门石窟景区.“文旅融合”来龙门石窟遇见诗和远方[EB/OL]. https://www.sohu.com/a/258401760_154879,2018-10-09.

一、案例地概况

龙门石窟世界文化遗产园区位于洛阳市南 6 千米,总面积 31.7 平方千米。其中,核心保护区面积 3.31 平方千米,风景名胜区面积 9.63 平方千米,建设控制地带面积 10.42 平方千米,耕地面积 786.6 平方米。

龙门石窟景区主要包括西山石窟、东山石窟、香山寺和白园四个景点。龙门石窟始凿于北魏孝文帝迁都洛阳之际(493 年),距今已有 1528 年历史。之后,历经了东魏、西魏、北齐、隋、唐、五代长达 400 余年的营造,形成了南北长达 1 千米,拥有 2345 个窟龛、10 万余尊造像、2860 余块碑刻题记的石窟遗存。“龙门二十品”更是中国书法艺术的一座高峰。

联合国教科文组织世界遗产委员会高度评价道:“龙门地区的石窟和佛龛展现了中国北魏晚期至唐代(493—907 年)期间,最具规模和最为优秀的造型艺术。这些翔实描述佛教宗教题材的艺术作品,代表了中国石刻艺术的最高峰。”

龙门石窟历史悠久、文化灿烂、山水秀丽、人文荟萃,是集文化遗产、文物古迹、石刻艺术、佛教文化、历史文化、人文文化、自然山水为一体的全国首批重点文物保护单位、全国首批 5A 级景区、全国首批重点风景名胜区、全国首批文明风景名胜区、全国首批中国人文旅游示范基地,全国首家“互联网+智慧景区”,是镶嵌在中原大地上一颗人类文明的璀璨明珠,是一张熠熠生辉的中原文化旅游金色名片,是佛教石窟艺术与丝绸之路文明传播的重要见证。

龙门石窟,既是洛阳辉煌地位的历史必然,也是历史给予洛阳的眷顾和厚爱。在历史发展的长河中,那些曾经的辉煌尽数沉寂于沧海桑田,唯有龙门石窟依旧巍然耸立。作为洛阳魏唐盛世唯一留存于地面上的辉煌,龙门石窟因其独特的历史文化内涵和稀有的文物遗产资源,天然担负起彰显洛阳城市特色、展示城市魅力、提升城市形象、传承城市文脉的现实责任,是助力洛阳打造国际文化旅游名城,构建文化传承创新体系的主要依托,也是河南实现华夏历史文明传承创新的重要载体。

近年来龙门园区紧紧围绕洛阳市委、市政府赋予龙门石窟的园区、景区、社区“三区”融合发展定位与目标,“在华夏历史文明传承创新中做示范、引领全市文化旅游产业繁荣发展”,努力打造“诗和远方的龙门样板”。龙门园区通过锚准定位紧盯方向,用文化的理念发展旅游,用旅游的方式传播文化,着力深化文旅融合发展,在文旅融合发展上取得了创新突破。2019 年龙门石窟景区接待游客 417.18 人次,门票收入 3.33 亿元。一个“山水相依、文旅相融、社区振兴、生态和谐”的龙门新貌芳容凸显。

时代脉动,5G 新科技让古老的龙门迸发出创新发展的鲜活动力。

2019 年以来,龙门石窟与中国移动公司、中国联通公司合作,建成了 29 个 5G 基站,率先成为全国第一个 5G 全覆盖智慧景区。在 5G 背景下,龙门石窟全面整合和提升了智慧龙门管理平台,完成了智慧停车和远程导引系统的全面升级,开发了“智游龙门”智慧导览应用小程序,全新升级了景区 Wi-Fi,全面更新提升了闸机系统,实现了龙门石窟智慧化建设的迭代发展。在 2019(第六届)河南省互联网大会“互联网+智慧文旅”分会上,龙门石窟荣获河南省文化和旅游厅“5 钻智慧景区”最高荣誉。

二、案例地文旅融合主要做法

(一)建设“5G 龙门”,做推动文化旅游与现代科技融合发展的引领者

2019 年 7 月,龙门石窟相继与中国移动、中国联通签约“5G+智慧龙门”战略合作协议,开始布局 5G 龙门新时代。2019 年 8 月 16 日主题为“千年古龙门·5G 新启程”5G 景区全覆盖启动仪式在龙门石窟景区举行。在不到一个月后的时间里,17 个中国移动 5G 基站和 12 个中国联通 5G 基站相继落地龙门石窟景区,实现了景区 5G 网络全覆盖。龙门石窟率先成为全国首个 5G 网络全覆盖的旅游景区,再次引领智慧景区建设发展新风向,着力打造国内领先、国际一流的 5G 示范性智慧景区。为全国景区 5G 背景下智慧旅游建设提供实践经验和行业示范。

5G 网络的落地,为龙门石窟智慧文旅的迭代升级提供了无限的发展空间。依托 5G 技术,全域打造 5G 龙门,努力实现龙门石窟区域文化旅游一体化发展、文化产业一体化构建、旅游服务体系一体化完善,园区经济社会一体化繁荣进步。

(二)“5G+服务”助力景区服务水平,提升游客体验

龙门石窟以解决游客在景区内全方位导览问题为突破口,利用 5G 网络的“高速率、低时延、大连接”特性,通过与微信小程序、地图 LBS、大数据、AI 人工智能等信息技术及平台化工具的融合,实现创新应用。总体架构图见图 13-1

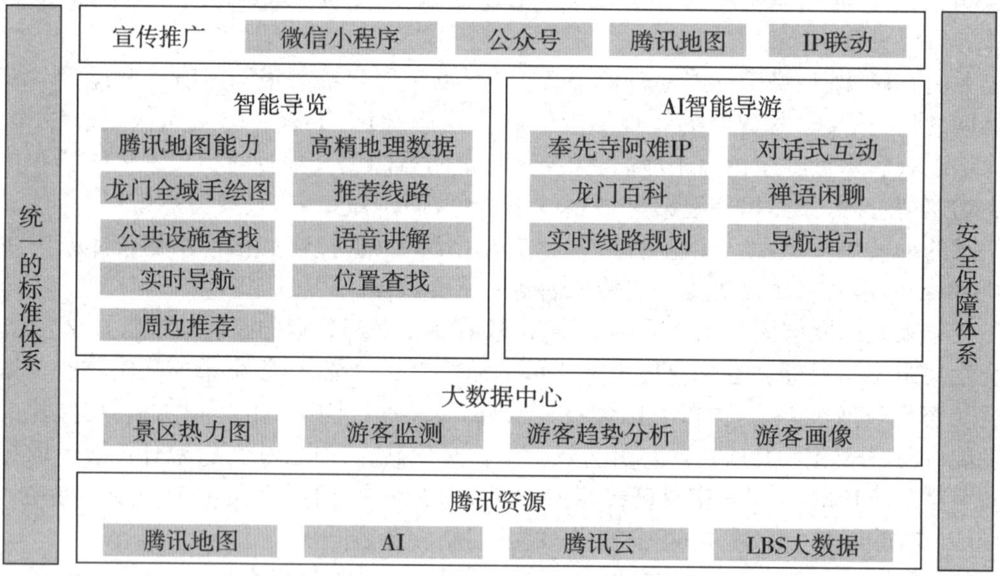

图 13-1　龙门石窟总体架构图

1.“5G+智游龙门”小程序的特色和功能

在设计上,“智游龙门石窟”小程序的设计具有独特浓郁的龙门风格。小程序界面采用中国唐朝风格,以古韵水墨地图的形式,生动展示龙门石窟景区的风貌特征,满足游客在体验时的意境和审美需求。在功能上,基于位置的场景化服务将真实场景还原到手机里的手绘地图上,为游客提供一站式观览体验和各类景区服务需求(图 13-2)。

“智游龙门”小程序将景区景点导览、旅游线路规划、语音讲解、快速寻找景区服务设施等游客在游览中所需求的各种服务功能,与实景地图进行连接打通,使龙门石窟线上线下的游客体验更加丰富;利用 5G 高宽带、数据回传快的特点,在 5G 大流量移动宽带的强有力支持下,依托智能导览小程序精准定位能力,帮助龙门实现实时监控景区人流数据,分析人流趋势,助力景区在高峰期疏导游客人群,减少安全隐患,提升管理效率。

图 13-2　“智慧龙门石窟”小程序

2. 5G+龙门智能导览,“阿难”AI 人设活泼智慧成“网红”

5G 时代,对话式的互联网服务相较于传统的工具型服务有着更加友好、更加轻量的优势。同时,“旅游 IP”成为互联网时代新的连接语言。龙门石窟 AI 智能导游,将奉先寺“阿难”佛像(图 13-3)生动拟人化(图 13-4),赋予他龙门导游的人物性格,延伸龙门文化资源的 IP 价值,让 IP 形象在线上线下游览的体验中贯穿全程、渗透到龙门新生态的各个领域,并作为一种全新的流量入口,焕发龙门新的话语体系和叙事方式,让千年的文化遗产迸发出新时代的科技魅力。

图 13-3　奉先寺“阿难”佛像

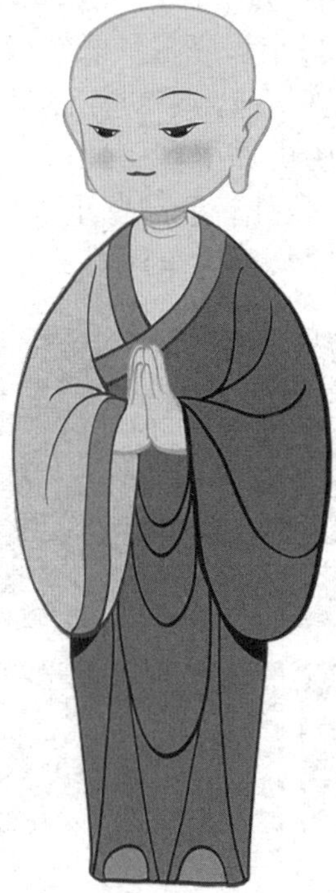

图 13-4　“阿难”佛像拟人形象

基于 5G 网络，AI 智能导游与游客实现智能问答互动，不仅可以与游客互动聊天，还可通过语音问答的方式使游客获得龙门概况、重要景点的导览路线、卫生间等服务设施的位置、龙门历史典故、各景点的讲解服务等，并根据游客的兴趣提供个性化的旅游方案，提升游客游览的趣味性和体验感，快速数据传输，带给游客更优质的体验（图 13-5）。

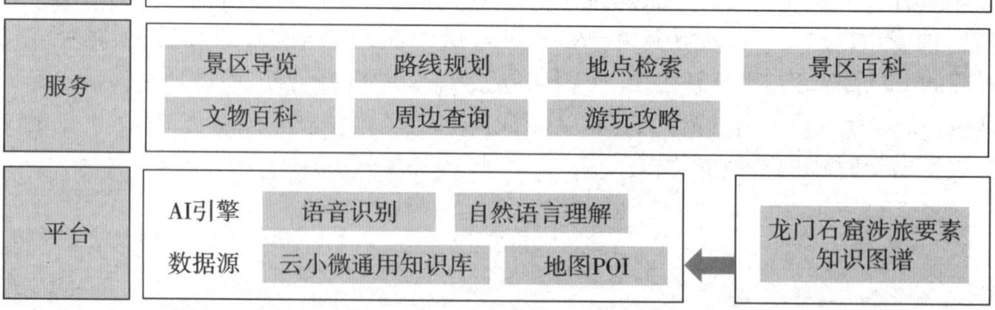

图 13-5　AI 智能导游体验

(三)“5G+管理”助力景区实现景区精细化管理

1. 龙门石窟智慧景区管理平台

龙门石窟智慧旅游综合管理平台基于可视化管理系统,集监测、控制、维护、管理功能于一体,引入“一张图”的概念,实现资源一张图监控、设备一张图控制、服务一张图管理。通过“一张图”可一览景区所有情况,集监测、控制、维护、管理功能于一体,实现对全景区的实时控制管理。利用图像采集终端(包括摄像机、闸机等)叠加5G通信模组的方式,完成视频及图像回传,再通过5G网络提供的边缘计算的AI功能进行分析,实现景区精细化管理(图13-6)。

功能:借助GIS平台实现对地理信息的共享,通过大屏直观展示门禁、景区管理、监控等数据信息。实现视频监控、客流统计预警、车船调度、综治员巡查、应急指挥调度、智能广播应急处理等功能。

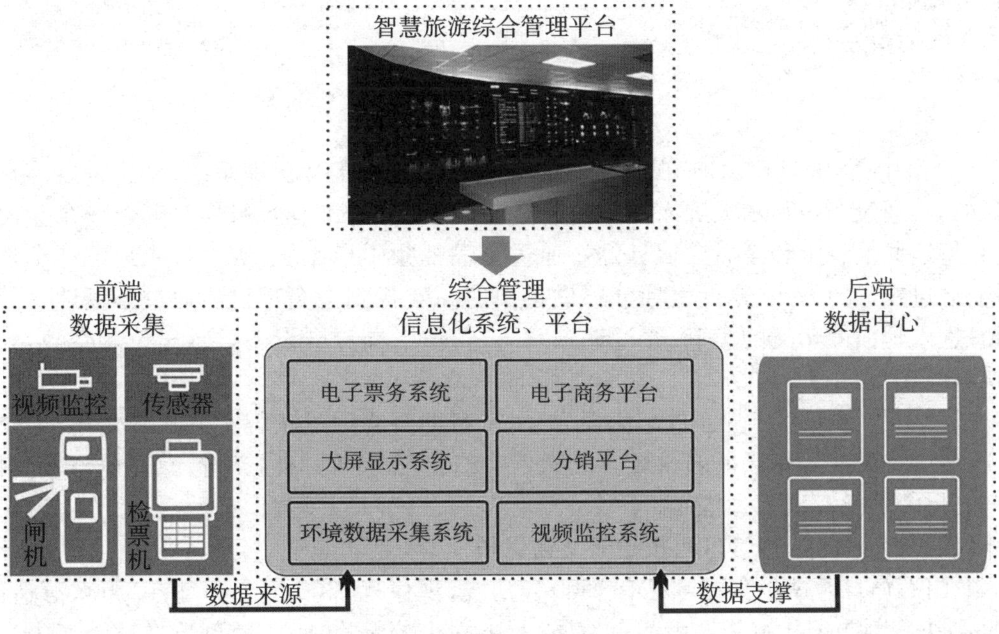

图13-6　GIS智慧景区管理平台

2. 龙门石窟景区信息发布系统

龙门石窟景区信息发布管理系统是基于5G网络的专门用于对各种电子信息进行编辑、网络发布和远程控制管理的综合信息显示系统平台,利用该平台可以对各种文字、图像、动画、幻灯片、音视频文件、电视、外部动态数据、数字/模拟音视频采集等各种信息素材进行编辑制作,通过局域网或互联网统一管理控制、发布显示等(图13-7)。

3. 智慧停车信息化平台

以“无人值守,云端管理”为理念,通过智慧停车信息化建设,提高停车场对车辆的管控能力,增加停车通行效率,提升运营水平。

(1)游前:停车信息提前获取。通过接口对接,将停车场车位信息实时发布到高德等主流地图软件,使得游客在出行前即可获得停车场空余车位信息。在龙门大道和顾龙路路边安装 5G 显示大屏,实时发布西北服务区、东北服务区两个停车场空余车位,及时引导游客车辆到有空余车位的停车场。

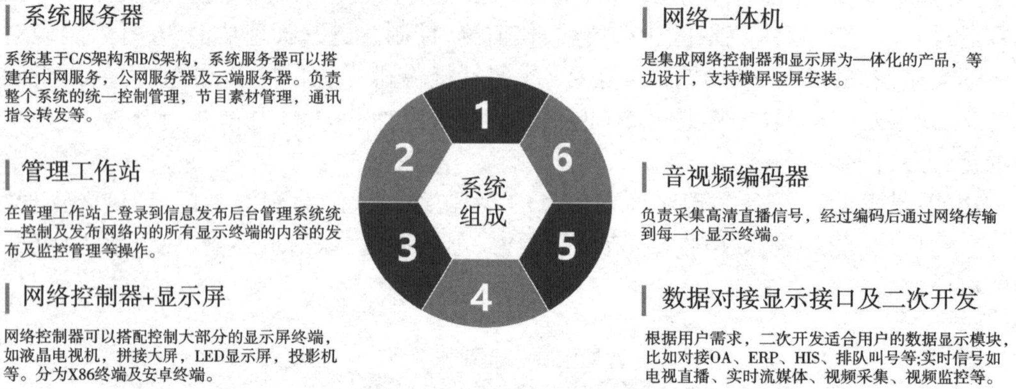

图 13-7 景区信息发布系统

(2)游中:车牌自动识别、视频车位引导。通过车辆车牌识别系统,到达景区停车场入口处时,通过车位显示大屏入口机器人、车牌识别等设备有效采集车辆及剩余车位信息,并将这些信息上传至后台服务器。通过车辆视频引导系统,游客进入地下停车场的车辆,通过视频摄像头、车位引导分屏设备快速高效找到空余车位。通过车辆地磁计数系统,进入地面停车场的车辆,通过地磁系统、车位引导分屏设备显示车位剩余数量,实现快速停车。

(3)游后:寻车系统。通过车辆返寻系统,帮助游客通过车牌迅速找到爱车;为快速方便出行,景区在停车场里内设置多处微信、支付宝二维码扫码支付,缴费机器人支付,ETC 支付等手段实现无人值守。

(四)“5G+AR”,用信息科技护航文物保护

龙门石窟自开凿以来距今已有 1500 年历史,现存有 2300 多个窟龛,10 万余尊造像,2800 多块碑刻题记。由于人为和自然原因,破损十分严重,不少雕刻造像残缺流失。如何保护、利用和活化这一文化遗产,讲好数字龙门故事,成为龙门石窟当前面临的重要课题。

5G 时代,用信息科技护航“文保”将发挥不可替代的作用。随着信息技术的快速发展,数字技术手段正逐渐在文博领域得到广泛应用,“跨界融合”“科技引领”“沉浸体验”等已成为文旅融合发展的重要形式,这为龙门石窟的文物保护和利用提供了契机。

AR 技术(Augmented Reality,增强现实技术),通过三维数字化虚拟复原电脑技术,将虚拟的信息应用到真实世界,不仅能让龙门石窟流散的文物都找到相应的位置,还能让龙门石窟万佛洞面部残损的观音像通过虚拟技术修复后栩栩如生,得以精彩呈现(图 13-8)。

图 13-8　“5G+AR”万佛洞窟创新体验

(五)“5G+VR”,有助于进一步发掘和展现龙门石窟的历史文化价值,艺术美学价值

VR(Virtual Reality,虚拟现实),VR 技术是一种能够创建和体验虚拟世界的计算及仿真技术。它优于一般三维空间的虚拟技术,用 Unreal Engine 系统生成逼真的环境,打造有空气、有触觉、有互动的空间,让观众身临其境的感受当时的环境。

随着社会经济的不断发展,人们对艺术品的期望越来越高,对于龙门石窟来说,借助科技与文物的结合,是发展的必然趋势。因此,利用数字技术建立统一的数据库,构建科学和历史相结合、人与自然和谐的人性化平台。打造新视野下的龙门石窟展示方式,用人性化有效结合的虚拟展示空间,让观众在获取科普知识的同时还能在视觉上应接不暇、回味无穷。加上佩戴 HTC Vive 头盔,在设定的程序中,可以自行调节菜单,选择你想观看的佛像介绍,有故事内容的讲解,让游客身临其境,亲身感受,让游客有听觉感知,视觉感知,触觉感知。

万佛洞数字化项目的成果通过 VR 手段进行全方位展示,是对景区游览的重要补充,可有效解决文物保护与旅游推广的矛盾,有助于进一步发掘龙门石窟的历史文化价值,艺术美学价值,并将其展示于公众面前(图 13-9)。万佛洞 VR 展示系统主要功能有以下几个方面。

(1)洞窟内部漫游:沉浸式体验,用户在空间内自由移动、自由选择观察视角。

(2)洞窟照明:对被观察文物进行灯光照明。

(3)高度空间位置变化:可根据观察需求,主动切换到不同高度近距离欣赏文物。

(4)交互语音讲解:用户可根据兴趣,选择不同佛像了解相关知识。

图 13-9　万佛洞 VR 场景体验

千年古龙门,5G 新启程。未来,5G 技术在龙门石窟的应用与发展,对加快龙门石窟实现园区、景区、社区"三区"融合发展,推动龙门石窟文旅融合、转型升级、产业提升、生态重塑、数字化建设、智能化应用,实现与文化、交通、住宿、餐饮、娱乐等行业的互动互联和共享共融,开启了一次新的尝试和新的探索。

三、案例地文旅融合成效

近年来,通过龙门智慧旅游建设,让历史和现代在龙门石窟碰撞出绚丽的火花,让千年石窟迸发出时代魅力,并演绎出新的精彩,龙门石窟也迎来了七大转变。

(1)在"互联网+购票"方面,实现了从"线下"到"线上"的转变。龙门目前购票的方式有线下扫码购票、线上微信购票,网上商城购票、窗口购票及刷脸等多种方式,为游客提供 24 小时的在线购票服务,丰富游客选择。

(2)在"互联网+游园"方面,实现了从"观光"到"体验"的转变。游客可以使用微信上香,为家人祈福心愿。可以通过测佛缘,找到景区内与自己最有缘的那尊佛像,带着一种主动旅游的心理去游览景区,与景区也产生了互动,满足了游客情感需求。

(3)在"互联网+管理"方面,实现了从"普通"到"精准"的转变。通过龙门智能云平台景区可以清晰地了解游客的来源地,游客的画像,景区的客情变化,景区人流密度变化,掌握实时景区在园人数,了解游客在景区参与的每一项互动体验。实现景区精准管理、精准服务、精准宣传。

(4)在"互联网+宣传"方面,实现了从"被动"到"主动"的转变。依托龙门官方网站、官方微信服务号、龙门石窟官方微信订阅号、官方微博组成网络媒体传播矩阵,从不同的定位出发,每天采编和传播最新、最美、最实用的龙门资讯。

(5)在“互联网+经营”方面,实现了从“门票经济”到“产业经济”的转变。全景区微信支付的打通,将景区食、住、行、游、购、娱整个旅游产业链条进行二次连接,提升综合消费能力。

(6)在“互联网+文物保护”方面,实现了从“文物研究”到“科技活化”的转变。通过图、文、音、像的互联网方式将历史活化并展现在游客面前,给游客们带来了轻松、愉快的旅游感受,使更多的年轻人爱上龙门文化。

(7)在“互联网+文化创意”方面,实现了从“复制”到“原创”的转变。景区根据龙门佛像衣饰原本有色彩的记载,在互联网上原创推出《龙门的色彩》涂色本,让年轻人通过自己的画笔为佛像着色。原创订制了《龙门大唐心经》,通过抄经的方式来感知文化、感悟历史,了解中华书法的博大精深。

小知识

什么是智慧旅游?

智慧旅游,也被称为智能旅游。就是利用云计算、物联网等新技术,通过互联网/移动互联网,借助便携的终端上网设备,主动感知旅游资源、旅游经济、旅游活动、旅游者等方面的信息,及时发布,让人们能够及时了解这些信息,及时安排和调整工作与旅游计划,从而达到对各类旅游信息的智能感知、方便利用的效果。智慧旅游的建设与发展最终将体现在旅游管理、旅游服务和旅游营销的三个层面。

四、未来展望

未来,龙门石窟景区将从六个维度发力,探索精准营销之路。

一是开发新的产品线路,提供更多选择。疫情影响下,景区内游客密度受限,在满足疫情防控标准的前提下扩大景区容量,需要创新的解决方案。2020 年 4 月,经过充分的市场论证,龙门石窟推出了“龙门夜游”项目,开展夜景亮化工程,开发新线路和新产品,专为夜游项目开辟可进入洞窟游览体验的产品。夜游项目一经推出,与日间游览形成差异化的游玩体验深得游客好评,也赢得了专家学者的认可和肯定,现在已经成为洛阳市和河南省的夜游名片。

二是提升展示水平。龙门石窟景区容量有限,原有业态不够完善,未来,景区将持续提升展示水平,充分挖掘数字化潜力,做好数字化提升工程。龙门石窟是河南省文物数字化标准起草单位,景区的数字化建设仍在探索中前行。目前,龙门园区正在对龙门古街的规划进行调整,预计在不久的将来,新的数字化展示有望向游客开放。

三是以新基建为平台,完善基础设施。龙门石窟景区是河南省智慧化景区建设样板，未来，景区将加码在旅游基础设施方面的投入力度。2019 年，景区较早实现了 Wi-Fi 全覆盖。2020 年疫情期间，加强了边缘计算终端设施的增设。更新升级的基础设施极大满足了游客的游览需求，提升旅行舒适度和体验感。

四是完善业态。在国内大循环为主体、国内国际双循环相互促进的新发展格局下，做活文旅市场消费是整个行业的责任和担当。2019 年，龙门石窟景区启动龙门古街建设，目前一期工程已投入使用，二期工程将重点建设数字化展示中心和文化交流中心，丰富的业态将拓宽游客的游览空间。此外，在龙门石窟景区南侧新修建一处约 306 万平方米的公园，并计划以乾隆皇帝巡游龙门时留下的名句“龙门凡十寺，第一数香山”为灵感，分步骤打造、重现十寺观游。完善的业态有效拉长活动空间和动线，让游客有不虚此行之感。

五是打造生态。2019 年，龙门石窟景区周边 8 个村庄、2 个社区范围内，共拆除各类违建和整治近 200 万平方米，释放出的全新空间将为龙门的发展提供更多支持，特别是在生态建设和旅游目的地打造方面有更多发挥空间，让游客能快乐游、愿意住。

六是谋划后疫情时代发展。2020 年，是洛阳龙门石窟“申遗”成功 20 周年，也是新征程的起点。龙门园区正在开展景区的“十四五”规划编制工作，并制定旅游专线规划方案，龙门园区欢迎专业机构为龙门石窟的未来发展出谋划策，期望与业界有关单位达成合作。

思考

1. 其他景区如何像龙门石窟一样打造成体系的 5G 智慧旅游？

2. 根据案例地文旅融合发展情况及主要做法，你有哪些更好地建议以加快推动该地文旅融合速度？

3. 读完本篇文章，根据你所理解的智慧旅游，请列出发展智慧旅游的利与弊。

总结

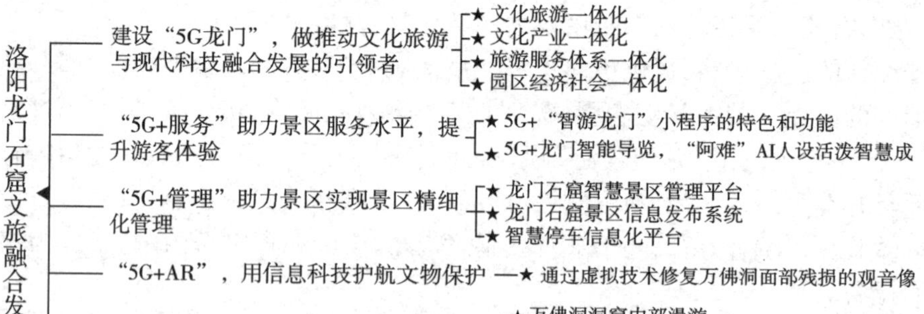

第十四章
演艺带来的文旅盛宴
——《禅宗少林·音乐大典》

导读

在物质文明发达的今天,人们更倾向于亲近自然。追寻精神与世俗的契合点。在待仙沟,《禅宗少林·音乐大典》精彩演绎着禅乐与大自然的和鸣。入夜,亮着禅字的黄色灯笼,从景区入口一直排到演出现场,似在指引饱经世事的人们回归精神家园。坐于蒲团之上,绵延几千米的演出场地便如画般展现眼前:苍山,古塔,小桥,流水,禅房。是夜,凉风徐徐,吹送着丝丝秋意,涤荡心扉的禅乐,伴着秋虫鸣叫,印证了人们关于禅的一切遐想。闭眼享受这美妙的时刻,静待演出开始。当大悲咒豁然响起时,五位禅师已端坐于石头之上,参禅入境。叮咚的泉水在永无倦意地流淌,心灵宁静,安然恍若梦境,伴随着踏水行歌的欢快节奏,浣女们轻盈走来,与提水练功的和尚相遇桥端,共同演绎亦仙亦俗的生活故事。

该案例地通过打造中原文化名片,通过建设酒店,开发禅修体验项目提升品牌价值,利用推进全域旅游等手段推动文旅融合。

引例

美轮美奂的山林清泉,若隐若现的古刹禅院,直抵人心的天籁梵音……3 月 12 日晚,经过 3 个月的改造升级,2021 季《禅宗少林·音乐大典》大型实景震撼首演,熟悉的天籁梵音再次唱响中岳嵩山。

与此同时,第三届全球文旅创作者大会“好春光郑向上·2021 老家河南美好春游季”(登封站)的活动正式启动。

2019 年以来,河南省已成功举办两届全球文旅创作者大会,在创新文旅宣传推广方式、提升“老家河南”品牌形象方面积累了经验。它不仅是文旅创作者的饕餮盛宴,更是提升“老家河南”品牌形象、展示中原文化和大美风光的一个契机。文旅创作达人、各家互联网新媒体,作为“老家河南”的“品牌推广者”,利用移动互联网和社交媒体平台,创新文化旅游宣传方式、渠道和理念,从不同视角,创作出精彩的视频、文字、图片等作品,向全国展现登封、郑州、河南的文旅资源和优势。

作为此次活动的举办地,禅宗少林音乐大典经过十余年的精心打造,已经成为中原旅游的烫金名片，在积极探索文化旅游产业融合发展新思路，携手创作达人、新媒体、文旅同行共同挖掘“老家河南”文旅特色，传播推广登封文化旅游方面，做出了积极贡献和努力。

为给游客带来更好的视听享受，休演期间，禅宗少林音乐大典斥巨资对舞台效果、灯光、场景进行升级，演员队伍里也注入了不少“新鲜血液”，节目表演方面，在保持原有核心章节和内容不变的基础上，又创新表演形式和方法，进一步增强游客的体验度。

随着第三届全球文旅创作者大会(登封站)的活动启动，一批文旅创作达人将作为“老家河南”品牌的推广者，利用移动互联网和社交媒体平台，创作出精彩的视频、文字、图片等作品，展现河南特别是郑州的独特魅力。参与全球文旅创作者大会，对登封积极探索“人才+流量+创意”文旅营销新生态，打造一支留下不走的宣传队伍，吸引更多的游客走进登封、品味登封、体验登封具有积极意义。①

读了以上引例，您是否对案例地有所了解？那么我们就开始深入探寻禅宗少林·音乐大典文旅融合的发展历程及具体做法吧。

一、案例地概况

登封不仅是人文景观的宝库，而且也是自然景观的苍翠之地，有人文景观 150 余处，自然景观 30 余处，区域内的旅游资源兼顾名胜古迹、自然山水和地质奇迹，是中国的文化圣山之一。

《禅宗少林·音乐大典》是一台中岳嵩山大型山地实景演出，共分《水乐·禅境》《木乐·禅定》《风乐·禅武》《光乐·禅悟》《石乐·禅颂》五个乐章，生动地描述了山涧风景、雪夜古刹、月照塔林、颂禅法会、溪山坐禅、少林拳棍、女童牧归等情景。演出规模宏大，音画一体，近 600 人的禅武演绎，少林僧侣的现场唱颂，春夏秋冬的四季变化，直指人心的佛乐禅音，合成了中岳嵩山的辉煌交响，为中外游客提供了一片洗涤心灵的净土并打开了禅文化的奥秘。

《禅宗少林·音乐大典》以少林禅宗文化内涵为背景，以音乐、舞蹈、武术为载体，运用独到的创意和现代科技手段阐释中国传统文化。《禅宗少林·音乐大典》实景演出场面恢宏、内涵丰富，已成为中国实景演出的扛鼎之作和河南文化旅游的“新名片”。

《水乐·禅境》描绘了中国古典山水画《溪山行旅》的优美禅意，由水而起，我们与僧人一道坐禅：菩提达摩的身影在禅境里出现，村姑浣女从唐诗里走来，菩提树的唱吟，空山新雨后的喧闹，僧与俗的对话，一切都在溪流声中化成清凉禅意，流进我们心底……

《木乐·禅定》千年古刹，木鱼声声，多声部的木鱼演奏讲述着少林武僧成长的历程。

① 登封发布，中共登封市委宣传部. 2021 季《禅宗少林·音乐大典》焕新首演，全球文旅创作者大会，让世界遇见最美的登封！[EB/OL]. https://baijiahao.baidu.com/s?id=1694262874427422952&wfr=spider&for=pc,2021-03-15.

传说中的牧羊女赶着羊群走来了，歌声打破木鱼的禅定，给这片佛国净土带来人间的美丽。禅，于是有了世俗的解释……

《风乐·禅武》从"达摩面壁"开始，讲述了千年古风的承传。而在嵩山实景间以全新方式演绎的少林武术——风铃、风拳、风棍、风旗，掀起了山岳林涛。刹那间，我们感悟到天地之大美，这是武术的展示，也是山河的画卷。间奏曲《花流水》——中岳嵩山最古老的琴曲，比《高山流水》更古老，是谭盾大师献给河南人民的一份大礼。古筝弹奏中加入河南元素，快节奏的花彩，展现了河南人民宽广的胸怀与奔放的热情，更展示了中原文化的博大精深与厚重。

《光乐·禅悟》是演出的华彩乐章，雪景寒林，佛光塔影，远逝的高僧在幻境中出现，向我们讲述禅宗故事。春夏秋冬，季节在音乐里轮回。梅花桩上的武僧似乎突破了生命的限制，向上伸展，化成天地精灵，飞翔于永恒……而吉祥的灯佛表达了禅宗对生命万物的肯定与祝福。

《石乐·禅颂》是演出的唱颂篇，奏出了"嵩山修禅，顽石开言"的大境界，将《禅宗少林·音乐大典》的演出推向高潮。演出尾声，佛光普照，天地祥和。这是禅对自然的吟咏，对生命的眷爱，对天地万物的礼赞！

二、案例地文旅融合主要做法

（一）秉承文化传播责任，打造中原文化名片

21 世纪初，登封文化旅游产业化发展滞后，尤其是缺少文化解读和消费带动的品牌产业项目。为此郑州市天人文化旅游有限责任公司勇于开拓，于 2005 年组建了由谭盾、梅帅元、易中天、黄豆豆等名家联袂打造《禅宗少林·音乐大典》大型山地实景演出项目（河南省最大民营资本投入文化产业项目）。该项目以风景如画的中岳嵩山为背景，以少林禅武文化为基础，以音乐、舞蹈、武术为载体，运用独到的创意和现代科技手段，融历史性、哲理性、艺术性、地域性、民俗性、观赏性于一体，既注意挖掘和反映优秀传统文化，又努力实现中国元素的国际制作、传统故事的现代表达，做到了民族性、包容性和时代性的有机统一，展示了中国优秀传统文化的博大精深，为中外游客提供了一把解读中国传统文化的钥匙和一片洗涤心灵的净土，演出主题内涵深刻独特，文化艺术价值深厚，是中原文化旅游的烫金名片，为当时文化产业改革发展提供了一个新思路（图 14-1、图 14-2）。

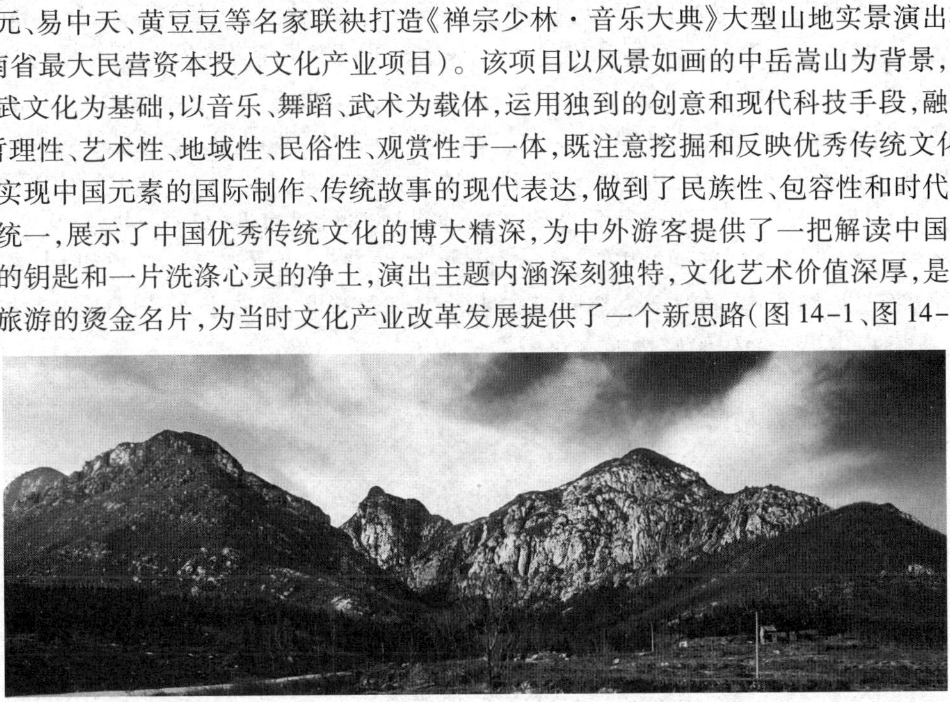

图 14-1　演出项目原景

图 14-2　演出项目夜景

（二）开拓创新，不断推动文化旅游产业融合发展

《禅宗少林·音乐大典》自 2007 年正式运营以来累计投资 5 亿元，累计接待游客 500 余万人次，其中 2019 年演出 275 场，接待游客 59 万人次，收入 10490 万元，净利润 3586 万元，收入同比增长 7.6%，净资产增长 11.1%，净利润增长率 8.3%。天人公司在做好《禅宗少林·音乐大典》实景演出的同时，积极探索文化旅游产业融合发展新思路，从区域特色和优势出发，不断创造更好的文化产品和服务，2012 年以来，公司通过对禅宗文化和传统文化进行梳理，打造"以禅修为内容、禅意为目的、禅文化为主题特色"的"禅宗少林·照见山居"（图 14-3）酒店及其禅修体验项目，打造了"早课、坐禅、讲禅、禅茶、香道（图 14-4）、过堂、抄经、行禅、药石、禅武、农禅、加持开示、发愿祈福、禅思棋趣、墨语禅缘"等体验与禅修课程，同时成立登封市中小学生研学基地，打造了亲子研学新六艺等项目，为人们提供更全面体验感悟禅文化的增值服务。

图 14-3　禅宗少林·照见山居

图 14-4　禅宗少林·照见山居禅修体验课程——香道

小知识

禅修体验项目活动内容

体验项目	项目内容
禅香	香道即通过一系列带有表演意味和仪式感的活动,让参与者了解香料的品鉴、使用常识,并从中体验香料使用的流程
禅茶	以茶艺表演为基础,融入禅意、禅文化知识,使观看表演和品茗中加深对禅、茶文化的了解
禅武	教授大家“八段锦”,有利于舒筋活血、调理气血、促进人体新陈代谢等功能,可以健壮体质、抗疫祛病、延年益寿

(三)坚持升级改造,维护品牌价值

《禅宗少林·音乐大典》大部分实景演出设备常年处于户外,历经风吹日晒,随着时间的推移和科技的发展,一方面演出设备老化,对演出效果造成较大影响,另一方面舞美技术更新换代,对演出舞美表现提出了新要求。为保护项目品牌和促进项目健康发展,企业在做好日常维护的同时,坚持设备更新与技术革新,在资金投入上,近年来累计投入1.5亿元,引进最新的灯光、音响技术和设备,新增和更换数百盏灯具和音响设备,并通过技术积累的创新,不断调整和创新、改造和升级,使项目的禅意更加深邃丰厚、灯光更加绚丽多彩、舞美更加震撼人心,为游客呈现了更加完美的“艺术与技术的交融、少林武术与习禅悟道兼济、试听效果与情景相宜”的视觉盛宴。在人力投入上,鼓励和推动技术创新,加强人员培训,通过实践和积累,全面建立起一支“三懂三能”的技术队伍(懂设备操作、能独立开展工作,懂设备原理、能处置常见故障,懂应急预案、能应对突发情况),通过技术革新与人力支持,充分发挥各类灯光、设备、道具的最佳性能,在维护和保持演出一流的舞台艺术效果的基础上,提升了品牌价值,2019年升级改造后首演现场(图14-5)。

图14-5　2019年升级改造后首演现场

(四)造福一方水土,助力全域旅游

《禅宗少林·音乐大典》自成立之初,通过对文化资源保护性的产业化开发,引起社会的关注,推动了传统文化的开发和民俗传统的保护。同时以项目的发展,带动文化体验类项目兴盛,提升行业社会影响力和价值,公司积极致力于公益事业。还吸纳周边村民参与到演出中,解决了部分农民的就业问题,催生了周边农家乐、民宿的萌芽,带动了地方经济的发展,促进当地经济的发展,真正的在将一片荒山从沉寂中引向繁华,回馈了社会和一方水土。随着市场变化,共享资源发展模式快速发展,为此,天人公司胆大尝试,积极推动全域旅游发展,探索出和开启了登封旅游"白+黑"便捷休闲旅游模式,推出了"游嵩山、观大典、我买单、您省钱"工程;同时近年来公司积极联合各方主体,加快嵩山景区联票及一体化开发步伐,并推动优质客源信息共享,助力全域旅游,率先与省内优质景区老君山、鸡冠洞、重渡沟等景区进行惠民政策的尝试,真正实现了游客白天纵享完美山水画卷,晚上迎风看水、听禅赏武的愿望。

三、案例地文旅融合成效

禅宗少林大型户外音乐大典在经过多年不断完善的情况下,被成功打造成一张河南旅游金名片,为河南省 GDP 旅游消费板块做出贡献。

目前,《禅宗少林·音乐大典》还通过新媒体营销的推广方式,为提升"老家河南"这一品牌形象做出了贡献。借助网络平台,从不同时间,向世界展现出浓缩了千年文化的新音乐形式。利用"人才+流量+创意"的新兴文旅营销,吸引更多游客走进登封、品味登封、体验登封。

四、展望未来

继往开来,下一阶段天人公司将围绕两个线索推动文旅融合和快速发展。外部发展上,推动登封全域旅游发展,形成资源共享的"嵩山旅游联票"发展新模式,加快《禅宗少林·照见山居》禅修体验项目发展进程,与《禅宗少林·音乐大典》形成品牌相互呼应和带动,实现接待与收入翻番。内部提升上,根据市场发展趋势和企业实际,制订公司新项目研发方案,打造除少林外的文化 IP,推动项目向"演出乐园综合体"的发展,同时加快项目综合服务质量的升级,全面提升游客满意度。

思考

1.《禅宗少林·音乐大典》已经形成了一套很完整的项目体系,试着给出一些营销方案,例如如何通过新媒体扩大其影响力?

2. 你们家乡的旅游资源是否可以打造类似的实景演出项目?具体做法有哪些?

3. 根据案例地文旅融合发展情况及主要做法,你有哪些更好地建议以加快推动该地文旅融合速度?

总结

《禅宗少林·音乐大典》文旅融合发展

- 秉承文化传播责任，打造中原文化名片
  - ★注意挖掘和反映优秀传统文化，又努力实现中国元素的国际制作、传统故事的现代表达，做到了民族性、包容性和时代性的有机统一，展示了中国优秀传统文化的博大精深
- 开拓创新，不断推动文化旅游产业融合发展
  - ★积极探索文化旅游产业融合发展新思路，从区域特色和优势出发，不断创造更好的文化产品和服务
- 坚持升级改造，维护品牌价值
  - ★通过技术革新与人力支持，充分发挥各类灯光、设备、道具的最佳性能，在维护和保持演出一流的舞台艺术效果的基础上，提升了品牌价值。
- 造福一方水土，助力全域旅游
  - ★以项目的发展，带动文化体验类项目兴盛，提升行业社会影响力和价值，带动地方经济的发展

第十五章
中华民族文化红色基因库
——兰考县焦裕禄纪念园

导读

焦裕禄纪念园始建于1966年2月,位于河南省开封市兰考县城北黄河故堤上,2007年7月更名为焦裕禄纪念园。焦裕禄是山东淄博市人,1962年12月出任中共兰考县委书记。为改变兰考贫穷落后的面貌,带领干部群众向风沙、盐碱、内涝进行顽强斗争,积劳成疾,于1964年5月14日病逝,终年42岁。其高尚的品德和行为受到广泛称赞,被誉为县委书记的榜样。是第一批全国中小学生研学实践教育基地。2020年7月,焦裕禄纪念园被命名为“第一批河南省红色教育基地”。

该案例地通过建设红色数字化资源库,基于资源开发相关课程学习焦裕禄精神,推出更有创意的红色旅游文创商品,开发红色研学旅行课程等手段推动文旅融合。

引例

文旅融合发展、资本助力文旅,是文化建设和旅游发展的可持续引擎和动能,是拉动目的地旅游经济、顺应居民消费升级、建立文旅消费长效机制的重要趋势。2019年5月31日下午,中博文旅融合发展研究院和中博文旅融合发展研究院兰考基地在开封正式揭牌。中共开封市委常委、兰考县委书记蔡松涛,上海证券报社有限公司党委书记、董事长张小军,开封市委组织部副部长焦艳,开封市文广旅局局长魏培仕,开封市祥符区区长王彦涛等出席揭牌仪式,中国证券业协会、上海证券信息有限公司、中原证券等单位主要负责人与国内20余家知名证券公司研究所所长、主要文旅龙头企业及文旅行政主管部门负责人近百人共同见证了研究院和兰考基地的诞生。活动由中国证监会挂职兰考县政府党组成员、张庄村第一书记王晓楠主持。

蔡松涛在致辞中对研究院的成立表示祝贺,对近年来兰考县尤其是张庄村通过大力发展红色旅游、乡村旅游,打造焦裕禄精神体验基地、四面红旗馆、梦里张庄、年代记忆民俗馆等多样化旅游产品体系的经验做法进行了介绍,对依托研究院平台导入资本、产业等多方资源助推乡村振兴提出了要求,对利用好开封和兰考丰厚的文旅资源,推动焦裕禄文化、红色文化与旅游高质量融合发展，提升产业国际化水平等新的时代课题提出了期望。

中博文旅融合发展研究院特聘焦裕禄的女儿焦守云女士担任顾问。焦守云女士以兰考经济、文化发展变化见证人的视角，在致辞中介绍了父亲对自己成长的深刻影响，介绍了传承焦裕禄精神、宣传焦裕禄文化所做的工作，表达了发扬好焦裕禄精神的使命担当，同时希望依托研究院的平台，将“亲民爱民、艰苦奋斗、科学求实、迎难而上、无私奉献”的焦裕禄精神进一步发扬光大，服务兰考文旅产业发展，造福兰考人民。①

读了以上引例，您是否对案例地有所了解？那么我们就开始深入探寻兰考焦裕禄纪念园文旅融合的发展历程及具体做法吧。

一、案例地概况

焦裕禄纪念园位于河南省兰考县城北关原黄河故堤沙丘上，始建于1966年2月，占地面积91.7亩，由革命烈士纪念碑、焦裕禄烈士墓、焦裕禄同志纪念馆组成。经过50多年的发展，目前纪念园共有焦裕禄同志纪念园、兰考县展览馆、四面红旗馆、焦裕禄精神体验教育基地、焦桐、焦裕禄纪念林、泡桐试验站等7处已开发利用的纪念设施。形成了以焦裕禄烈士墓、焦裕禄同志纪念园为核心的焦裕禄精神宣传阵地体系。爱国主义教育功能突出，传播传承红色文化能力显著。

焦裕禄纪念园是全国重点革命烈士纪念建筑物保护单位，全国爱国主义教育示范基地、国家4A级旅游景区、全国中小学爱国主义教育基地、中央国家机关爱国主义教育基地、全国红色旅游景点景区、全国廉政教育基地等，焦裕禄纪念园生动地展示了焦裕禄同志全心全意为人民服务，鞠躬尽瘁死而后已、平凡而伟大的光辉一生。近几年，焦裕禄纪念园不断加强社会教育和文化宣传，现已成为兰考独具特色的爱国主义和传统文化宣传教育平台，成为各大中小学校德育教育和青少年校外教育的重要课堂，也是兰考城市文化的展示窗口和旅游文化名片。

焦裕禄纪念园自兴建以来，一直受到党和国家领导人的亲切关怀和高度重视，多位国家领导人曾多次亲临参观指导工作。2009年、2014年习近平总书记两次到焦裕禄纪念园参观，向全党发出深入学习弘扬焦裕禄精神的伟大号召②。近几年接待量呈“井喷式”增长，2018年达到319.55万人次，2019年接待人数达到345.23万人次，取得了非常好的社会效益。如今的纪念园内松柏吐翠，桐花飘香，环境清幽，景色宜人，参观者络绎不绝，已成为全国党员干部和人民群众净化心灵的重要基地。

---

① 品橙旅游．中博文旅融合发展研究院在开封正式揭牌［EB/OL］．https://www.sohu.com/a/317946192_425901，2019-06-01.

② 求是．结合新的实际大力弘扬焦裕禄精神——习近平同志2009年4月1日在河南省兰考县调研期间与干部群众座谈时的讲话［EB/OL］．http://www.lankaofaner.com/jrlk/lks/814.html，2019-10-21.

小知识

焦裕禄精神内容

第一，学习和弘扬焦裕禄同志牢记宗旨、心系群众，“心里装着全体人民、唯独没有他自己”的公仆精神。

第二，学习和弘扬焦裕禄同志勤俭节约、艰苦创业，“敢教日月换新天”的奋斗精神。

第三，学习和弘扬焦裕禄同志实事求是、调查研究，坚持一切从实际出发的求实精神。

第四，学习和弘扬焦裕禄同志不怕困难、不惧风险，“革命者要在困难面前逞英雄”的大无畏精神。

第五，学习和弘扬焦裕禄同志廉洁奉公、勤政为民，为党和人民事业鞠躬尽瘁、死而后已的奉献精神。

二、案例地文旅融合主要做法

（一）建设红色基因库，实现红色资源数字化

焦裕禄精神是中国革命精神谱系中的重要组成部分，反映了那个火热建设年代人们改天换地的精神风貌，体现了共产党人远大的理想和脚踏实地的奋斗精神，具有博大精深的内涵和鲜明的时代意义，被习近平总书记概括为“亲民爱民、艰苦奋斗、科学求实、迎难而上、无私奉献”的焦裕禄精神。

2020 年 7 月，焦裕禄纪念园被中宣部选为中华民族文化基因库（一期）红色基因库试点单位，结合现代科技手段将红色资源数据化，在新时代改革开放中弘扬焦裕禄精神，让红色基因代代相传。在技术合作单位的配合指导下，对纪念园现有展陈内容、馆藏文物、档案史料、红色故事、出版物、音视频等进行详细梳理、分类采集，按照数字化文档、三维模型、三维实景漫游+全景拍摄、音视频、专题片等类别，形成条目清晰、结构合理、内容全面的红色资源目录。

2020 年 11 月，相关技术单位开始对焦裕禄纪念园和焦裕禄精神体验教育基地的外部地理环境空间及建筑群，使用无人机进行 720 度全景航拍，突出纪念园的方位和周边建筑群，辅以地面拍摄 720 度全景，建立爱国主义教育基地的鸟瞰全景数据，将焦裕禄纪念园、焦裕禄精神体验教育基地更加生动、形象地保留在红色文化基因库中；对焦裕禄同志纪念馆展厅、兰考县展览馆展厅、焦裕禄精神教育基地、四面红旗馆内部场景进行三维空间数据采集，建立焦裕禄纪念园、烈士墓等五个场景 VR 虚拟实景展示，集成文字、图片、音频、视频、3D 交互、H5 小故事等，配合专业语音解说进行虚拟引导，实现综合创新型博物馆数字陈展模式；对藤椅、油纸伞、自行车等 25 件文物进行三维建模，对发言稿、棉衣等 114 件文物进行平面数据采集，关联了相关的历史、年代、故事等多媒体信息，打

通陈列品有关历史、文创产品等信息链接，通过有线电视网络实现全国联网，以最客观的描述、最动人的小故事，以小见大，将“为什么中国共产党能”背后的感人故事完整再现，利用线上平台讲好历史，讲好英雄和烈士故事。

（二）科学规划业态布局，充分利用红色资源

目前，焦裕禄纪念园呈“三馆一地一场一林一站”布局，纪念馆为现代化新式建筑于1994年建成，馆正面三层，大门正上方镶嵌的“焦裕禄同志纪念馆”为江泽民同志亲笔题写（图15-1），馆内共有版面、照片300余幅，遗物90余件，生动地展示了焦裕禄同志全心全意为人民服务，鞠躬尽瘁死而后已，平凡而伟大的光辉一生。兰考县展览馆于2015年建成并对外免费开放，展览内容分为党的群众路线教育实践活动展览、脱贫攻坚展览、今日兰考展览、临时展览篇章四个部分。四面红旗纪念馆2016年建成并对外免费开放，通过文字描述，图片介绍，结合今昔对比，生动展示了在焦裕禄精神感召下一代代兰考人的奋斗历程。焦裕禄精神体验教育基地位于焦裕禄同志当年治沙首试地坝头镇张庄村南，以保留当年沙丘风貌的基础上开发，主要以实地参与的方式，让体验者感受焦书记当年带领兰考人民治理“三害”时战天斗地的革命精神，加深对焦裕禄精神的感悟和理解。泡桐树是焦裕禄同志于1963年春在兰考工作期间，为治理“三害”带病深入基层调查研究，总结出“扎针贴膏药”治理沙丘的办法，他带头广栽泡桐树，兰考人民为缅怀焦裕禄同志，亲切的称其为“焦桐”（图15-2）。焦裕禄纪念林位于东坝头镇张庄村，是焦裕禄同志带领当地群众治理风沙的有益办法，现保留了50余亩刺槐林，人们把刺槐树称为“焦槐”，把这片刺槐林称为“焦林”；泡桐试验站是利用焦裕禄同志在老韩陵村开展泡桐育苗研究的遗存打造而成，通过参观泡桐试验站，游客可以了解焦裕禄同志为治理“三害”而做出的扎实工作，感悟焦裕禄同志深入群众、善树典型的工作方法和重视人才、体恤下属的人格魅力。

图15-1　焦裕禄同志纪念馆

图 15-2　焦桐

(三)开发完备课程体系,打造高质量红色教育

焦裕禄纪念园紧紧围绕学习贯彻习近平新时代中国特色社会主义思想、焦裕禄精神,依托党的建设和经济社会发展实践两个教学支点,针对不同层面的教育培训需求,开发出“六位一体”教学模块。

(1)专题教学。围绕习近平新时代中国特色社会主义思想和党的十九大精神,阐释焦裕禄精神时代价值,以兰考及周边地区的红色文化及廉政教育资源为依托开发理论专题课程。开设有《习近平县域发展思想与开封兰考乡村振兴战略》《焦裕禄在兰考的475天》《焦裕禄精神的历次弘扬和时代内涵》《世界百年未有之大变局下的县域经济发展》《不忘初心,牢记使命——做焦裕禄式的好干部》《新时代焦裕禄精神的新内涵》《学习焦裕禄精神做优秀员工》《学习焦裕禄精神创最佳业绩》《焦裕禄精神和企业文化建设》等课程。

(2)现场教学。以习近平新时代中国特色社会主义思想为统领,认真贯彻落实习近平总书记在开封、兰考调研时的重要论述精神,充分挖掘焦裕禄精神内涵及当地特色文化资源,围绕特定主题,以党性教育为目的,以现场讲授、实地参观的方式开展的教学课程。开设有《焦陵前的追思》《光辉的一生》《焦桐的故事》《红心永向党》《黄河的见证》《乐器小村——徐场》《幸福代庄》《产业振兴——杜寨》《乡风文明——许贡庄村》《党建先锋——姜楼》等课程。

(3)互动课程。邀请焦裕禄当年的事迹亲历者、历史见证人及优秀党员干部代表,现身说“法”讲述感人事迹,突出双向互动性和学员参与性。开设有《我的父亲焦裕禄》《永久的记忆》《现场互动教学(梦里张庄)》等课程。

(4)音像课程。根据特定的党性教育目的,围绕焦裕禄事迹和精神,运用音视频表现形式,打造的影视剧、纪录片、时政片、动漫等形式的课程。开设有《县委书记的榜样——

焦裕禄》《光辉的榜样》《永远的焦裕禄》等课程。

（5）体验课程。在特定的场所，按照教学安排，让学员实地参与劳动体验、拓展的课程。开设有《探寻焦裕禄的科学求实精神》《治“三害”劳动体验》《农业观光劳动体验》等课程。

（6）廉政课程。主要是指依托开封丰富的廉政文化资源，开发的现场教学课程。开设有《忠诚干净担当——焦裕禄的初心和使命》等课程。

（四）举办爱国主义展览和脱贫攻坚故事主题展

为丰富焦裕禄精神体验教育基地的内容，延伸新时代焦裕禄精神的内涵，纪念园举办《百年看中国——爱国主义展览》。通过利用现代科学技术手段，集中渲染展示三个百年的经典瞬间，使政治生活体验者在感觉、精神、心灵上，激发出对百年耻辱痛起来、百年抗争站起来、百年筑梦强起来的强烈情感。在兰考县展览馆举办《兰考新时代——脱贫攻坚故事主题展》。展览展出兰考县脱贫前后的对比，贫穷的苦难记忆，珍惜现在的美好幸福生活。激发“撸起袖子加油干”的时代新风。引导群众感受兰考近年来的发展变化，体味焦裕禄精神在兰考县经济文化发展中起到的作用。2020 年 8 月被河南省文物局评为“弘扬优秀传统文化、培育社会主义核心价值观”主题优秀展览。

（五）丰富基因库内容，整理红色故事

为进一步挖掘焦裕禄精神内涵，丰富红色理想信念教育内容，自 2018 年起纪念园开展焦裕禄相关资料征集工作，分别赴洛阳、大连、尉氏、淄博等地征集焦裕禄相关资料，并抽调人员对征集的资料进行整理和电子录入。2019 年 8 月，纪念园启动了“焦裕禄在兰考”事迹采访工作，深入乡村、深入群众，抢救性采访兰考县境内见过焦裕禄同志的老人，着重采访以往未曾被采访过的群众，抢救式挖掘、收集生动、感人、真实的事迹。征集采访工作为今后系统地研究焦裕禄精神的形成发展和丰富爱国主义教育内涵提供了丰富的资料。通过深入搜集整理焦裕禄事迹，结合《焦裕禄年表纪事》，采集制作了《真情大米》《雨中探流水》《严厉批评“踢皮球”》《“官不大，僚不小”》《公家的鱼谁也不能随便要》《三条腿凳子》《救济人员名单》《干部十不准》《自行车》《雨衣》等 10 个与焦裕禄有关的红色故事，丰富了博物馆陈展内容，更加清晰、生动、完整地还原了焦裕禄书记与自然灾害进行顽强斗争，努力改变兰考贫穷落后面貌的光辉形象，让焦裕禄精神在新时期、新阶段发挥更大的育人作用，焕发出更加璀璨的光芒。

三、案例地文旅融合成效

（一）讲好革命故事，推动焦裕禄精神“走出去”

近年来，焦裕禄纪念园一直在积极探索如何运用人民群众喜闻乐见的形式发出红色声音，生动鲜活地讲好革命故事。焦裕禄纪念园组建了焦裕禄精神宣讲团，赴全国各省市开展焦裕禄精神宣讲活动，平均每年宣讲近 100 场，为社会各界讲述焦裕禄感人事迹，实现焦裕禄精神宣讲“走出去”，取得了良好的社会效果。采用“开门办展览”的方法，先后与平津战役纪念馆、武汉高新区展览馆、杨业功纪念馆、哈尔滨市南岗博物馆等开展了联合展览，取得了良好的效果。利用清明节、5. 14 焦裕禄同志逝世纪念日、国际博物馆日、自然和文化遗产日、“红色旅游月”、社会科学推广普及周、革命烈士公祭日等开展一系列弘扬焦裕禄精神的活动，把焦裕禄精神融入广大干群的日常生活中，确保焦裕禄精神在新时代焕发新活力。

2018 年，焦裕禄纪念园接待人数达 319.55 万人次，其中包括团队 15600 多批，讲解 16000 多场次，青少年比例达到 35%；2019 年接待人数 345.23 万人次，其中包括团队 16400多批，讲解 16600 多场次，青少年比例达到 38%；2020 年接待参观游客 103.27 万人次[①]。

（二）深度整合教育、旅游资源，让焦裕禄精神从小在学生心中扎根

2017 年 11 月焦裕禄纪念园被教育部评为“全国中小学生研学实践教育基地”，2018 年 9 月被河南省旅游局评为“首批河南省研学旅游示范基地”。纪念园研学培训中心正在紧张建设中，研学培训中心是旧楼改造而成，总建筑面积达 16000 平方米，包含中小学生住宿楼、学员住宿楼、餐厅、教室四部分，并结合实际开发出专题教学、现场教学、互动课程、音像课程、体验课程等特色教学体系，形成了“六位一体”教学模块，设计出了“红色研学，传承之旅”“光辉的榜样焦裕禄”“向英雄焦裕禄书记学习”等主题突出、内容丰富的研学课程，其中“红色研学，传承之旅”被河南省教育厅评为河南省研学实践教育精品课程，不断将教育资源、旅游资源进行整合，让焦裕禄精神从小在学生心中扎根，扩大焦裕禄精神的影响力。

（三）丰富文创产品，创新传播方式，社会经济效益不断提高

焦裕禄纪念园深入挖掘本地的文化资源，延伸文化产品链条，为游客留下美好的“参观回忆”，与第三方公司深度合作，不断开发各类文创产品，结合当地实际，开发有焦裕禄相关书籍、其他红色书籍、小人书、各种红色摆件、用具等，吸引前来参观学习的游客进行消费。其中“焦桐花·红色兰考焦裕禄系列”在全国红色旅游文创产品和红色旅游演艺创新成果征集活动中荣获“全国优秀红色旅游文创产品”；“焦桐花·《不忘初心、牢记使命》系列”“焦桐花·兰考新三宝”“焦桐花·红色兰考六景冰箱贴”“焦桐花·红色兰考桐木笔”“焦桐花·拼搏之城怀旧陶瓷杯”均入围红色旅游文创产品最终遴选，取得了良好的社会效益和经济效益。

四、展望未来

焦裕禄纪念园将继续坚持以习近平新时代中国特色社会主义思想为指导，坚持以社会主义核心价值观引领园区发展，重视未成年人思想道德教育，深入推进文化和旅游产业全面发展融合。

（一）完善基础设施、增强观感体验

焦裕禄纪念园将有计划地对园区旅游基础设施提升改造。将焦裕禄纪念园南扩西展，园区面积在原有基础上扩大 10 万平方米；建设生态停车场，满足旅游高峰期的停车需求；完善供排水系统和安防监控设施，确保园区监控无死角，为平安景区建设打下坚实基础；完善垃圾收集运输设施；对烈士墓广场、纪念碑广场、旅游步道、焦裕禄烈士墓、园

---

① 郑州日报.生也沙丘死也沙丘 焦桐常青精神长存_兰考[EB/OL].https://www.sohu.com/a/475453483_160386,2021-07-04.

区亮化、园区绿化进行维修提升。同时对焦裕禄纪念馆进行扩建改造。根据中共中央办公厅、国务院办公厅印发《关于实施革命文物保护利用工程(2018—2022 年)的意见》要求,将在馆内增设文物库房、临时展厅等和各种观众服务设施,将焦裕禄事迹展览面积扩至 3500 平方米。通过完善基础设施,提升消防等级,重新设计参观线路,充分融合现代化展览手段,使纪念馆布展更加符合当代的需求。现阶段,景区已完成对扩建后焦裕禄纪念馆陈布展大纲的编制工作,邀请了鲁迅美术学院艺术工程总公司完成《焦裕禄纪念馆展陈方案设计》。改扩建后的焦裕禄纪念园将极大提升旅游质量等级,提高接待能力。

(二)加深焦裕禄精神研究,提高宣传阵地高度

纪念园将继续统筹开展焦裕禄事迹挖掘、整理工作,围绕焦裕禄精神的内涵、意义、价值、形成、应用等方面,做深研究焦裕禄精神,为研学旅游、红色旅游提供丰富的文化支撑,增强景区核心竞争力。

(三)推进景区智慧化建设

在新的时代背景下,景区智慧化是大势所趋,也是广大游客的消费需求。焦裕禄纪念园在完善景区基础建设的基础上,通过建设景区综合管理平台、智慧管理应用系统、智慧服务应用系统、智慧营销应用系统和应急指挥中心来持续推进景区管理、服务、营销智慧化,并打造成管理高效、创新服务、特色独具的智慧旅游景区。

思考

1. 你的家乡在推动景区智慧化建设中遇到有哪些困难?是如何解决的?

2. 目前市面上红色文创产品同质化严重,创意性不足,你有哪些好创意?

3. 根据案例地文旅融合发展情况及主要做法,你有哪些更好地建议以加快推动该地文旅融合速度?

总结

兰考县焦裕禄纪念园文旅融合发展

- 建设红色基因库,实现红色资源数字化 —★ 打通陈列品有关历史、文创产品等信息链接,利用线上平台讲好历史,讲好英雄和烈士故事
- 科学规划业态布局,充分利用红色资源 —★ 通过“三馆一地一场一林一站”布局,结合文字描述,图片介绍,结合今昔对比,生动展示了在焦裕禄精神感召下一代代兰考人的奋斗历程
- 开发完备课程体系,打造高质量红色教育 —★ 紧紧围绕学习贯彻习近平新时代中国特色社会主义思想、焦裕禄精神,针对不同层面的教育培训需求,开发出“六位一体”教学模块
- 举办爱国主义展览和脱贫攻坚故事主题展 —★ 引导群众感受兰考近年来的发展变化,体味焦裕禄精神在兰考县经济文化发展中起到的作用
- 丰富基因库内容,整理红色故事 —★ 通过深入搜集整理焦裕禄事迹,丰富博物馆陈展内容,让焦裕禄精神在新时期、新阶段发挥更大的育人作用,焕发出更加璀璨的光芒
- 拓展宣传途径,推动焦裕禄精神“走出去” —★ 建了焦裕禄精神宣讲团,为社会各界讲述焦裕禄感人事迹,实现焦裕禄精神宣讲“走出去”,取得了良好的社会效果
- 丰富文创产品,提升红色文化吸引力 —★ 深入挖掘本地的文化资源,延伸文化产品链条,不断开发各类文创产品
- 发展研学旅行,深度整合教育、旅游产业资源 —★ 开发研学旅行专题教学、现场教学、互动课程、音像课程、体验课程等特色教学体系,让焦裕禄精神从小在学生心中扎根,扩大焦裕禄精神的影响力

第十六章
温泉旅游的创新
——尧山温泉旅游度假区

导读

尧山温泉旅游度假区，坐落于河南省尧山大佛风景区内，投资规模大、规划档次高、综合配套设施齐备，是国内规模最大的集温泉养生、特色餐饮、康体保健于一体的“佛禅”主题文化养生汤泉。

温泉周边地理条件优越，紧靠郑尧高速和二广高速，交通十分便利。尧山福泉建筑占地面积 7 万多平方米，拥有风格独特、口味各异的自助餐厅、斋餐厅、茶餐厅、露天休闲吧等餐饮项目；汇聚功能各异，极富养生特色的温泉汤池 80 余种；配备舒缓身心、净化心灵的康体保健项目一应俱全，拥有温泉 SPA、大型休息区、静音休息室、影音休息室、棋牌室、健身中心、乒乓吧等养生休闲项目。

2015 年 10 月 9 日，国家旅游局发布首批入选 17 家国家级旅游度假区名单，尧山温泉旅游度假区成功入围，成为“全国首批，河南唯一”的国家级温泉旅游度假区。

该案例地通过“科技+温泉文化”等手段持续开发文化创意项目，利用新媒体营销进行线上与线下活动推广，全力打造体验式温泉度假村品牌，来推动文旅融合。

引例

12 月 23 日，2020 年(第六届)中原旅游大咖峰会暨中原旅游总评榜颁奖典礼在许昌鄢陵花都温泉召开，河南鲁山县文广旅局在颁奖典礼上获评“中原文旅融合突出贡献奖”。

据介绍，鲁山县自然资源得天独厚，有尧山、石人山、画眉谷等景区；鲁山县是中国墨子文化之乡、中国牛郎织女文化之乡、中华名窑花瓷之乡，历史文化积淀厚重。近年来，鲁山县以创建全域旅游示范区为统领，将“文旅大发展”作为经济社会发展十大任务之一，突出抓好尧山 5A 级提升和尧山温泉旅游度假区提升，加快项目建设、乡村旅游发展和文旅产品提档升级，不断强化宣传营销、市场监管、政策支持和管理模式创新，推动文化与旅游深度融合发展。

在文化品牌打造上，该县在中央电视台打出“三都一地”品牌，“三都”是指智慧之都、家纺之都、花瓷之都，“一地”是指牛郎织女爱情圣地。投资10亿多元的牛郎织女文化产业园项目、投资40亿元的花瓷古镇项目、投资15亿余元的丝绸家纺产业园项目，都在按照景区式的网红打卡地加快建设。

鲁山县与文化名人有关的墨子古街、墨子岭等中国墨子文化旅游区游人络绎不绝，文化符号浓郁，带贫效果明显，其中墨子古街还被评为“平顶山市文旅局精准扶贫企业”。该县仓头乡依托造字鼻祖仓颉的文化品牌打造汉字小镇，“中州名镇”张良镇打造张良汉杰人文生态小镇，带动经济高质量发展。

鲁山县是“中国温泉之乡”，尧山温泉旅游度假区是河南省唯一的国家级温泉旅游度假区，获评“2020中国旅游大奖”奖项。鲁山县还依托“中国长寿之乡”“中国天然氧吧”及众多红色教育基地，充分发挥文广旅局的职能作用，持之以恒地在文化旅游融合上做好文章，推动县域经济社会高质量发展。①

读了以上引例，您是否对案例地有所了解？那么我们就开始深入探寻尧山温泉旅游度假区文旅融合的发展历程及具体做法吧。

一、案例地概况

尧山温泉旅游度假区，位于中国温泉之乡——平顶山市鲁山县西部，伏牛山东麓。尧山温泉旅游度假区于1993年开始创建，2015年10月首批入选全国17家国家级旅游度假区名单，成为“全国首批、河南唯一”的国家级温泉旅游度假区。

以“山、佛、汤”三大高品质珍稀旅游业态支撑的尧山温泉旅游度假区，尊享12.36平方千米山水福地，地处中原大佛文化圣地，包含从郦道元《水经注》流淌而来的鲁阳圣境、滍水名汤——尧山福泉原生汤泉，包含依山而建、临水而栖、匠心巨制的福泉大酒店、天瑞温泉大酒店和亭台楼榭、花鸟虫鱼、茂林修竹、水草丰美的园林逸景水乡。

二十多年来，尧山温泉旅游度假区累计投资65亿元，依托“佛（佛泉寺）、山（尧山）、汤（鲁山百里温泉带）”三大核心旅游资源，努力打造具有国际影响力的旅游度假目的地，产品涵盖了运动健身、休闲娱乐和康体疗养等特色项目。并同步导入常态化的节庆演艺活动，如新春庙会、非遗表演、民间魔术、地方曲艺等，满足不同人群的休闲娱乐及精神文化需求。

近几年来，尧山温泉旅游度假区接待游客量和经营收入逐年增长，2020年接待游客120万人次，经营收入1.6亿元，实现净利润1800万元。

依托优美的自然风光、深厚的人文底蕴、完善的旅游设施配套、人性化的休闲服务，尧山温泉旅游度假区先后获得国家级旅游度假区、国家级风景名胜区、国家文化旅游服务标准化示范区、全国资源型城市重点旅游区人文历史旅游项目、2020智慧旅游产业高峰论坛优选旅游度假区奖项等多项殊荣（图16-1）。成为平顶山市旅游产业发展的龙

① 李向东.河南鲁山县文广旅局获得“中原文旅融合突出贡献奖”[EB/OL].https://www.xyshjj.cn/detail-1482-40811.html,2020-12-26.

头,也是平顶山的一张靓丽的城市名片。

图 16-1　尧山温泉旅游度假区内景

二、案例地文旅融合主要做法

(一)以原汤温泉为基础,打造功能齐全、综合配套完善的复合型文化旅游度假胜地

鲁山温泉乘串珠状,自西往东,分布在鲁山百里长的地壳大断裂带上。每至一年四季,水雾升腾,如入仙境,被誉为“皇汤”“皇女汤”“鲁阳神泉”“华夏第一汤”。鲁山温泉水平均温度为 61 ℃~63 ℃,水中含有硼、锂、氟、镭、氡等十多种微量元素,具有较高的理疗价值。鲁山温泉的利用历史,可以追溯到商代。北魏地理学家郦道元在他的《水经注·滍水》篇中称“鲁阳温泉,可疗万疾”。

小知识

温泉的疗效

温泉是一种自然疗法,大部分的化学物质会沉淀在皮肤上,改变皮肤酸碱度,故具有吸收、沉淀及清除的作用,其化学物质可刺激自律神经,内分泌及免疫系统。虽然温泉对身体健康有益处,有说法说可治疗皮肤病、心脏病等,可消除疲劳,在国内温泉集聚的地方都已经设立了疗养机构类型的医院,借用温泉来治疗皮肤病,但专家建议仍要注意它虽治百病,也要小心其危险性,提醒您酒足饭饱,不可立即入水。

1. 弘扬汤疗文化精髓，续写文旅新篇章

尧山福泉位于鲁山百里温泉带之首，是国内规模较大、档次较高的温泉度假休闲中心，总投资10亿元。尧山福泉建筑占地面积5.2万多平方米，其中温泉区占地3.6万平方米，拥有风格独特、口味各异的自助餐厅、斋餐厅、茶餐厅、露天休闲吧等餐饮项目；汇聚功能各异的中医疗养精粹，设置极富养生特色的温泉汤池80余种；舒缓身心、净化心灵的康体保健项目一应俱全，拥有温泉SPA、大型休息区、静音休息室、影音休息室、棋牌室、健身中心、乒乓吧等养生休闲项目。

"福泉"又名"佛泉"（图16-2），盛唐开元年间，太宗于上汤建寺，其寺香客云集，繁盛至今。相传，附近村庄百姓因天灾感染疥疮，久治不愈，便上山祈福神灵，后得高僧点化，行沐浴礼佛之礼，盘坐浴汤祈福祷告，逾三日，奇迹现疥疮落，曰：佛祖显灵，佛泉传说由此在当地传播开来。从此，沐浴成为当地礼佛的重要程序，即礼佛必先沐浴。后来百姓因传说而久浴温汤，发现佛泉不仅有祛病疗疾之功效，且强身健体，香肌美肤，从此佛泉名扬天下。史料记载，古代不少皇亲国戚、显官贵人都曾慕名纷沓而至。

图16-2　尧山福泉正门

2. 综合开发强配套，补齐短板促融合

依托尧山福泉建设了福泉大酒店、天瑞温泉大酒店，加上尧山景区、六羊山景区，名泉配名山，配套服务设施的完善，激发了游客的消费潜力。

福泉大酒店是河南省内规模最大的集商务会议、旅游度假、禅意温泉养生于一体的会议度假型酒店，总投资15亿元。酒店占地面积达12万平方米，拥有555间套山水、温泉养生系列客房；能提供荟萃全球经典的中西美食和凝聚中国养生文化精髓的素食盛宴。有设施先进，面积达1500平方米的多功能宴会会议大厅和10余个不同类型的会议室。福泉大酒店装修风格处处充满“佛禅文化”主题意境，于婉约中彰显着中原王者之气。福泉大酒店于群山环抱之中，沙河水脉绕身而过，处处鸟语花香，藏于山而开阔，匿于林而恢宏，环境优雅、温馨舒适。

天瑞温泉大酒店位与尧山福泉温泉毗邻，酒店共有客房161间，最大接待量260人。设计温馨雅致，设备齐全，宽敞的环境中给予人最佳舒适度，是旅游小住的理想之选。特别是房间拥有天然的温泉，可称为美人汤，具有软化角质层的功效。酒店拥有150人的中型会议室、两个50人的小型会议室，并配有先进的多媒体投影仪设备。

（二）以文化创意为核心，做活温泉文化，推动文旅深度融合创新发展

尧山温泉旅游度假区近年来从文旅融合方面做文章，推出“温泉+文化”旅游项目，提升温泉旅游高科技体验感。围绕如何让游客“进得来、留得住”“人气旺、效益高”的目标，推进产业融合，实现协同发展，推进旅游目的地建设和文化旅游产业的转型升级。确立以“侧翼推进、多元支撑、主业引领、品牌导向”的发展战略、品牌战略，找准产品定位，强力提升品牌知名度，向着世界驰名旅游品牌目标迈进。

1. 未来科技点亮文旅项目，打造时尚体验温泉新品

奇幻光影秀是以奇幻夜游动线为核心，利用多媒体数字技术，依托尧山福泉建筑风貌，为尧山福泉量身定制独具特色的夜间旅游项目，让游客白天欣赏景观，晚上体验声、光、水、雾、电等融合的视觉盛宴。尧山福泉奇幻夜游光影秀充分利用福泉穹隆建筑的特色地形特征，依托室内园林、小桥、汤池、禅意建筑小品等现有资源以奇幻游线连接所有独具特色打造的景观节点，形成一条丰富的夜游路线，集梦幻、奇幻、魔幻于一体，让游客感受光影带来的神奇而流连忘返（图16-3）。

图16-3　温泉内景

2020年，为满足游客追求更高品质的生活需求，营造出更强的震撼感和高科技声光电形成的视觉冲击，通过奇幻光影，给人以身临其境，如梦似幻的唯美感觉。“滨海风情”

水上狂欢，向游客呈现出一个完美、梦幻的“大海”，满足人们对大海的向往之情。尧山福泉真正实现了“温泉+未来科技”的文旅融合发展模式，使尧山福泉真正成为繁华都市外的温泉度假天堂。

2. 持续开发文化创意节目，提升温泉旅游文化吸引力

首届“尧山福泉·奇幻水乐季”，通过舞蹈快闪、创意性感韩风舞蹈、勇士对吹、劲歌热舞、国风节目表演、魔术、川剧等传统文化新演绎，让游客观看节目的同时畅饮啤酒、狂撸烧烤，共享温泉狂欢世界。“电音狂欢，唱响福泉”展现福泉风韵，电音摇滚激荡福泉，开启激情狂欢；将舞台设置水上，把热情点燃。一首首活力四射的歌曲，一曲曲激荡人心的旋律，一段段欢快热烈的舞蹈，把众多游客带进了狂欢的海洋。

开展了行走的天籁——古风拍摄，举办了瑜伽与温泉、茶道与温泉、太极与温泉等表演，现场演绎出古风雅韵的仙境，让游客如身临仙境。开展了美女网红大赛，为喜欢的主播打 Call！活动现场百万级粉丝抖音网红大咖们齐聚尧山福泉温泉，全程直播整体盛况。推出尧山福泉水乐园“冰泉”嘉年华，各种卡通玩偶走进福泉，使出他们的必杀技——花式卖萌，求抱抱，求带走，童趣十足，萌动炎炎夏日。

“夜享福泉，趣味狂欢”开启味蕾盛宴，美食与音乐激情碰撞，啤酒与烧烤热辣交织，味动福泉。当日落西山，喧嚣退去，苍穹之下，山水之间，熊熊篝火点燃，“福泉之夜”啤酒烧烤广场心跳开启，给温泉旅游增添了温馨情调。

三、案例地文旅融合成效

尧山温泉旅游度假区为提高景区知名度，把文化宣传作为激发游客出游的重要手段，为此在实施宣传营销中，注重创新营销方式，注重从传统营销方式到新媒体和体验营销的转变；实施整合营销和旅游目的地营销；注重市场调研和分析，实施精准营销；树立良好的品牌意识，重视旅游产品到旅游品牌的转变，不断提升旅游景区的市场影响力。

1. 创意温泉文化营销，展示温泉度假精彩画卷

为推进品牌创建，坚持立体营销、全面推进，在突出节会活动的同时，还强化了宣传片投放、媒体合作、目的地营销等宣传，进一步扩大旅游产品的知名度、影响力。与腾讯合作，摄制网络红歌《你莫走》《爱在福泉》《梦境福泉》等视频短片，系统展示尧山温泉旅游度假区深厚的人文底蕴；与中央、省、市媒体合作，对尧山文化旅游节进行集中宣传。加大重点场所旅游形象广告投放，借助网络等新媒体平台，适时推出系列旅游专栏、专题节目，提升旅游知名度和美誉度。

2. 创新景区管理运营，强力打造度假区品牌

以“家庭式亲情化服务理念”为服务导向，不断满足不同游客群体的需求。秉承为游客营造“放心、舒心、安心”的旅游市场环境的理念，不断完善旅游基础服务设施，丰富旅游产品供给，标准化建设推动度假区发展，将优质服务体现在旅游服务全过程，积极探索各具特色的发展路径，经过努力，游客放心旅游、安心消费、全程顺心，游客满意度和认可度进一步提升。2020 年度假区随机对 15 ~65 岁的人群抽样，游客满意度达到了 90%，携程、美团综合评分达到了 4.8 分，大幅度领先国内同类型温泉旅游度假区。

3. 建设大交通，提升大环境，实现大跨越，助推度假区高质量发展

尧山温泉旅游度假区位于伏牛山东段，交通便利，区位优势明显，新郑国际机场距度假区 182 千米，正在筹建的尧山旅游机场距度假区 25 千米。二广高速、宁洛高速、郑栾高速相互贯通，311 国道和郑万高铁穿境而过，构成了便捷直达的交通网络。

(1)持续加密交通网络，夯实旅游基础设施。近年来，为提升游客满意度，尧山率先开通景区至平顶山、郑州、漯河、洛阳的城际公交线路，推动运行"公交+旅游"项目，并率先推进"文旅康养"业态融合发展，满足游客多样化的产品需求。

2020 年，平顶山西站至尧山温泉旅游度假区观光铁路专线工程可研报告进入评审阶段。平顶山西站至尧山温泉旅游度假区观光铁路专线工程由天瑞旅游集团股份有限公司筹资建设，总投资约 60 亿元，线路总长 62.9 千米，从郑万高铁平顶山西站引出，经鲁山北站、昭平台站，至尧山温泉旅游度假区止，铁路为单线、预留双线设计，时速 200 千米，预计 2022 年底建成通车。

同时，鲁山机场建设项目于 2011 年开始推动，初审已经通过。鲁山机场定位是 4C 支线机场，总投资约 14.28 亿元，占地面积约 2800 亩(186 万平方米)，建设 1 条2600 米×45 米跑道，5 个机位站坪。飞行距离覆盖平顶山周围 800～2000 千米之间的城市。机场建成之后，必将吸引更多人来尧山温泉旅游度假区旅游。

(2)整改提升度假环境，让度假区成为度假天堂。为做好尧山温泉旅游度假区的提升工作，全面提升服务品质，为游客营造更安全、舒心、满意的旅游度假环境，2020 年，由鲁山县委县政府牵头成立"尧山温泉国家级旅游度假区"环境综合整治工作组，累计投资 1.1 亿元，从大环境着手，严格按照《旅游度假区质量等级划分与评定》标准，对度假区内的基础设施和环境绿化进行了优化升级。同时，对原有停车场进行扩容升级，利用空地区域设置停车位，进一步解决停车难的问题，并重新规划交通路线，加强步行街区管控，形成更为合理的人车分流交通体系；根据文化特色，全新设计制作标识标牌，加强游客服务引导、安全提示，给游客带来更为舒适、更具品质的游玩体验，温泉旅游度假区面貌焕然一新，2020 年 10 月，高分通过文旅部验收组专家验收。

四、展望未来

尧山温泉旅游度假区将着力于"佛(佛泉寺)、山(尧山)、汤(鲁山百里温泉带)"三大核心旅游资源有机整合，围绕文化与旅游的深度融合，从完善设施、提升品质、打造品牌入手，不断丰富度假区文旅业态、持续完善服务设施。下一阶段，将加快装修度假区铂金一号酒店，推进温泉养生中心二期开放，加快鲁山机场项目的落地建设，加快平顶山西站至尧山温泉旅游度假区观光铁路专线的建设，把尧山温泉旅游度假区打造成为国内一流、世界知名的休闲度假旅游目的地，为河南文旅产业谱写新的篇章。

思考

1. 你认为该案例地在文旅融合的过程中有哪些需要改进的地方？具体方法是什么？

2. 据你所知，有哪些温泉度假村在促进文旅融合方面有更先进的做法，如何应用到尧山温泉旅游度假村？

3. 除了文中提到的尧山温泉新媒体营销的做法外，你还有哪些有创意的营销手段用以推动案例地文旅融合进程？

总结

尧山温泉旅游度假区文旅融合发展

- 以原汤温泉为基础，打造功能齐全、综合配套完善的复合型文化旅游度假胜地
  - ★ 弘扬汤疗文化精髓，续写文旅新篇章
  - ★ 综合开发强配套，补齐短板促融合
- 以文化创意为核心，做活温泉文化，推动文旅深度融合创新发展
  - ★ 未来科技点亮文旅项目，打造时尚体验温泉新品
  - ★ 持续开发文化创意节目，提升温泉旅游文化吸引力
- 挖掘文化内涵，以营销吸粉制胜，线上+线下引流客源，实现文旅产品价值的有效转化
  - ★ 创意温泉文化营销，展示温泉度假精彩画卷
  - ★ 创新景区管理运营，强力打造度假区品牌
- 建设大交通，提升大环境，实现大跨越，助推度假区高质量发展
  - ★ 持续加密交通网络，夯实旅游基础设施
  - ★ 整改提升度假环境，让度假区成为度假天堂

第十七章
包豪斯建筑群的现代延续
——郑州二砂文化创意园

导读

二砂全称郑州第二砂轮厂，于1953年兴建，是我国发展国民经济第一个五年计划的重点工程之一。2020年10月，郑州二砂文创园（图17-1）正式开放投入使用，这标志着一个郑州工业历史文化的地标正式诞生。他传承了郑州的传统文化艺术，向市民展现深厚的历史资源。该案例地通过基于旧址的文化，发展新经济模式，打造郑州新地标的方式推动文旅融合。

图17-1　郑州二砂文化创意园广场

引例

文创事业开花结果 二砂、芝麻街开园迎客

11 月 22 日，二砂文创园里人来人往，煞是热闹。在一楼缂丝展馆、太空主题展馆，不少家长带着小朋友在仔细观看，并认真给孩子讲解相关知识。具有现代风格的咖啡厅处，装饰前卫的楼梯成为网红背景板，不少人正在拍照。而在相隔不远的芝麻街双创园内，有许多市民正在散步，砖红色的高大厂房配上参天法桐，美得别具一格，文艺范儿十足。

两大园区的先后开放吸引了众多市民的眼光，也是中原区文化旅游事业蓬勃发展的一个见证。“十三五”时期，中原区文化旅游体育局强力推动文化产业转型升级，依托中央文化区、二砂文创园、芝麻街双创园，以及正在推进的郑州纺织博物馆等平台，大力发展文化会展、文化创意、演艺娱乐等产业业态，推动文化产业转型升级，着力打造一批展示文化特色、人文风貌的城市展厅、城市会客厅，让“文化中原”建设更进一步。

截至 2020 年 11 月 18 日，中原区有一定规模的文化企业约 200 家，创意设计、演艺娱乐、互联网文化等优势产业蓬勃发展，产业的规模化、集约化、专业化水平不断提高，以文化创意设计、互联网文化为核心的新型业态逐步兴起，“文化+创意”“文化+科技”“文化+金融”“文化+生态旅游”的融合业态规模不断扩大，文化产业创新发展的新成果不断，成为全区文化产业新的增长点。①

读了以上引例，您是否对案例地有所了解？那么我们就开始深入探寻郑州二砂文化创意园区文旅融合的发展历程及具体做法吧。

一、案例地概况

中国二砂文创园河南省郑州市中原区华山路第二砂轮厂旧址，基地位于郑州市中原区华山路西，中原路南，西三环以东，颍河西路以北原第二砂轮厂区内，面积共计约 56.3 万平方米（图 17-2）。第二砂轮厂由当时的民主德国（简称东德）在 1953 年援建，是全国最大的砂轮厂。园区总建筑面积约 90 万平方米，总投资 120 亿元，是集研发设计、生产贸易、展览销售、休闲体验等全链功能于一体的产融联盟新城。园区顺应消费升级与创新经济发展趋势，项目构筑“文化创意+科技创新”产业融合生态体系，重点国际化文化窗口经济、融合化“创意+”新经济、高品质文化服务经济三大方向，致力推动城市创新经济发展。

① 中原网-郑州晚报.“文旅体”深度融合 居民共享美好生活[EB/OL]. https://www.sohu.com/a/434102572_319303, 2020-11-25.

图 17-2　中国二砂文创园

二、案例地文旅融合主要做法

(一)传承记忆秉持保护,打造郑州城市文化新地标

二砂厂区内有着亚洲最大的包豪斯建筑单体,它承载着中德友谊,承载着新中国的工业梦想,也是具备唯一性的宝贵历史文化财富。在开发建设过程中,二砂文创园特别秉持“保护”“融合”“创新”的规划理念,保留文物建筑、景观绿带、古树、工业制造机具、烟囱等工业遗存来强化记忆传承的同时,合理引入新业态重塑产业动能、活化城市生活。因此,项目寄托着城市复兴的历史重任,又承载着复兴城市的时代担当。项目计划分四期建设,核心区历史遗存三年建成。

(1)园区一期(含首开区)。以主楼、中、小包豪斯及南北配楼为主,计划 2021 年 9 月底建成。打造园区品牌展示中心、二砂历史记忆馆、星河领创天下、文创企业、网红业态经济。

(2)园区二期。以大包豪斯及其他文物保护建筑改造为主,计划 2022 年 9 月底建成,打造园区未来魔方及园区文化创意产业发展、配套商业服务平台。

(3)园区三期。以大包豪斯西侧厂房改造为主,计划 2024 年 6 月底建成。打造新传媒区域总部、大数据与云服务创新中心,为“园区文化+科技融合”业态提供发展平台。

(4)园区四期。以新建用地为主,计划 2028 年 6 月底建成。打造总部基地、公共服务平台等设施,为园区产业加速、拓展平台。

二砂厂内近 2000 棵古树,项目设计单位基于优良的生态条件,坚持建筑景观化、景观功能化的原则,布局东部广场、西部广场、大包豪斯绿街、中央大道、未来社区立体花园五大重要生态区域,构筑“文化创意+科技创新”产业融合生态体系。

（二）传承记忆华美变身，打造文创产业创新发展的示范园区

（1）按照“统一规划，分步实施”的总体思路，市、区“一年起步、三年初具雏形、五年基本成型”的核心板块建设要求，首开区打造园区品牌展示中心、文创企业办公、星河·领创天下（孵化器）、二砂历史记忆馆等。首开区整体已于2020年10月17日实现开园。

首开园区包括东广场3栋建筑：一是北配楼，一楼为二砂历史记忆馆，存有二砂从筹备建厂迄今的历史。二楼为项目介绍和星河品牌馆。一个新建的大台阶平台连接了地面和二层，同时钢结构的应用巧妙地使空间适应性得以扩展。大空间展厅、开放平台、悬挑玻璃盒子，这些现代的元素有机的与清水红砖砌体建筑融为一体，相得益彰。一个新与旧、现代与经典、开放与私密、稳重与轻盈在此共生、链接，继续为城市增色！

（2）主楼——昔日的工厂办公大楼，经历几十年风风雨雨，仍在使用发挥余热。现作为国家级保护建筑，在能工巧匠的唤醒下，延续她的传奇。伫立在三角形广场的中心，稳重、端庄、韵律感的造型更突出其核心地位。将建为大师工坊，引进胡兆雄、徐朝兴、姚建萍、仵应汶、陈小甫五位非物质文化遗产大师，在记忆之环的映衬下，凤凰涅槃，续写荣耀。

（3）南配楼——星河领创天下（企业孵化平台）、网易、京喜直播等文创企业入驻。双层挑高大堂和分离的加建在二层连接，新加玻璃体环路适当而别出心裁，与此同时，布置使用空间和功能得以自由。院子里参天古树斑驳的影子随光，随眼睛，随心情，或在整齐的红瓦墙上，或在饱经风霜的红砖墙上，或在平整变幻的全玻幕墙上，呈现一幅幅美丽画面。红砖、玻璃、钢、木、金属板、石材、水磨石的组合应用使办公的人，参观或休憩的人们沉浸在现代与历史，光滑与粗糙，精美与豪放，沉稳与多变之中。代表着经典的砖，其最高工艺是清水砌筑，代表着现代的钢、玻璃、金属板碰撞在一起，形成强烈对比而带来的协调，同时神来之笔般在东北面构成了一个通透、开放的“玻璃盒子”，与广场四面景观和城市天际线形成一个绝佳的网红打卡点。

（4）未来项目建成业态构成：郑州二砂文创园作为全市重点打造的四大文化片区之一，将核心立足于二砂厂大型工业遗存的基地特质，顺应创新经济与消费升级发展趋势，着眼于促进文化与科技、旅游、休闲、金融的深度融合，文化事业与文化产业的互促发展，非遗传承与当代艺术的生动互动，重点聚焦国际化的文化窗口经济、融合化的“创意+”新经济、高品质的文化服务经济三大方向，构筑以文创IP原始创意为源头，数字互联网模式创新为引领，融合创意设计、文化艺术、数字创意、文创商业等业态发展，打造集研发、设计、生产、展览、体验、贸易销售、休闲全链功能为一体的综合性立体产业体系。

其中文化窗口经济着眼于夯实文创园区文化基因，提升整体品味，以博物馆经济、会展经济、国际交流服务、艺术研究培训、创作体验为重点，建设一批当代艺术、工业历史、传统文化等主题场馆群落与交流平台，打造“一带一路”国际人文交流、传统文化展示与传播、游客市民文化体验与学习的窗口平台。

“创意+”新经济根植本地产业和市场需求，引领文化、创意、互联网、科技、工业多元融合，提高文化新经济发展能级，推动创意设计、互联网技术与实体产业相互赋能，积极引进音乐舞美、数字传媒、创意设计、数字娱乐、产业互联网等龙头企业，搭建数字拍摄基地、音乐舞美基地、创意设计部落、数字文化创业园等产业载体，配套完善文创金融、数字

制作、知识产权、路演发布等服务平台

文化服务经济依托于郑州庞大的文化消费市场,升级城市文化服务供给,打造多元文化主题、业态产品、体验方式、服务特色的文商旅综合体。通过打造会员制超市、复合人文书店、时尚零售、创意市集、主题酒店等商业业态,引领高端文化消费潮流。同时,通过主题灯光秀、夜色活动、艺术演出、特色餐饮等业态,弥补郑州夜色经济的不足,提升郑州夜间消费能级。

(三)秉承包豪斯特色,创新文化新经济为郑州赋能城市文创新未来

整体规划设计依照中国经典空间营造的规则,设计把大包豪斯厂房空间分成“街、巷、院”三个等级,街道和巷弄之间,植入共享庭院,围绕庭院布局创业所需的公共服务空间。主力业态分布在四周,文创和科创在整个包豪斯厂房里交织在一起,相互作用形成化学反应。通过产业和空间的适配性研究,坚持屋顶的连续性,老建筑结构的可识别性,新建建筑的可逆性等一系列原则,在满足产业需求的同时,充分展现了老建筑最优质的美的特征。

坚持建筑景观化,景观功能化的原则,规划设计把东部广场,西部广场,大包豪斯绿街,南部林道公园,未来社区立体花园五大重要生态区域形成串联,整体形成功能各异,绿量充沛的城市生态公园。规划设计把生态理念延续进入大包豪斯内部,形成一条生态绿街,穿越绿街来到西部广场。这里新老建筑交织,用圆形建筑统领周边散落的老建筑。通过反射的表皮,把周边的红色和绿色进一步蔓延。圆形建筑围合一个音乐舞台,以老厂房为背景,激活整个建筑群。

场地内安排了一条“上天入地”的巡游动线,空中利用热力管廊和检修通道,结合廊桥共同形成一条全域漫步系统。地面上安排电力小火车,让人们最快捷地到达每一个区域。地下利用防空洞,结合拆除建筑的地基展示,共同打造地下展陈空间。

基于以上建筑基础,坚定以三大运营平台为依托,打造自营平台、联合平台与服务平台。布局四大空间,整个园区由四大空间组成,每个空间产业落位各不相同。中部地区是“未来魔方”,综合利用大型单体包豪斯建筑,旨在打造全室内、一站式、多元化的时尚展示与创意集合场景,未来将是集艺术、科技、创意、时尚体验于一体的特色文化空间;东部地区拟打造文创广场,重点突出公共空间的打造,场馆、广场、公园等文化生活活动将在这里聚集;西部地区是数创街区所在,重点落位总部经济、工作室、技术平台、教育培训、综合生产等与科创结合紧密的产业内容;中央生活大道将突出特色化内容,建设特色街区、发展特色文化、感受特色生活。

建立以公共平台中心、顶级会展中心、日常活动中心、艺术主题活动中心为首的四大中心,助力园区产业发展。集中六大产业资源发展,集中文化展销(一带一路)、创新科技(电竞)、时尚艺术(当代艺术中心)、创享广场(AI、光影)、互动休闲(JOYPOLIS 主题乐园)、创意零售(Costco)等高品质产业资源,形成文化新高地、打造产业新标杆,塑造城市新名片。九大公共平台,助力园区发展。

(1)数字技术服务中心。重点为中小型动漫、游戏、影视数字、新媒体、广告及创意设计企业,提供3D打印、数字制作、大数据服务等技术服务支撑,打造立足园区,服务郑州全市的数字技术服务平台。

（2）版权服务中心。联合影视、动漫、游戏等数字文化龙头企业，对接文创金融、文化交易、知识产权服务等机构、平台，围绕原始创意产品化，打造中原地区首个集路演发布、知识产权保护、版权交易等服务于一体IP版权交易平台。

（3）人才与企业服务中心。服务初创团队、小微企业、独立设计师等发展需求，引入星河领创天下专业孵化服务，打造以创意设计、衍生品开发、数字内容、数字媒体、软件及信息服务等为主题的创意经济孵化平台。

（4）文化贸易服务中心。链接贸促会、海贸会、电子商务企业、供应链管理公司等平台以及服务贸易龙头企业渠道资源，为园区企业产品、服务走出去提供系统支撑，力争打造全省文化贸易创新示范区。

（5）国际文化交流中心。链接各类国际组织、展会活动、商会协会平台，通过资源对接、产业投资、人才交流、项目招商、活动策办等多种形式，不断导入国际化创新、创意资源与产业要素，打造中原地区最具活跃的国际文化交流平台。

（6）游客服务中心。以景区标准打造园区，围绕游客需求，搭建集成接待、展览、宣传等多元服务的游客服务中心；提升服务品质与管理水平，打造高质量、高标准、高规格的旅游服务平台。

（7）社群营造中心。在传媒、设计、时尚、科创等领域深化产业内容，形成高黏合度、高执行力的社群文化，让社群价值最大化，形成凸现人文关怀与城市质感的“城市创意园区”。

（8）智慧园区服务中心。通过对社区人员、设备、事件的预知、预测、预判、预警，实现数字化、智慧化、精细化的运营管理，提升商业管理效率，提高社区安全管理水平，为高效办公提供保障，打造郑州共创共享的智慧园区。

（9）招商管理中心。利用星河产业资源整合能力，围绕园区产业发展需求，建立园区招商管理平台，统筹园区招商工作，定制产业招商方案，建立招商信息数据库。同时提升园区商事服务，联动政府与企业，提供政策咨询、对接等商事服务功能。

三、案例地文旅融合成效

首开区占地约6.7万平方米，总建面约5.7万平方米，办公面积8000平方米，遵循以“文化为引领、科技为支撑”的发展理念，着重打造中原文化新经济产业高地，重点引进网络经济产业链及头部平台企业、本地产业资源及商协会等，已入驻飞鱼设计、京楚传媒、码全科技、杨丽萍美学馆、北京长江文化、京喜直播、约克动漫等知名企业17家。

中国二砂文创园以“园区+社区”的空间载体为支撑，搭建起企业与人的社交化圈层。以“园区+金融”的产融模式为手段，助力企业成为行业独角兽。为企业匹配全生命周期产业服务，与政府和企业共享产融联盟的发展成果和成长红利。园区以文化创意与科技创新为两大主题，全力打造双创产业园。园区以三大经济为产业驱动，发展国际化文化窗口经济、融合态“文化+”新经济和高品质文化服务经济。

（1）国际化文化窗口经济，顶尖文化会展、活化传统非遗文化，成为文化展示窗口，发展窗口经济，增强工业遗存人文体验，打造工业遗产公园。

（2）融合态“文化+”新经济，以文化为基础，发展“文化+互联网”“文化+科技”“文化

+艺术”，主要发展“创意+新经济”、音乐舞美产业、新媒体及数字娱乐、提供创意设计服务，发展产业互联网。

(3)高品质文化服务经济，突出沉浸式、交互感、科技化等服务特点，以汽车体验、文创商业、文化休闲等方向为主，提供高品质的文化服务。

(4)塑造五客空间，园区对不同人群进行服务覆盖，塑造“游客、文客、居客、创客、商客”和谐共处的功能空间。以两大主题为导向，驱动三大经济共生，多元业态发展，以四大特点为项目亮点，塑造五客空间，全方位立体式确立二砂文创园产业定位。项目将保留园区中的近现代优秀史迹建筑，将文化创意产业与工业遗产保护结合起来，留下大工业时代的记忆和工业文明的印记，融入“艺术、时尚、创智、生活、记忆”等文化创意元素，将满载时代记忆的工业老厂区打造成为集艺术、文化、休闲娱乐、生活为一体的文化创意产业中心。项目作为工业遗存保护项目，有7栋建筑已列入河南省省级文物保护建筑，项目拟保留建筑共19栋。二砂项目操盘主体是由三大企业共同成立的合资公司(郑州星河文化发展有限公司)，由郑州地产集团、郑州投资控股集团与星河控股集团共同出资成立，兼得政府城市战略规划的利好政策，与实力运营商的品牌背书，足以预见一座城市的新核板块冉冉升起。

以四大特点增强记忆点，增加项目亮点。二砂有亚洲最大包豪斯建筑群(图17-3)，这里将引领文化艺术潮流，创新文化新经济业态，点亮郑州夜色经济。

图17-3　二砂包豪斯建筑群

在郑州市委、市政府的关怀指导下，在中原区委、区政府的帮助支持下，项目投资强度超120亿，成熟运营后园区将实现总产值超130亿元，实现年税收超10亿元，带动就业超3万人。其中文化创意核心产业(创意设计、数字传媒、数字娱乐等)实现直接营收80

亿元以上，数字技术服务产业实现营收20亿元以上，文创商业、文化服务实现营收30亿元以上。园区将围绕非遗文化、当代艺术、文化会展、音乐舞美、数字媒体、数字娱乐、数字技术服务、创意设计、文化商业服务等重点行业，形成以“文化+科技”为引领，融合产业、艺术、商业的多元产业生态。预计成熟运营后园区产值超亿元的企业20家以上，特色产业相关企业500家以上。项目将建设成为郑州国际中心城市建设中的核心支点、全国文创产业创新发展的示范园区。

小知识

文化创意的来源

文化创意自英国首倡，其后许多国家和地区也纷纷提出相关概念。主要包括版权产业、文化产业、休闲产业、体验经济、注意力经济等概念。世界主要国家和地区对创意产业的理解分为三种：以美国为代表的“版权型”，以英国为代表的“创意性”，以中、韩为代表的“文化型”。

四、展望未来

通过保留最有特色、最有价值的工业元素，打造郑州工业历史遗存文化地标、中原科技文创新经济产业高地、国际化城市文化消费新领地。具体特色内容打造如下。

(1)亚洲最大的包豪斯建筑群，将二砂包豪斯建筑打造为亚洲包豪斯建筑地标；嫁接德国元素，与二砂德国包豪斯建筑有机结合，发展特色文化业态。

(2)引领文化与艺术潮流，传承传统文化，用创意的手段激活传统文化魅力；嫁接国际、国内艺术资源，打造当代艺术先锋领略地。

(3)创新文化新经济业态，文化与科技融合形成文化新业态，推动文化创作、生产、传播、消费方式的创新；加强“一带一路”文化交流，推动河南文化产业创新及文化产品走出去。

(4)点亮郑州夜色经济，弥补郑州夜色经济的不足，提升郑州夜间消费能级，吸引郑东新区等地人群来二砂体验夜色经济。产业配套将围绕创智、美学、艺术、生活、记忆融合发展、当代艺术氛围打造的目标，项目将招商对象定位为能够带动产业链核心环节和统筹行业资源的龙头企业或机构，以及在技术应用、模式创新上体现前沿水平的独角兽企业或机构。聚焦国际化文化窗口经济、融合化“创意+”新经济、高品质文化服务经济三大方向，致力推动城市创新经济发展，打开“国际郑”的文创窗口，助力郑州国家中心城市建设。

思考

1.“文化+”和“旅游+”的关系是什么？

2. 你所在的城市是否有类似的文化创意园区，哪些好的做法可以相互借鉴？

3. 根据案例地文旅融合发展情况及主要做法，你有哪些更好地建议以加快推动该地文旅融合速度？

总结

郑州二砂文化创意园 文旅融合发展

- 传承记忆秉持保护，打造郑州城市文化新地标
  - ★秉持“保护”“融合”“创新”的规划理念，保留文物建筑、景观绿带、古树、工业制造机具、烟囱等工业遗存来强化记忆传承的同时，合理引入新业态重塑产业动能、活化城市生活
- 传承记忆华美变身，打造文创产业创新发展的示范园区
  - ★依托于郑州庞大的文化消费市场，升级城市文化服务供给，打造多元文化主题、业态产品、体验方式、服务特色的文商旅综合体
  - ★通过主题灯光秀、夜色活动、艺术演出、特色餐饮等业态，弥补郑州夜色经济的不足，提升郑州夜间消费能级
- 秉承包豪斯特色，创新文化新经济为郑州赋能城市文创新未来
  - ★集中六大产业资源发展，集中文化展销、创新科技、时尚艺术、创享广场、互动休闲、创意零售(Costco)等高品质产业资源，形成文化新高地、打造产业新标杆，塑造城市新名片

第十八章
山居记忆
——卢氏山水隐庐民宿

导读

卢氏山水隐庐民宿集群微度假综合体位于三门峡市卢氏县官道口镇新坪村,过去,这里是一片废旧的乡村农舍,破败不堪。2020 年 3 月 26 日,经过认真规划,项目开工建设。短短 4 个月时间,这个建筑面积 2.7 万平方米、总投资8500万元的度假综合体便横空出世、惊艳亮相。它的美所创造的价值,不仅仅是带给游客充满创意的身心体验,更重要的是创造民宿产业带贫新模式,让当地百姓分享到旅游快速发展的红利,提高了生活的幸福指数。民宿占用老百姓的房子,按人口每年给老百姓一定的回报,目前是每人每年 1000 元。在项目建设和运营过程中,能吸纳 100 多人就业,月工资标准按照岗位区别,每人在3000 ~5000 元之间。另外,培训当地老百姓养鸡、养猪、种菜等养殖、种植"绿色农产品",宿联中国按市场价进行回收,一方面留作自用,另一方面销售给全国各地会员单位,形成产业化发展链条,做到精准扶贫。

该案例地通过深度挖掘当地文化,大力发展当地特产等手段促进文旅融合,做到精准扶贫。

引例

6 月 13 日是我国文化和自然遗产日,为普及宣传非物质文化遗产知识和健康生活理念,大力弘扬中华优秀传统文化,营造全社会共同参与的浓厚氛围。当天,由卢氏县文广旅局主办、县文化馆承办的"非遗传承、健康生活"展演展示活动在官道口镇山水隐庐民宿集群微度假综合体举行。

活动现场,来自该县的 11 名戏剧爱好者积极参与到"同唱村戏"农民戏曲大赛中。豫剧《对绣鞋》《李双双》《清风亭》,蒲剧《打金枝》《三对面》等经典戏曲节目相继登台。选手们精神饱满,字正腔圆,引得台下观众拍手称赞、叫好连连。最终经过评委专家的打分,来自朱阳关镇的张涛荣获该项比赛第一名。

活动还现场通过剪纸、面塑、烙画、连环画等抗疫作品和卢氏槲包、大个烧鸡、光明麻片等传统美食,其展品不仅歌颂了医务工作者无私奉献、忠诚坚守的精神,还宣传了非遗在人民大众健康生活中的重要作用,为该县弘扬传统文化,倡导健康生活奠定坚实基础。

据悉，此次非遗日宣传展示活动的举办，开启了“传统文化+旅游服务”新模式，进一步营造了卢氏县非物质文化遗产保护和“以文促旅、文旅融合”的良好氛围，提高了人民群众对文化遗产保护重要性的认识，使更多群众自觉参与到非物质文化遗产的保护中来。同时，发挥非遗传承人聪明才智，创作更多更好的优秀作品，逐步实现文化产品商业化带贫模式，为卢氏县经济高质量发展做出积极贡献。①

读了以上引例，您是否对案例地有所了解？那么我们就开始深入探寻山水隐庐民宿文旅融合的发展历程及具体做法吧。

一、案例地概况

卢氏山水隐庐民宿集群微度假综合体项目位于三门峡市卢氏县官道口镇新坪村，前临河，后临山，有竹园、有花道，依山傍水。毗邻豫西百草园、豫西大峡谷两大国家4A级景区。该项目于2019年3月底动工建设，7月19日举行了运营启动仪式，仅用时120天。该项目总投资5000万元，引进宿联中国进行合作开发。主要打造康养度假目的地、深睡眠度假地、自然科普教育研学基地、乡村振兴党建示范基地、大学生体验中心等。项目共建设20座院落、40套民宿和接待中心、会议中心、餐饮中心，可同时容纳70余人住宿、200人会议和150人就餐（图18-1）。

图18-1　山水隐庐民宿外景

二、案例地文旅融合的主要做法

（一）乡村旧舍改造升级，从农家乐到民宿的蜕变

山水隐庐通过对当地文化与旅游资源的深度挖掘和重组，打造出充满豫西风格的乡

① 清清卢氏.非遗走进山水隐庐[EB/OL].https://www.sohu.com/a/401770327_772020,2020-06-14.

村民宿,实现从农家乐到民宿的蜕变。

项目在实施过程中,借鉴推广豫西百草园做法,以全景旅游开发公司为平台,统一耕地、山林、土地、房屋等资源,采取“六统一兜底”(即:统一思想、统一规划、统一资源、统一管理、统一路径、统一发展,政府兜底基础设施)模式,发动群众通过房屋入股获得“股金”、土地入股获得“租金”,参与劳动有“薪金”的“三金扶贫模式”带动脱贫。项目运营后,现在当地群众在此就业30余人,带贫效果明显。

在建设过程中紧紧围绕“主管部门出政绩,企业单位要效益,群众要得实惠”这一主题安排部署工作。一手抓群众的工作,一手抓村支部作用发挥,在协调群众搬迁拆迁工作中支部起到了“帮助企业调解部”作用;在该项目建设中支部起到了“项目实施指挥部”作用;在搬迁拆迁安置中支部起到了“为民办事的服务部”作用。在项目建设和运营中按照“村庄改造景区化、土地经营集约化、环境打造艺术化、业态发展特色化、群众务工职业化、项目经营主体化、农民增收持续化”要求,把山水隐庐由原来几乎废弃、原始、荒野的老村改造成现在舒适、美丽的休闲庄园,使群众由原来的“想不通”变成现在的“想不到”。由于山水隐庐当前旅客爆满,引来了不少有意投资者前来考察洽谈,民宿集群将会像“梨园、五味子园、芍药园、蜂情苑、百果园、百草园”一样,给豫西大峡谷增添更加靓丽的风景和内涵,更为发挥社会和经济添效益!

(二)深度挖掘当地非遗文化,突出特点吸引游客

卢氏悠久的历史文化和独特的地理位置,使卢氏民间文化源远流长,丰富多彩。卢氏剪纸就是民间文化中一个重要的民俗文化品类,是河洛地域文化传承的活态标本之一,是一份宝贵的文化遗产。河洛地区的民众在剪纸方面具有普遍性,而卢氏则具有代表性。在卢氏广大农村,剪纸是一种极其广泛的民俗事象。他们把自己的思想、感情、信仰,一剪一刀地融入门笺儿、窗花、喜花、顶棚花、墙围花、鞋花、灯笼花、桌围花,甚至丧葬花里,用在装饰、服饰、节庆、嫁娶、祭拜、祈福等民俗生活的方方面面。剪纸已成为人们生活的重要组成部分。

卢氏地处豫西边陲,相对较为封闭,剪纸艺术较少受到现代商业的影响。时至今日,卢氏剪纸仍然运用最简易的材料和工具,运用当地独有的隽永质朴的审美视角,运用民间传统的象征、谐音、夸张、拟人等艺术手段,表达着劳动者朴素的人生价值观,即对祥和、团圆、平安、富裕、吉祥的基本追求,用剪纸直接服务于群众生活,并以此为满足。卢氏民间剪纸历经千年岁月销蚀,始终保持本土化特色,充分证明传统文化的惯性和绵延持久的生命力。卢氏民间剪纸具有典型的原生态品质,是亟待保护和开发的珍贵的非物质文化遗产。卢氏南部属长江流域,北部属黄河流域。在卢氏民间长期的剪纸发展过程中,由于受地域文化的影响,卢氏民间剪纸形成了两种风格,也可称为两大流派,即粗犷豪放的卢氏黄河流域民间剪纸和委婉流畅的卢氏长江流域民间剪纸。卢氏黄河流域一带,民间剪纸构图粗犷、线条稚拙、粗直原始,原生态气息浓厚。卢氏长江流域一带,民间剪纸以流畅委婉为主,构图精巧细致,线条流畅圆润,结构匀称精细,给人一种玲珑剔透,精巧秀丽的印象(图18-2)。卢氏两种不同地域风格的民间剪纸,在河南乃至全国的民间剪纸和民间文化中独树一帜。两大流域,两种风格的差异美,以及它们在保持两种风格的基础上走向融合发展而产生的新的样式,无不反映着卢氏两大流域民间剪纸艺人对美的追求和对美的再现。

图 18-2　利用非物质文化遗产——卢氏剪纸吸引游客停留

针对卢氏县剪纸文化的传播，经过卢氏县文化馆授权成立剪纸传习所，邀请专业剪纸艺人现场教学，多次组织了小朋友剪纸参与活动，培养孩子对剪纸艺术的认知，同时也是对剪纸艺术的传承①。

小知识

入选非遗的卢氏剪纸

剪纸（卢氏剪纸），河南省卢氏县传统美术，国家级非物质文化遗产之一。

卢氏剪纸流行于河南省卢氏县境内，早在春秋战国时期，卢氏民间就有剪裁花样的习俗。在河南的民间剪纸和民俗文化中占有独特的地位。卢氏县地处河南省西部边陲，是河洛文化的重要发祥地。受长江与黄河两大流域文化的影响，卢氏剪纸形成了两种不同的风格特征，既有粗犷、朴拙的一面，又有流畅、

① 国务院. 国务院关于公布第二批国家级非物质文化遗产名录和第一批国家级非物质文化遗产扩展项目名录的通知[EB/OL]. http://www. gov. cn/zhengce/content/2008-06/16/content_5835. htm, 2008 年 06 月 16 日.

委婉的一面。卢氏剪纸的内容和题材主要包括花、鸟、虫、鱼、动物、植物以及戏剧人物、历史人物等，春节和婚庆是卢氏剪纸的两个高潮点，形成了卢氏剪纸一道独特的文化景观。

2008年6月7日，剪纸(卢氏剪纸)经中华人民共和国国务院批准列入第二批国家级非物质文化遗产名录，项目编号Ⅶ-16。

(三)大力开发所在地特产，拉动经济

河南省卢氏县是国家林业局命名的“中国核桃之乡”，核桃栽培已有一千多年的历史。卢氏核桃个大，皮薄、肉肥、色白、味香，所产干果个大皮薄、出油率高，营养丰富，据测定每千克核仁含脂肪70%、蛋白质18%～20%，还含有大量的铁、锌、磷和多种氨基酸，常食之有润燥化痰、滋阴补阳、乌须黑发、健脑益智的作用。

自由山水，清清卢氏，孕育了景色醉人的汤河。汤河地处豫西伏牛深山，青山绿水，蓝天白云，地广人稀，天赐千年温泉。百姓们都说这里的天总是很蓝，水总是很清。汤菊就是在这天然氧吧中孕育而生。天然皇菊，雅香扑鼻，入口甘甜，回味无穷。

卢氏绿壳鸡蛋蛋清浓厚，蛋黄呈橘红色，营养丰富，是纯天然、无污染的绿色食品，适合大众消费，特别是对于亚健康状态特殊人群具有保健疗效作用。

野生槐花蜂蜜，是我国出口创汇的上等蜂蜜，其特点为颜色浅、味鲜洁、甜而不腻、有洋槐特有的清香味，不易结晶，结晶后呈细粒状或油脂状，颜色为水白色，为上等蜂蜜。

早春时节漫山遍野的连翘盛放，花期长、花量多，盛开时满枝金黄，芬芳四溢，令人赏心悦目。纯天然野生连翘茶，无污染，有解毒散结，保肝护肝的功效。

通过与当地村民协商，他们负责提供当地核桃、皇菊、绿壳鸡蛋、野生洋槐花蜂蜜以及连翘茶，门店经过统一包装进行销售，既为村民带来了一定的经济收益，同时也为门店多了一些吸引人的亮点，可谓是两全其美。

住宿条件升级更新，非遗文化吸引游客愿意在此住一夜，当地特色餐饮满足客人的味蕾饱餐一顿，最后走的时候还能再拉满一车所在地特产。这种“住一夜，吃一顿，拉一车”的经济链条，为卢氏县的经济做出了巨大贡献。

三、案例地文旅融合成效

山水隐庐毗邻以下两个大景点。

一是豫西大峡谷。以瀑布群、潭池群为特色，集游览观光、休闲度假、登山健身等功能于一体的生态型自然风景区。整个景区汇山泉成跌宕起伏的瀑布群，以奇山秀水、飞瀑流泉、浅溪深潭、怪石幽谷而引人入胜。山村风情浓郁，民风淳朴。

二是豫西百草园。景区的传统古村落中，有民俗展馆、三味书屋、美酒坊、美食街，更好玩的是成人网红游乐场，彩虹飞碟、网红桥、丛林穿越、极速滑索、攀爬世界、儿童乐园，等等。

起初，游客慕景区之名而来，发现旁边还有民宿，抱着试试的心态来住一晚体验一下，到后来，渐渐有人单纯的是为了住一晚而来，体验、享受乡村的安静，呼吸清新的空气,听老乡唠唠家长里短,顺手带点文创产品,躲避城市的喧嚣,放松身心。

自2019年7月开业以来,受到省市县乡各级政府领导关注,山水隐庐在河南的知名度也日渐提高,卢氏县周边市县时有团队前来考察学习。先后挂牌“豫西民宿学院”“豫西民宿产业研究院”“太悦文化旅游研究院——豫西分院”“全国文化旅游人才培训基地——教学基地”“河南省美术馆创作研究基地”、中国摄影家协会“三门峡摄影创作研修基地”“卢氏人民文化馆剪纸传习所”。荣获“卢氏县委县政府2019年度综合工作先进企业”、“第三届‘最具卢氏特色’乡村美食大赛”二等奖、2020年“环球文旅”金奖。

四、展望未来

将在继续抓好项目建设的同时,着重在民俗项目的运营上下功夫,努力提高民宿项目的经济效益和产业带贫效益,力争把当地民宿发展成为全省乃至全国叫得响的标杆民宿,让后来投资民宿的建设者有标可依。

思考

1. 对于案例地提出的努力提高民宿运营效益,你有什么好方案?

2. 你的家乡是否有类似的精品民宿,有哪些好的做法可以借鉴?

3. 根据案例地文旅融合发展情况及主要做法,你有哪些更好地建议以加快推动该地文旅融合速度?

总结

卢氏山水隐庐民宿文旅融合发展

- 文化挖掘——卢氏剪纸
  - ★运用当地独有的隽永质朴的审美视角,运用卢氏剪纸传统的象征、谐音、夸张、拟人等艺术手段,表达着劳动者朴素的人生价值观,保持本土化特色,彰显传统文化的惯性和绵延持久的生命力
- 产品开发,本地特产
  - ★中国核桃之乡
  - ★卢氏绿壳鸡蛋
  - ★野生槐花蜂蜜
  - ★野生连翘茶

第十九章
梦中桃花源
——鹤壁灵泉妙境民宿集群

导读

灵泉妙境位于鹤壁市淇县灵山办事处凉水泉村。总面积5.23平方千米，距淇县县城(商卫古都朝歌)15千米，距范辉高速公路出口5千米，离鹤壁东站20千米，交通便利，环境优美，旅游资源丰富。凉水泉村是省级贫困村，传统古村落，历史悠久，文化积淀深厚，70多座建于清末民初的灰互石墙民居依山而建，错落有致。2017年起，河南中旅集团发挥专业优势，以古灵山景区为依托，创新发展模式，积极实施旅游产业扶贫。总投资1.8亿元，化腐朽为神奇，倾情打造高端民宿酒店工程。

该案例地通过深入挖掘当地古村落文化内涵，与美术馆等合作建立创作研究基地，与政府合作探索出“旅行社+景区+古村落+产业扶贫”的乡村民宿发展模式来推进当地文旅融合。

引例

远走他乡的黑妞回到老家摇身变成了餐厅服务员；患有脑梗，腿脚不方便的王建民发展成了停车场管理员；三级肢体残疾的老太太贾银娥右臂缺失，喜笑颜开的在村里做保洁工作；老书记二高也成了民宿大讲堂的专业讲师；……

位于淇县太行山深处的凉水泉村是省级贫困村，总人口46户93人，建档立卡贫困户34户66人，是太行山区典型的贫困村，也是低收入人口占比高、扶贫任务重的区域。凉水泉村是省级贫困村，国家级传统古村落，70多座建于清末民初的灰瓦石墙民居依山而建。2017年，河南中旅集团结合该村实际，委托淇县中景古灵山景区管理有限公司与当地政府签订合作协议，在凉水泉村成立淇县凉水泉旅游开发有限公司，以乡村振兴为目标，以发展民宿为重要抓手，加强资源利用，发挥专业优势，积极实施旅游产业扶贫，精心打造了“石光院子”“花田木屋”“悬崖竹屋”“星空果岭”民宿品牌，配套羊圈西餐厅、牛棚咖啡、石光阁会议室、书画院等服务设施，构建“吃、住、行、游、购、娱”为一体的高端民宿集群格局，探索出一条以“旅行社+景区+古村落+产业扶贫”的乡村民宿发展模式，实现了从“深山旧宅”到“诗和远方”的华丽蝶变。

河南中旅集团自与当地政府合作以来，采取“资产托管+旅游产业+扶贫”

的模式，筑牢旅游产业开发与贫困户稳定增收的利益联结机制，带动贫困群众长期增收、稳定脱贫。截至目前共投入5640万元，其中政府整合财政资金1640万元用于基础设施提升，河南中旅集团投入4000万元，用于灵泉妙境高端民宿集群项目建设。2019年底，该村户均年增收2.8万元以上，34户66名贫困人口全部顺利脱贫。

以贫困户王建民为例：2017年10月，凉水泉旅游开发有限公司招收了11名建档立卡贫困户劳动力，他被安排到停车场管理车辆和卫生，在家门口实现了就业。

据数据显示，王建民年收入涉及五个方面：一是房屋租赁费：7917.7元/年；二是土地租赁费：2100元/(人·年)(家庭人口3人)；三是果树赔偿费：51660元(一次性)；四是务工收入：16320元/年，其妻子作为保洁员12000元/年；五是政府各类补贴(低保、五保、电力补贴、健康扶贫、金融扶贫等)。通过公司和政府带动，王建民家庭年收入达到40000元以上，人均年收入15000万元以上，2019年底顺利实现脱贫。①

读了以上引例，您是否对案例地有所了解？那么我们就开始深入探寻灵泉妙境民宿文旅融合的发展历程及具体做法吧。

一、案例地概况

灵泉妙境民宿集群是依托于省级古村落凉水泉村，以古村落文化为蓝本，利用村内75座建于清末民初的石头房改建的高端民宿集群(图19-1、图19-2)。

灵泉妙境坐落于国家4A级景区——古灵山景区内部，总面积5.23平方千米，距淇县县城(商卫古都朝歌)15千米，交通便利，环境优美，旅游资源丰富。2017年起，河南中旅集团发挥专业优势，以古灵山景区为依托，创新“旅行社+景区+传统古村落+扶贫”的发展模式，积极实施旅游产业扶贫。总投资1.8亿元，引入台湾民宿设计理念，化腐朽为神奇，倾情打造高端民宿酒店工程，于2018年8月开始运营。

区域内共有石光院子、花田木屋、星空果岭、悬崖竹屋、多堡屋五种风格的民宿酒店。并配有牛棚咖啡、羊圈西餐厅、猪舍茶吧、山里人家特色餐厅、古民居展示馆、医务室、养生堂、观景台、高尔夫果岭、妙音台文化广场、石光书画院、石光阁会议中心、甜蜜世界、采摘果园、红酒窖、朴门农场等服务设施，形成了食、住、行、游、购、娱为一体的高端民宿集群。

① 郭双双.淇县灵泉妙境走出高端民宿集群扶贫新模式[EB/OL].https://hct.henan.gov.cn/2020/07-17/1741690.html,2020-07-17.

图 19-1　灵泉妙境民宿实景

图 19-2　灵泉妙境民宿实景

二、案例地文旅融合主要做法

（一）以“传统村落”为基点，通过规划设计展现古村落风貌

村落在我国发展历史悠久，蕴含丰富的地域文化和人文风情，是构成五千年中华文化的重要基质。地处太行山深处的凉水泉村是入选第二批“河南省古村落”的传统古村，区域内坐落着75座建于清末民初的石头院子，依山而建，错落有致，保存完好。村民至今保留传统的生活和生产方式，民风淳朴，人文底蕴深厚。2017年起，河南中旅集团与淇县政府达成战略合作，对凉水泉村进行整村开发，打造高端民宿集群。在规划设计中，河南中旅集团特地邀请中国台湾民宿设计团队，充分尊重古村落原始风貌，保留场所记忆，对凉水泉村空间环境进行整理，对老院子按原貌修复；对房檐、门匾上具有时代印记的标语、文字等进行保护、展览；对古石碾农耕生产空间按原貌整理修复。灵泉妙境旅游规划按照旅游发展需求分为古村民宿区、环山步道区、亲水步道区三个功能区。其中古村区是核心区，其开发策略是在对古建筑、古街巷、古树木、村落格局以及村落承载的非物质文化遗产进行有效保护的基础上，结合旅游开发的需要，适度增加一些旅游配套设施，集中展示古民居与民风民俗，打造独居休闲气质和艺术气息的千年古村落，构筑心灵栖息地、梦里桃花源。

（二）以“文化乡愁”为引领，深入挖掘所在地文化，充分展示古村落文化的魅力

习近平总书记在2013年的中央城镇化工作会议上指出，城镇化要融入现代元素，要保护和弘扬优秀传统文化，要让居民看得见山、望得见水、记得住乡愁。为进一步深化文旅融合的创新发展，灵泉妙境以“文化乡愁”为引领，通过古民居展示馆、非遗项目展示等一系列丰富多彩的文化体验项目，把活在乡村里的传统文化和长在老百姓心里的价值观，以乡村故事的形式挖掘出来，展示出来，满足不同客群对文化体验的不同需求，使灵泉妙境真正成为古村落文化传播的载体。

一方面，灵泉妙境对非遗文化项目进行保护，如粉皮、粉条的制作、碾米、石匠工艺等，鼓励和引导他们根据市场需求进行传承和创新。并引入了鹤壁窑、吹糖人、酿酒、磨坊等非遗项目，在村内打造一个非物质文化遗产的展演和体验基地。另一方面，灵泉妙境在村民手中收集了大量老物件，包括生活用具、生产用具等，在村内打造古民居展示馆向游客展示，让游客在入住的过程中充分的触摸历史，感知文化，既提高了灵泉妙境的文化内涵，也切实满足了游客对旅游文化项目深层次的需要。此外，为进一步挖掘凉水泉村传统文化，灵泉妙境与河南省美术馆联合创立“河南省美术馆创作研究基地”，以灵泉妙境为点，吸引大批艺术家到灵泉妙境创作研究，通过乡村美术展现古村落魅力。

（三）以“民宿研究学院”为切入点，强化文旅融合，着力发展考察经济

近年来，灵泉妙境在各级党委政府的关心支持下，通过构建灵泉妙境民宿集群，探索出一条以“旅行社+景区+古村落+产业扶贫”的乡村民宿发展模式，实现了乡村民宿的跨越式发展。为传播灵泉妙境民宿集群发展的成功经验，进一步扩大中旅民宿品牌的影响力，河南中旅集团在灵泉妙境民宿集群成立了“民宿研究学院”。民宿研究学院成立以来，来自新郑、荥阳、平舆、汝州、驻马店、三门峡、平顶山以及河北廊坊、新疆哈密等省内外党政考察团陆续莅临灵泉妙境参加乡村民宿大讲堂，取得了显著的社会效益。

2020 年 9 月 18 日、10 月 16 日，河南省乡村旅游扶贫重点村村干部培训第一期、第二期班分别在灵泉妙境召开；2020 年 11 月 2 日，河南省文旅厅和河南省扶贫办联合在灵泉妙境召开全省旅游扶贫推进会，灵泉妙境在大会中作典型发言，分享旅游扶贫经验，推动旅游扶贫工作提档升级。2020 年 12 月 9 日，河南省文旅厅组织召开的“文化走进民宿座谈会”在灵泉妙境举行，省国画院、省美术馆、省书法家协会、省博物院、省书画家协会等著名书画家参加。

2020 年，灵泉妙境共接待乡村民宿培训班 22 期，培训乡村民宿学员 3000 余人次。今年以来，接待全省大型会议 4 次，各地党政考察团 30 余次，通过发展考察经济，进一步提升了灵泉妙境的社会影响力。

（四）以旅游扶贫为抓手，打造旅游扶贫示范，全面助推乡村振兴战略①

地处深山腹地，造就了凉水泉村的贫穷。凉水泉村共有人口 46 户 93 人，其中建档立卡贫困户 34 户 66 人。村内的群众常说：“红薯馍、红薯馍，离了红薯不能活”“七分钟，三分收，苞谷山芋度春秋”。

2017 年，河南中旅集团与淇县灵山街道办事处签订战略合作协议，以乡村振兴为目标，以旅游扶贫为抓手，对凉水泉村进行整体开发，构建“食、住、行、游、购、娱”为一体的灵泉妙境高端民宿集群，实现了政府放心、群众满意、企业受益的目标。2018 年 11 月，灵泉妙境被省文旅厅认定为“河南省旅游扶贫示范户”和“河南省乡村旅游创客示范基地”。

自凉水泉村开发以来，灵泉妙境采取“资产托管+旅游产业+产业扶贫”的模式，筑牢旅游产业开发与贫困群众稳定增收的利益联结机制，带动贫困群众长期增收、稳定脱贫。2019 年底，凉水泉村户均增收 2.85 万元以上，贫困人口全部实现脱贫。

（1）固定资产租赁，增加村集体经济。灵泉妙境对全村房屋整体租赁，按照房屋保存状况以 30～60 元/平方米的价格向村集体支付租金。目前共流转房屋 75 栋，其中租赁贫困户的房屋数量为 36 栋，通过收取房屋租金使村集体经济实现增收 33 万元。

（2）流转耕地林地，获得财产性收入。灵泉妙境将贫困户的耕地和林地进行流转用于发展特色林果采摘，以每亩 600 元的标准，流转土地 653 亩，解决了贫困户搬迁后迁出地生产资料闲置问题，流转后户均可增收 1.1 万元左右。同时，将村内果树、花椒树一次性买断，按照 90 元的价格买断 11000 棵，共计 99 万元买断费用。然后公司又将全部花椒树以每年 4000 元租金返租给凉水泉村 5 户贫困户经营，户均增收 2 万元以上。

（3）“三员三小”就业，获得工资性收入。以灵泉妙境为依托，创建旅游产业扶贫基地，以服务员、公司雇员、群众演员、小客栈、小商铺、小餐饮的方式，吸纳凉水泉村群众就业，并与就业相对困难的建档立卡贫困人口 13 人签订了劳动合同，人均年增收达 1.5 万元以上。

（4）参与开发建设，获得务工性收入。在灵泉妙镜的建设过程中，优先安排有劳动能力的建档立卡贫困户参与开发建设，每人每天收入 120～200 元。特别是贫困户贾银娥年过七旬，三级肢体残疾，右臂缺失。公司安排其通做一些拉推车、保洁、除草等力所能

---

① 旗鉴旅业.【重磅】“乡村振兴战略”20 字方针，你理解透彻了吗？[EB/OL]. https://www.sohu.com/a/270765965_100171878,2018-10-23.

及的工作，每月获得务工收入 1260 元以上，2019 年底顺利脱贫。

(5)农特产品销售，获得经营性收入。国家 4A 级景区——古灵山为凉水泉的客流提供了基本保障，再加上灵泉妙镜高端民宿集群的建设，众多游客纷至沓来、观光游览，有效带动了当地群众的农产品销售。山核桃、山小米、红薯粉皮、笨鸡蛋等农特产品销售火爆，农户年均增收 2000 元以上，使群众足不出户，就解决了农特产品的销路问题。

小知识

乡村振兴战略的 20 字方针是什么？

20 字方针为：产业兴旺、生态宣居、乡风文明、治理有效、生活富裕。这是党的十九大报告中提出的实施乡村振兴战略的总要求。

三、案例地文旅融合成效

自 2018 年 8 月开业以来，灵泉妙境游客接待量和经营收入逐年增长，2020 年经营收入达 470 万元。在取得良好经济效益的同时，灵泉妙境也得到了各级政府及行业的关注和认可，2019 年 7 月，灵泉妙境民宿集群石光院子民宿顺利通过国家文旅部五星级民宿评审，成为国家第一批评定的 20 家五星级民宿之一，并且先后斩获了中国好民宿、河南省精品民宿、全国乡村旅游重点村等荣誉称号，现已成为鹤壁市民宿产业的名片，对促进淇县全域旅游的大发展起到重要推动作用。

四、展望未来

灵泉妙境将继续围绕着文旅融合高质量发展这条主线，不断探究以文化创意和乡村民宿相契合的产业融合模式。

(一)升级品质，提升服务

集中精力开发凉水泉村石头院子，打造 300～400 间精品民宿客房。高标准施工，精致规划运营，在建设和经营中重点解决客人冬天冷不冷、夏天热不热、饭菜香不香、蚊虫咬不咬、厕所臭不臭、晚上黑不黑等问题，提高客人的舒适度和满意度。以求让游客“有看头、有玩头、有住头、有买头、有吃头、有噱头、有想头、有回头”，游客来到这里看的是风土民情，吃的是山珍野味，喝的是潺潺溪水，住的是特色民宿，漫步在环山步道上，远离了城市的喧嚣，让游客真正的慢下来，闲下来，使灵泉妙境真正成为诗和远方的休闲目的地。

(二)彰显个性，塑造地方文化特色

重视地方文化特色正成为当前游客们深度游的重要需求之一。“不求最贵，也不求最便宜，只要有特色，只求我喜欢”正在成为当前民宿客群的消费观念。下一步，灵泉妙境将结合淇县商卫文化、古灵山景区女娲文化，深度挖掘凉水泉村古村落文化，营造文化场景，赋予民宿一定的内涵和高度，使游客能体验到有特色的地方文化，将灵泉妙境打造成为“民宿+当地文化”的个性民宿。

（三）把控政策，抓住发展机遇

以淇县创建“国家级全域旅游示范县”为契机，立足淇县资源优势，大力推进“民宿+”，发展新业态，丰富新产品，带动周边乡村发展“食、住、行、游、购、娱”旅游配套项目，形成发展合力，推动灵山旅游度假区提质升级，为淇县创建国家级全域旅游示范县贡献力量。

思考

1. 你认为该案例地在文旅融合进程中做的有哪些不足？

2. 你的家乡是否有精品民宿？他们有哪些好的做法可以参考借鉴？

3. 根据案例地文旅融合发展情况及主要做法，你有哪些更好地建议以加快推动该地文旅融合速度？

总结

鹤壁灵泉妙境民宿集群文旅融合发展

- 以“传统村落”为基点，通过规划设计展现古村落风貌
  - ★在对古建筑、古街巷、古树木、村落格局以及村落承载的非物质文化遗产进行有效保护的基础上，集中展示古民居与民风民俗，打造独居休闲气质和艺术气息的千年古村落，构筑心灵栖息地、梦里桃花源
- 以“文化乡愁”为引领，深入挖掘在地文化，充分展示古村落文化的魅力
  - ★对非遗文化项目进行保护，鼓励和引导他们根据市场需求进行传承和创新
  - ★在村内打造古民居展示馆向游客展示，让游客在入住的过程中充分的触摸历史，感知文化，既提高了灵泉妙境的文化内涵，也切实满足了游客对旅游文化项目深层次的需要
  - ★与河南省美术馆联合创立“河南省美术馆创作研究基地”，以灵泉妙境为点，吸引大批艺术家到灵泉妙境创作研究，通过乡村美术展现古村落魅力。
- 以“民宿研究学院”为切入点，强化文旅融合，着力发展考察经济
  - ★通过构建灵泉妙境民宿集群，探索出一条以“旅行社+景区+古村落+产业扶贫”的乡村民宿发展模式，实现了乡村民宿的跨越式发展
- 以旅游扶贫为抓手，打造旅游扶贫示范，全面助推乡村振兴战略
  - ★采取“资产托管+旅游产业+产业扶贫”的模式，筑牢旅游产业开发与贫困群众稳定增收的利益联结机制，带动贫困群众长期增收、稳定脱贫

第二十章
“共鸣于心”的新一代文旅产品
——《只有河南·戏剧幻城》

导读

2021年6月6日，业内期待已久的全新文旅演艺项目——《只有河南·戏剧幻城》正式开城。《只有河南·戏剧幻城》无论在主题建构、空间营造，还是沉浸体验的创新上都令人惊喜，打破了以往观众对于戏剧的固有认知，用高浓度、大体量、深体验的形式建构了戏剧幻城的品牌模式。它为何令人期待？它的创新之处在哪里？它将戏剧演艺和城市发展指向了怎样的道路？

在主题的选择上，《只有河南·戏剧幻城》以黄河文明为根基，深挖河南藏于地下、封于书中、束之高阁的中原文化，用全新的概念讲述关于“黄河、土地、粮食、传承”的故事。王潮歌说“我们希望以敬畏之心，以当代精神，努力书写一部黄河边的‘史记’，麦浪上的‘离骚’。”

伴随着金色麦浪的起伏层叠，夯土大门的掩映开启，一程一路的灯火闪烁，故事从夏商光影到此刻洞天，从农业文明到奇幻空间，从个体悲欢到家国印象，《只有河南·戏剧幻城》用史诗性的笔触点染了河南政治、经济、文化的每一层记忆，记录了这里的土地和小麦，这里的芳华与磨难，这里的人心与人生。既回望了河南人的故土乡情，也诠释了河南之于中国的存在与魅力。①

引例

建业集团以挖掘、保护、传承和光大中原文化为己任，正在尝试走出一条具有华夏文明特质、中原文化特色、建业文旅特征的企业文旅产业发展道路。

自2005年开始探索文旅产业发展，目前已初步形成以重大文化工程为引领、以中原文化小镇系列为依托、以相关配套文旅业态为支撑的文旅产业发展格局，正在尝试走出一条具有华夏文明特质、中原文化特色、建业文旅特征的企业文旅产业发展道路。截至目前，建业集团在文旅产业累计投资逾600亿元，年接待游客超1000万人次，游客覆盖内地各省份及中国港澳台地区和韩国、日

---

① 周思艺.投资60亿，只有河南超大戏剧聚落群，凭什么敢称世界之最？[EB/OL].https://new.qq.com/omn/20210607/20210607A0CYET00.html,2021-09-21

本、新加坡等国家。

而《只有河南·戏剧幻城》,是深耕河南29年的建业集团联袂王潮歌导演共同创作的一部创新文化作品,是建业“挖掘、保护、传承、光大”中原文化的又一次创新,是王潮歌“印象”“又见”系列之后的升级力作。它是全国文化作品中屈指可数的、也是王潮歌所有作品中第一个由民营企业全额投资的项目。这座投资近60亿、从未有见的“戏剧幻城”,是建业集团“讲好黄河故事”的实际行动和文化自觉。它无关商业、无关名利,只关乎如磐的真心、信心和耐心。

项目自2016年8月,中原文化强大的感召力再次点燃了王导更大的创作激情,在“只有洛阳”创作基础上,她大胆地提出了“只有河南”的宏大构想,并取得如下共识。

只有河南,在不间断地记录着中华文明的历史;只有河南,作为天地之中、中国之中,才称得上是中国的缩影;只有河南,年复一年,用足够的粮食,让炎黄子孙的血脉得以传承;只有河南,才能孕育出众多圣人及诸子百家,使众姓来此认祖归宗;也只有河南,以北宋之笔,绘出了中华文化的巅峰。

自此,建业集团认为在如今河南高速发展的今天,它需要一部作品去充当河南文化“唤醒者”的角色,去通过弘扬中原文明,能够让世界的人了解到中华文明。文旅将是它最好的传播载体。

读了以上引例,您是否对案例地有所了解?那么我们就开始深入探寻《只有河南·戏剧幻城》文旅融合的发展历程及具体做法吧。

一、案例地概况

《只有河南·戏剧幻城》(图20-1),是深耕河南29年的建业集团联袂王潮歌导演共同创作的一部创新文化作品,总占地622亩,项目核心区是一座单边长328米、高15米的幻城,以黄土为主题形象语汇,拥有独有的棋盘格建筑格局、百亩麦田、挑战吉尼斯纪录的夯土墙、56个迷宫般的格子空间、全世界最长的清明上河图(投影)、河南独有的地坑院建筑形态。幻城内拥有21个大大小小的剧场、总时长近700分钟的剧目、近千名演员,是目前中国规模最大、演出时长最长的戏剧聚落群。

一部河南史,半部中国史。河南作为中华民族和中华文明的重要发祥地,五千年中华文明史中有三千年是全国的政治、经济、文化中心,历史上20多个朝代在此建都,200多个皇帝在此执政,中国八大古都中,河南占了四个(洛阳、开封、郑州、安阳)。河南历史曾是中国历史的主流和浓缩,不仅影响和推动着中国历史的发展进程,而且在今天乃至将来仍然具有巨大的价值。

《只有河南·戏剧幻城》,是国内第一次将高雅、严肃的戏剧艺术形式作为“被消费主体”,而不是景区配套的文化旅游“目的地作品”。它具有超前的、引领式的艺术价值和社会价值。《只有河南·戏剧幻城》不仅关注外在演出效果,更直抵中原文化、黄河文明的内核。戏剧围绕“黄河、土地、粮食、传承”的主线,面对黄河流域生态保护和高质量发展上升为国家战略的重大历史机遇,以讲述黄河故事、传承黄河文化为基调,打造具有世界影响力的文化精品。《只有河南·戏剧幻城》对于树立河南文化自信，促进郑州建设国家级中心城市，加速中原崛起将具有重要意义。

图 20-1 《只有河南·戏剧幻城》的金色麦浪

二、案例地文旅融合主要做法

（一）以沉浸式游客体验凸显景区体验游的特质

“观光旅游转向体验旅游”。《只有河南·戏剧幻城》，是国内第一次将高雅、严肃的戏剧艺术形式作为“被消费主体”，而不是景区配套的文化旅游“目的地作品”。景区将传统的观光旅游，用戏剧的方式转化成了带有共鸣性的体验式旅游，同时大力开发“夜经济”。园区占地 41.46 万平方米，21 个剧场，其中包含了 7 场夜间戏剧。随着“Z 时代”人群开始慢慢成为主流消费群体，越来越重视“体验”和“品质”，对于夜间丰富多彩、老少皆宜、雅俗共赏的活动的需求不断增多。《只有河南·戏剧幻城》有以灯光为笔，夯土墙为卷的“清明上河图、千里江山图”；有越真实又越如幻觉一场的“乾台”；有展现唐代民风，女性娉婷袅娜身段之美的“坤台”；有造型独特的，场景美轮美奂的“覆斗剧场”；有邀请游客一起穿梭回 90 年前感受大情大义豫商精神主题的张家大院等剧目（图 20-2）。

景区以较为丰富的夜戏，留住了游客的脚步。白天，游客们奔波于三大剧场及 11 场微剧之间，沉浸在“盲盒”的探索中；晚上，才是游客们真正的驻足，才开始走进、开始欣赏、开始融入这座城的美。自开业至今游客量为工作日 3000 人左右，大假及周末平均 8000 人左右。

游客对度假旅游的追求不仅需要身临其境，更需要共鸣于心。人文历史是旅游的“灵魂”，戏剧是视觉的冲击力，听觉的感受，和思想的高度唤醒，《只有河南·戏剧幻城》用戏剧这种最立体的方式将河南“五千年华夏文化”“老家河南的根亲文化”“郑州的铁路文化”等历史标签和文化元素融入“天子驾六遗址坑、候车大厅、第七机车车辆厂礼堂”等优秀剧目之中，以沉浸式的体验，加深情感的共鸣，用一场旅行深刻解读了河南厚重的历史文化。

图 20-2 《只有河南 · 戏剧幻城》会发光的房子

（二）以多元融合发展拓展景区服务边界，树立融合景区标签

重组资源，跨界共生、大力推动景区多元化的融合发展。尚未开园时，景区开创运动潮流先河，与“中国人自己的潮牌”——中国李宁跨界合作，把中国李宁 2021 秋冬潮流发布会这场运动时尚潮流大秀放在中原大地。让《只有河南 · 戏剧幻城》吊足人们的胃口，潜移默化的奠定了《只有河南 · 戏剧幻城》的文化主题——“戏剧聚落群”。此次跨界合作，景区在业内获得了极高的评价，不仅收获了一批“同行粉丝”，也让更多的商家看到了《只有河南 · 戏剧幻城》，成为河南文旅界最具口碑、流量的“多元化”的合作商家。

（三）以“社交媒体”打造全维度旅游目的地，扩大景区宣传力度

以“社交媒体”打造旅游目的地。“移动网民”各类 APP 每日使用时长逐年递增。《只有河南 · 戏剧幻城》迅速反应，抓紧时机，借河南电视台春晚中火爆出圈的“文化”主题，打造河南的文化标签。《只有河南 · 戏剧幻城》虽不能代表最全的河南文化，但它打造的“河南文化”的旅游产品 IP 成为河南文旅产业的重要标杆。

（四）以定制研学回归社会实践，提升景区社会影响力

“坚定文化自信”应该从青少年开始。景区深度挖掘“中华文化”以一部河南史、半部中国史，河南辉煌与苦难交织、繁华与衰落的历史轮转为代表，开发了一座能全面代表河南整体文化的研学旅游目的地，以全新的表现形式，将深埋于地下、尘封于书中、陈列于展厅的骄傲和故事展示给中原、给中国青少年，采用“共鸣沉浸式”教学，让河南学生更好地了解自己的家乡，让中国青少年为中国民族深厚的历史文化感到自豪。

（五）以数字化运营赋能景区，打造现代化智慧景区

以旅游大数据为基础，联动各类 APP，依托微信及支付宝上《只有河南 · 戏剧幻城》的小程序，为游客提供旅游攻略、预约、订票、导航、导览、讲解、地图、节目单、酒店住宿等新型智慧管家式服务，打造“一部手机游幻城”的旅游体验，让游客很大程度地体验“自由行”。

依托数字化运营监控平台，《只有河南·戏剧幻城》实现了客流车流状态的实时监控，实现了所有弱电智能化设备的状态监控，实现了设备出现问题后的实时告警，问题设备定位，最大限度的保障了景区的正常运营，更保障了游客的游园体验。

小知识

什么是沉浸式体验?

沉浸式体验是一种正向的积极的心理体验，他会给参与者带来极大的愉悦感，利用人的感官体验和认知，体验营造氛围，让参与者享受某种状态，使之沉浸于虚拟世界中的感觉。

三、案例地文旅融合成效

《只有河南·戏剧幻城》于 2021 年 6 月 5 日开城首演，6 月 6 日正式开城纳客。运营首月，累计接待观众超 10 万人次，所有剧目（3 大主剧+18 个小剧）累计演出近 2000 场，观剧人次超 65 万人次。《只有河南·戏剧幻城》拥有员工 1400 余人，直接带动就业8000余人，预计成熟期年纳税额将达 1 亿元。

开城首演直播，全网播放量 4160 万；开业 10 天内，项目七次登上央视，其中包含《新闻联播》《中国新闻》《第一时间》《朝闻天下》《晚间新闻》等多个栏目；微博话题“有 21 个剧场的戏剧幻城”，阅读量 3.7 亿；微博平台累计 6 次上榜同城热搜第一；抖音热度排名本地第一，在全国景区中仅次于上海迪士尼。抖音官方号粉丝 11.4 万，POI 增长至 2.4亿。

四、展望未来

展望未来发展，《只有河南·戏剧幻城》将持续挖掘河南文化及中华优秀传统文化的精髓部分，紧紧围绕以文化带动旅游，以旅游弘扬文化这条发展思路，以《只有河南·戏剧幻城》为窗口，对外展示、宣传深厚的中原文化。《只有河南·戏剧幻城》将结合当下社会新闻热点，捕捉并筛选能够代表河南、中原的典型人物事迹和社会故事，排演剧目，丰富现有演绎剧目；不断优化景区各项设施，以人为本，根据游客的需求及反馈意见对景区进行优化升级；持续引进高新技术，以新兴技术为依托，将中原文化更好的呈现出来，助力中原文化活起来、火气来；同时，积极践行企业的社会责任，持续布局公益，以公益研学、公益游览等为河南文旅行业的发展注入更多能量，将《只有河南·戏剧幻城》打造成河南文旅行业的一张名片，为河南省的旅游发展做出更大贡献。

思考

1.《只有河南·戏剧幻城》作为国内首个戏剧聚落群，你认为它哪些地方值得借鉴？哪些地方需要改进？

2. 文化旅游新媒体宣传的切入点在哪里？

3.《只有河南·戏剧幻城》作为河南文旅项目之一，你认为河南的文化元素与旅游相结合，还能以哪种形式更好地展现？

总结

《只有河南·戏剧幻城》文旅融合发展

- 以沉浸式游客体验凸显景区体验游的特质
- 以多元融合发展拓展景区服务边界，树立融合景区标签
- 以“社交媒体”打造全维度旅游目的地
- 以定制研学回归社会实践，提升景区社会影响力
- 以数字化运营赋能景区，打造现代化智慧景区

附　录

附录 1
第一、二批国家级全域旅游示范区名单

地区	第一批示范区名称	第二批示范区名称
北京市	延庆区、怀柔区、平谷区	昌平区、门头沟区
天津	蓟州区	中新天津生态城、和平区
河北省	秦皇岛市北戴河区、邯郸市涉县、保定市易县	邯郸市武安市、石家庄市平山县、秦皇岛市山海关区、唐山市迁西县
山西省	临汾市洪洞县、晋城市阳城县、晋中市平遥县	晋城市泽州县、长治市壶关县、运城市永济市、长治市武乡县
内蒙古自治区	满洲里	鄂尔多斯市康巴什区、锡林郭勒盟二连浩特市
辽宁省	本溪市桓仁满族自治县	朝阳市喀喇沁左翼蒙古族自治县、辽阳市弓长岭区
吉林省	长白山保护开发区管委会池北区、延边朝鲜族自治州敦化市	长白山管委会池南区、梅河口市、通化市集安市
黑龙江省	大兴安岭地区漠河县、黑河市五大连池市	鸡西市虎林市、伊春市嘉荫县
上海市	黄浦区、松江区	青浦区、崇明区
江苏省	南京市秦淮区、南京市江宁区、徐州市贾汪区	淮安市金湖县、无锡市宜兴市、苏州市吴中区、常州市溧阳市、盐城市大丰区
浙江省	湖州市安吉县、衢州市江山市、宁波市宁海县	绍兴市新昌县、丽水市松阳县、台州市仙居县、杭州市桐庐县、嘉兴市嘉善县
安徽省	黄山市黟县、六安市霍山县	安庆市潜山市、六安市金寨县、黄山市屯溪区
福建省	福州市永泰县、南平市武夷山市、龙岩市武平县	三明市泰宁县、三明市尤溪县、泉州市德化县、厦门市集美区
江西省	吉安市井冈山市、上饶市婺源县、抚州市资溪县	赣州市石城县、宜春市靖安县、九江市武宁县、景德镇市昌江区

地区	第一批示范区名称	第二批示范区名称
山东省	潍坊市青州市、青岛市崂山区、济宁市曲阜市	威海市荣成市、临沂市沂南县、烟台市蓬莱区、德州市齐河县、济南市章丘区
河南省	焦作市修武县、信阳市新县、济源市	安阳市林州市、洛阳市栾川县、信阳市浉河区、焦作市博爱县
湖北省	武汉市黄陂区、宜昌市夷陵区、恩施土家族苗族自治州恩施市	神农架林区、黄冈市英山县、宜昌市远安县、咸宁市通山县、恩施土家族苗族自治州利川市
广东省	广州市番禺区、江门市台山市	梅州市梅县区、韶关市仁化县、深圳市盐田区
广西壮族自治区	桂林市阳朔县、来宾市金秀瑶族自治县	桂林市兴安县、防城港市东兴市、柳州市融水苗族自治县
湖南省	衡阳市南岳区、湘潭市韶山市、张家界市武陵源区	张家界市永定区、长沙市望城区、湘西土家族苗族自治州凤凰县、郴州市资兴市
海南省	三亚市吉阳区、保亭黎族苗族自治县	陵水黎族自治县
重庆市	巫山县、武隆区	万盛经开区、渝中区
四川省	成都市都江堰市、峨眉山市、广元市青川县	德阳市绵竹市、成都市崇州市、成都市锦江区、乐山市市中区、阿坝藏族羌族自治州九寨沟县
贵州省	贵阳市花溪区、遵义市赤水市、六盘水市盘州市	毕节市百里杜鹃管理区、黔南布依族苗族自治州荔波县、贵阳市乌当区、黔东南苗族侗族自治州雷山县
云南省	保山市腾冲市、昆明市石林彝族自治县	红河哈尼族彝族自治州弥勒市、大理白族自治州大理市、丽江市古城区
西藏自治区	拉萨市城关区、林芝市鲁朗景区管理委员会	日喀则市桑珠孜区、拉萨市当雄县
陕西省	西安市临潼区、渭南市华阴市	安康市石泉县、延安市黄陵县、商洛市柞水县
甘肃省	酒泉市敦煌市	平凉市崆峒区、嘉峪关市
青海省	海北藏族自治州祁连县	海北藏族自治州刚察县
宁夏回族自治区	银川市西夏区、中卫市沙坡头区	吴忠市青铜峡市、石嘴山市平罗县
新疆维吾尔自治区	伊犁哈萨克自治州昭苏县、巴音郭楞蒙古自治州博湖县	博尔塔拉蒙古自治州温泉县、阿勒泰地区布尔津县、伊犁哈萨克自治州特克斯县
新疆生产建设兵团	第十师185团	第八师石河子市

附录2
第一批国家文化和旅游消费示范、试点城市名单

省自治区(直辖市)	示范城市(15)	试点城市(60个)
河北省	廊坊市	石家庄市、唐山市
内蒙古自治区	鄂尔多斯市	呼和浩特市
吉林省	长春市	吉林市、通化市
上海市	徐汇区	黄浦区、静安区
江苏省	南京市、苏州市	常州市
浙江省	杭州市	宁波市、温州市
山东省	济南市、青岛市	烟台市、淄博市
河南省	洛阳市	郑州市、开封市
湖北省	武汉市	宜昌市
湖南省	长沙市	株洲市、郴州市
重庆市	渝中区	沙坪坝区、北碚区
四川省	成都市	泸州市、南充市
云南省	昆明市	丽江市、大理白族自治州
北京	/	东城区、朝阳区、延庆区
天津	/	和平区、滨海新区、西青区
广东省	/	广州市、深圳市、惠州市、佛山市
等等		

特别鸣谢以下单位及个人对本书的鼎力支持(排名不分先后):

洛阳市文化广电和旅游局	胡大鹏　曾庆华
河南博物院	丁福利　宋　华
河南国创文化发展有限公司	孙东方
建业·华谊兄弟电影小镇	姚　培
三门峡市卢氏县山水隐庐(民宿)	凌新建
开封清明上河园股份有限公司	王　爽
兰考焦裕禄纪念园管理处	陈百行　郭　冬
龙门石窟世界文化遗产园区旅游局	史丽华
淇县凉水泉旅游开发有限公司	陈艳红
尧山温泉旅游度假区	张庆亚
云台山旅游发展有限公司	吴沛萌
郑州黄河文化公园	胡　春
郑州国投置业有限公司	周卫华　王庆春
郑州市天人文化旅游有限责任公司	杨春甫

部分材料以单位名义提交,在此一并表示感谢!

参考文献

[1]李超平,杨剑. 文旅融合之“融合点”及公共文化服务的原则[J]. 图书与情报,2020(04):74-78.

[2]杜彬,李懋,覃信刚. 文旅融合背景下旅游第三空间的建构[J]. 民族艺术研究,2020,33(03):152-160.

[3]苗宾. 文旅融合背景下的博物馆旅游发展思考[J]. 中国博物馆,2020(02):115-120.

[4]马波,张越. 文旅融合四象限模型及其应用[J]. 旅游学刊,2020,35(05):15-21.

[5]戴斌. 新冠疫情对旅游业的影响与应对方略[J]. 人民论坛·学术前沿,2020(06):46-52.

[6]戴斌. 数字时代文旅融合新格局的塑造与建构[J]. 人民论坛,2020(Z1):152-155.

[7]李金来. 困惑与突围:文旅融合的发展模式探析[J]. 社会科学家,2020(02):82-86.

[8]徐媛,陈婧. 文旅融合背景下的文创产品开发设计研究[J]. 智库时代,2020(05):9-10.

[9]张清荣. 文旅融合视角下的区域文化旅游品牌塑造[J]. 文化产业,2019(24):1-3.

[10]刘治彦. 文旅融合发展:理论、实践与未来方向[J]. 人民论坛·学术前沿,2019(16):92-97.

[11]陈慰,巫志南. 文旅融合背景下深化公共文化服务的“融合改革”分析[J]. 图书与情报,2019(04):36-43.

[12]金武刚,赵娜,张雨晴,汪岩丹. 促进文旅融合发展的公共服务建设途径[J]. 图书与情报,2019(04):53-58.

[13]田志奇. 文旅融合下旅游目的地互联网思维的产品营销及创新[J]. 旅游学刊,2019,34(08):8-10.

[14]戴斌. 文旅融合时代:大数据、商业化与美好生活[J]. 人民论坛·学术前沿,2019(11):6-15.

[15]白长虹. 文旅融合背景下的行业人才培养:实践需求与理论议题[J]. 人民论坛·学术前沿,2019(11):36-42.

[16]黄永林. 文旅融合发展的文化阐释与旅游实践[J]. 人民论坛·学术前沿,2019(11):16-23.

[17]范周. 文旅融合的理论与实践[J]. 人民论坛·学术前沿,2019(11):43-49.

[18]向勇. 创意旅游:地方创生视野下的文旅融合[J]. 人民论坛·学术前沿,2019(11):64-70.

[19]燕连福. 新时代文旅融合发展:一个新的增长极[J]. 人民论坛·学术前沿,2019

(11):71-79.
[20]柴焰.关于文旅融合内在价值的审视与思考[J].人民论坛·学术前沿,2019(11):112-119.
[21]金龙.文旅融合背景下公共图书馆研学旅游服务创新策略[J].图书馆工作与研究,2019(05):123-128.
[22]于秋阳.文旅融合助推都市旅游高品质发展[J].中国旅游评论,2019(01):23-27.
[23]曹晓宁.文旅融合背景下的夜游经济发展[J].人文天下,2019(05):2-5.
[24]鄢莹.公共图书馆文旅融合的典型实践与分析[J].图书与情报,2019(01):111-114.
[25]谢彦君,那梦帆.中国旅游40年研究中的理论发育及其角色演变[J].旅游学刊,2019,34(02):13-15.
[26]杨志纯.推动文旅融合发展从理念走向行动[J].艺术百家,2019,35(01):1-4.
[27]由少平.理念融合、机制融合、创新融合:文旅融合发展的着力点[J].人文天下,2019(01):2-4.
[28]戴斌,张进福,马仪亮,等.中国旅游发展笔谈:品质旅游[J].旅游学刊,2018,33(12):1-14.
[29]冯健."文旅融合"该从何处着手[J].人民论坛,2018(32):86-87.
[30]钱兆悦.文旅融合下的博物馆公众服务:新理念、新方法[J].东南文化,2018(03):90-94.
[31]石培华.新时代旅游理论创新的路径模式:兼论全域旅游的科学原理与理论体系[J].南开管理评论,2018,21(02):222-224.
[32]戴斌,周晓歌,夏少颜.论当代旅游发展理论的构建:理念、框架与要点[J].旅游学刊,2012,27(03):11-17.
[33]文化和旅游部部长雒树刚谈"文旅融合":宜融则融,能融尽融,以文促旅,以旅彰文[Z].微信公众号:文化产业新视界 2018-12-11.
[34]北京第二外国语学院旅游科学学院和中关村智慧旅游创新协会.中国旅游企业创业创新信心指数报告[EB/OL].https://mp.wei-xin.qq.com/s/tq2FC-vhzcKdUzco7aKOBQ.
[35] Fan Y G. Cultural Code for Sustainable Development of Characteristic Towns[J]. Academic Exchange,2020(1),140-153.
[36] Feng B. Characteristic Town: The Great Strategy of Economic Transformation and Upgrading in Zhejiang[J]. Social Sciences of Zhejiang,2016(3),39-42.
[37] Meng N & Zhao F Q. Research on the Application of Cultural Tourism IP in the Operation of IP Culture in Featured Towns[J]. Agricultural Economic Issues,2020(6),144.
[38] Xie J & Hua C. The Creation of Cultural Tourism Industry in Characteristic Towns[J]. Social Sciences of Jiangxi,2019(39),222-227.
[39]米仓山居.清明上河园文旅融合发展揭秘(连载之四):多元全业态融合发展[EB/OL].http://k.sina.com.cn/article_6526310946_184ff9a2200100lz99.html,2019-12-23.

[40]人民网. 戴斌:旅行遇见了互联网带来了五大巨变[EB/OL]. http://travel. people. com. cn/n/2015/1018/c41570-27711167. html,2015-10-18.

[41]陈关超."博物馆热""文创热""汉服热":河南文旅深挖内涵热度不减[N]. 中国文化报,2021-04-06(创意7).

[42]凤凰网文创. 盲盒奇迹的现状与启迪(先导版)[EB/OL]. https://cci. ifeng. com/c/80AGVb4DCmu,2020-09-29.

[43]中国日报网官方账号."郑中心"的文化底色:电影小镇的文旅样本[EB/OL]. https://baijiahao. baidu. com/s? id=1667381594200320362&wfr=spider&for=pc, 2020-05-22.

[44]云南绿维旅游规划设计. 旅游IP打造需要聚焦四大关键[EB/OL]. https://www. sohu. com/a/216184162_99921805,2018-01-12.

[45]剑锋影像. 美丽乡村新典范——田铺大湾[EB/OL]. https://baijiahao. baidu. com/s? id=1652536146662893414&wfr=spider&for=pc,2019-12-10.

[46]李金早. 何谓"全域旅游"[J]. 西部大开发,2016,(011):100-102.

[47]焦作百姓文化超市. 云台山文旅跨界融合,"旅游+音乐"添新玩法![EB/OL]. https://www. sohu. com/a/412811449_765472,2020-08-12.

[48]新华社. 辽宁鼓励服务类企业延时营业 推动"夜经济"提速[EB/OL]. http://www. gov. cn/jrzg/2012-11/22/content_2273377. htm,2012-11-22.

[49]洛阳日报. 洛阳:文旅融合,共生共荣描绘诗和远方[EB/OL]. http://www. lysxc. gov. cn/luoyang/20190121/23890. html,2019-01-21.

[50]章婧洁.【全域旅游大词汇】旅游+[EB/OL]. http://dct. jiangxi. gov. cn/art/2017/7/7/art_14551_464461. html,2017-07-07.

[51]中国搜索.【中国梦 黄河情】郑州黄河文化公园发展步入新时代[EB/OL]. http://hn. chinaso. com/zz/detail/20200915/1000200033165321600158083633683667_1. html,2020-09-15.

[52]河南新闻广播. 打造文旅融合"金名片",安阳这么干![EB/OL]. https://www. 163. com/dy/article/FUG0PL8C051496JG. html,2020-12-22.

[53]周燕. 开凿红旗渠 毛泽东给林县人吃了"定心丸"[EB/OL]. http://cpc. people. com. cn/GB/64162/64172/85037/85038/6596109. html,2015-06-03.

[54]龙门石窟景区."文旅融合"来龙门石窟遇见诗和远方[EB/OL]. https://www. sohu. com/a/258401760_154879,2018-10-09.

[55]中国安防行业网. 智慧旅游的概念和意义[EB/OL]. https://www. sohu. com/a/247070533_99947626,2018-08-14.

[56]登封发布,中共登封市委宣传部. 2021季《禅宗少林·音乐大典》焕新首演,全球文旅创作者大会,让世界遇见最美的登封![EB/OL]. https://baijiahao. baidu. com/s? id=1694262874427422952&wfr=spider&for=pc,2021-03-15.

[57]品橙旅游. 中博文旅融合发展研究院在开封正式揭牌[EB/OL]. https://www. sohu. com/a/317946192_425901,2019-06-01.

[58]求是.结合新的实际大力弘扬焦裕禄精神——习近平同志2009年4月1日在河南省兰考县调研期间与干部群众座谈时的讲话[EB/OL].http://www.lankaofaner.com/jrlk/lks/814.html,2019-10-21.

[59]李向东.河南鲁山县文广旅局获得“中原文旅融合突出贡献奖”[EB/OL].https://www.xyshjj.cn/detail-1482-40811.html,2020-12-26.

[60]中原网-郑州晚报.“文旅体”深度融合 居民共享美好生活[EB/OL].https://www.sohu.com/a/434102572_319303,2020-11-25.

[61]珠海铂钰文化.文化创意产业的发展[EB/OL].https://site.douban.com/208023/widget/notes/13025537/note/275929685/,2019-03-18.

[62]郭双双.淇县灵泉妙境走出高端民宿集群扶贫新模式[EB/OL].https://hct.henan.gov.cn/2020/07-17/1741690.html,2020-07-17.

[63]旗鉴旅业.【重磅】“乡村振兴战略”20字方针,你理解透彻了吗?[EB/OL].https://www.sohu.com/a/270765965_100171878,2018-10-23.